U0865434

青海奏疏

青海地方史志文献丛书

[清]豫师 著
汪受宽 校注

青海人民出版社

图书在版编目（CIP）数据

青海奏疏 /（清）豫师著；汪受宽校注．-- 西宁：青海人民出版社，2020.4（2022.2重印）
（青海地方史志文献丛书 / 王昱主编）
ISBN 978-7-225-05522-0

Ⅰ．①青… Ⅱ．①豫… ②汪… Ⅲ．①奏议—汇编—青海—清代 Ⅳ．①K249.065

中国版本图书馆CIP数据核字(2018)第000434号

青海地方史志文献丛书
王昱　主编
青海奏疏
（清）豫师　著
汪受宽　校注

出 版 人　樊原成
出版发行　青海人民出版社有限责任公司
西宁市五四西路71号　邮政编码：810023　电话：（0971）6143426（总编室）
发行热线　（0971）6143516 / 6137730
网　　址　http://www.qhrmcbs.com
印　　刷　陕西龙山海天艺术印务有限公司
经　　销　新华书店
开　　本　890 mm × 1240 mm　1/32
印　　张　11.25
字　　数　200千
版　　次　2020年7月第1版　2022年2月第2次印刷
书　　号　ISBN 78-7-225-05522-0
定　　价　52.00元

版权所有　侵权必究

总　序

青海地方史志文献是宝贵的历史文化资源

青海人民出版社策划出版的《青海地方史志文献丛书》,收录了青海古代、近代最为重要的一些地方志等文献典籍。把这些弥足珍贵的文化遗产,用出版丛书的形式保存和利用起来,是一件有益当今、惠及后世的文化建设工作,是十分必要和及时的。

中国有编修地方志的优秀传统,清代方志学家章学诚谓"方志乃一方全史"。地方志是记载一个地区自然和社会历史的综合性著作,对当地的疆域山川、建置沿革、历史事件、物产、资源、天文、气候、水利、交通、户籍、财赋、职官、选举、人物、民族、民俗风情、文化教育、名胜古迹等，都做了较详细的记述和考证。因其内容广博，包罗万有，后来又被人们誉为“地方之百科全书”。

地方志书不仅内容全面，而且有较强的科学性、可靠性。地方志资料除取材于正史外，还取材于当时当地的公文档案、谱牒家传、金石碑刻、笔记信札等原始材料，有些资料还来源于野老口说和实地调查采访。许多不被正史编纂者所重视的有用资料，往往在地方志书中得以保存。章学诚说：“修志有二便，地近易核，时近迹真。”由于纂修方志的主持者一般系当时当地的最高行政官员，执笔编纂者一般系本地的缙绅文人，所以在调查研究、征集资料、考证核实等方面是有其方便之处的。如[乾隆]《西宁府新志》的作者杨应琚，就是当时出任西宁道的地方行政官员，他把修志作为自己的责任，调查、编纂、校对等咸出自一人之手。这种当代人写当地事的地方文献资料，接近实际，取材翔实，其可靠程度往往在其他文献之上。

周恩来总理曾于1958年在《关于整理善本的指示》中指出：“我国是一个文化悠久的大国，各县都编有县志，县志中就保存了不少关于各地经济建设的有关资料，我们除了编印全国所藏方志目录外，还要有系统地整理县志中及其他书籍中的有关科学技术资料，做到古为今用。”周总理于1959年4月在邀集60岁以上全国政协委员的茶话会上讲道:"……现在当然首先要研究现实问题，反映新的情况，但对过去的东西也需要研究,新的东西总是从旧的基础上发展起来的。过去编的府志、县志,保存了许多有用的史料。"古旧方志中有许多对现代社会经济发展和科学研究事业十分有用的资料,如关于本地物产、土特产、土地、田赋、税役、农业、手工业、商业等经济史料;关于矿产资源、水利资源、天文星野、江河水文、气候变迁、水旱灾害、地震、水利、交通、医药等科学史料;关于疆域山川、地形地貌、江河湖海、城池关隘等地理史料;关于阶级斗争、农民起义、历史沿革、兵制兵防、历史事件、历史人物等军政史料;关于户籍人口、民俗民情、民族宗教、方言俗语等社会史料;关于地方艺文、金石碑刻、古城遗址、文物古迹等文化史料……这些珍贵的资料,既有历史价值,又有现实科学研究价值。随着岁月的流转,许多事物已发生了很大的变化,地方上很久以前的事现代人难以知晓,当时当地的情况却在地方志中用文字保留下来了。

早在20世纪30年代,著名历史学家顾颉刚先生曾经为地方志这一丰富而珍贵的文化遗产未被重视和利用而感叹曰:"如此缜密系统之记载，顾无人焉能充分应用之,岂非学术界一大憾事耶！"(《中国地方志综录·序》)新中国成立后,在党和政府的重视下,许多科研部门和史志工作者通过对旧方志资料的整理研究,在历史、地理、经济、文化、天文、地震、水利等方面，撰写了许多专著和其他科研成果，在古为今用方面作出了有益的贡献。20世纪80年代以来，全国大规模地编修社会主义新方志，一大批新方志成果在各地陆续出版，不断丰富了地方历史文化宝库。在这些重要的历史文化建设工程中，古旧地方文献起到了奠基性的作用。

今天的历史，是过去历史的延续。整理出版古旧的地方史志文献资料，有利于我们了解地方历史，熟悉各方面的情况，这是一件十分重要的工作。从事地方工作的人们，从阅读地方史志文献资料入手，了解地方各方面的情况，则是一个便捷的渠道。古代许多有头脑的封建官吏，走马上任，下马观志，把地方志书作为“辅治之鉴”。唐朝韩愈南行，路过梅岭，先借《韶州图经》；宋朝朱熹赴南康军任职，下车伊始，便找《南康军志》。这些大学问家看重地方志的故事，至今还为人们所称道。新中国成立后，许多有见地的领导干部也常利用地方志来了解本地区的历史和现状，熟悉省情、地情和县情。阅读和研究地方史志文献资料，可为我们在从事地方建设时，如何从实际出发，发挥地方优势，进行科学决策，提供历史依据，从地方社会历史发展中寻找事物发展的规律，从而使我们少走弯路。

青海地处西北，东接秦陇，西通西域，南交蜀藏，北护甘凉，战略地位十分重要，自古以来就是许多政权和民族争夺之地，所以历代战事频繁。青海高原自然条件严酷，古代交通闭塞，文化相对落后，历史文献本身留存较少，加上历代战乱频仍、兵燹水浸和其他原因，青海历史上最早的一些史志文献早已散失佚尽。明代中叶以前，青海无地方志。明代中叶以后，各地修志之风盛行，青海地区曾出现明嘉靖间邑人张芝草创《西宁卫志》、万历间刘敏宽、龙膺纂修《西宁卫志》。可惜这两部明代志书不久便非佚即残。清顺治十二年(1655年)，曾任西宁通判的张伟绩为清初方志《西宁志》作序，说他在莅位之时曾寻访地方典籍，“欲辑一代之书，然博访旧闻，旁咨故老，皆无有存者。嗟乎，杞宋无征，文献澌灭也！”清苏铣在纂修[顺治]《西宁志》时，明代两部方志全本已佚。清杨应琚纂修[乾隆]《西宁府新志》时称“湟中旧志久失，而见存者荒谬不雅驯……而边垂质野，文献无征，是西宁郡志作者为尤难也。”(《西宁府新志》杨应琚序)。清《四库全书·存目提要》谓：“西宁在国初为军民指挥使司，本临边之地，文献罕征。”古代官员均以青海地处边陲，流传下来的地方史志资料稀少而感叹，所以流传至今的地方历史文献显得弥足珍贵。

青海古旧地方志总体上处于数量小、流传少、使用不便的状况。20世纪80年代以来，青海人民出版社已印行了一些地方志书，现在又经过了二三十年的时间，社会需求仍然十分广泛。用丛书的形式整理出版青海地方史志文献，便于系统地保存流传这一珍贵的历史文化资源。这套丛书由青海人民出版社戴发望副总编辑等人精心策划，逐一选定入选图书，奔波于省内专家学者之间，落实校勘任务，精心编审，做了大量的工作。丛书中所收录的志书，均是在原出版物的基础上，再一次做了标点、核对、校订、注释等工作，对部分误字、衍字、脱文等做了纠正，对断句标点做了进一步的斟酌修改，对重要的历史事件、人名、地名等做了必要的核查，对记述失实和疑误之处加了注释和说明。这种必要的校勘整理工作，提高了这批古籍文献的使用价值，有利于今人和后人更好地利用，有利于长久地流传和保存。这套丛书的出版，实为一项不朽的业绩，是一件抢救和保存地方文化的幸事！这套丛书的存史和资政作用，将会在青海历史上长久地展现出来。

这套丛书付梓前，出版社的同仁约我作序，我虽从事文史研究工作多年，但各类知识尚属浅薄，曾一再推辞，但仍难辞雅命。为不负重托，又出于对青海地方史志文献的偏爱，谨作以上文字，以为丛书序言。

王昱

2015年9月

目　录

目　录

目　录

目　录

目　录

目　录

校注前言

《青海奏疏》是清朝豫师任西宁办事大臣期间的奏疏集，辑录了清同治九年至光绪四年（1870—1878年）间，豫师处理西宁回民起事军务和青海蒙藏事务的奏折、附片与相关谕旨，内容丰富，资料完备，史料价值极高。鉴于青海历来地方史书很缺，而西宁回民起事是咸同西北回民起事的首发者和重要方面军，青海蒙藏民族的此段历史资料太少，作为地方大员写给朝廷报告结集的《青海奏疏》显得尤为珍贵。

一、豫师其人

曾官至一品大员的豫师，因其为宦时间不长，在全国的影响不大，故而诸种清代人物传记中，只在《清史稿》卷四百六十五《徐桐传》中有六十余字的附传。云：

“有豫师者，字锡之，内务府汉军。进士，官至乌鲁木齐都统，以讲学为桐所倾服。方太后议废帝，立端王载漪子溥儁为‘大阿哥’，桐主之甚力，实皆豫师本谋也。”我们通过多方面资料的查考，包括对《青海奏疏》的仔细究检，构建了豫师的生平事迹。

豫师，字锡之，号锡叟。对豫师的籍贯，诸书记载颇有异词。《西宁府续志》卷六《官师志·命使·钦差办理青海蒙番[1]事务大臣官员》言其为“满洲镶黄旗人”，刘十枝《苌楚斋三笔》卷六“豫师等深恶洋字”亦称“满洲豫习之都护师”。两书作者都与豫师有较深关系，似乎其为满洲籍。然而，在《明清进士题名录》咸丰二年榜二甲第八十三名进士豫师署为“镶黄旗汉军”，上引《清史稿》附传称其为“内务府汉军”，钱维福著《清秘述闻续》卷六《乡会考官类六·四川考官》称其为“汉军镶黄旗人”，尤其是《青海奏疏》中豫师两次自述其为“汉军世仆”。则其非满洲籍，而是汉军籍，故定其为内务府汉军镶黄旗人。清咸丰二年（1852年），豫师为壬子科进士，用为内阁汉本堂中书，后升内阁侍读。咸丰七年（1857年），经考试，得记名以御史用。咸丰八年（1858年），以内阁侍读为四川乡试副考官。咸丰九年（1859年），补授山东道监察御史，转掌陕西道监察御史。以俸满截取知府，报捐分发甘肃，补平凉府知府。不久，因处理诸门宦教争不当，青海回族、撒拉族群众在首领马桂源、阿訇马文义率领下起事，四处攻击，并夺得西宁南川。清廷以户部尚书沈兆麟署陕甘总督，调多路军队前往巴燕戎格厅（今青海化隆回族自治县）镇压，豫师随其为幕，“或率孤军于数十万豺狼之薮，或筹糈务于千余里瓦砾之场。”同治元年（1862年）初，回撒军与清军大战于巴燕戎格一带。此时，陕西渭南回民起事，沈兆麟奉谕令援陕，于是致信马桂源，以抚和了结此事。随之甘肃河州（今甘肃临夏）、狄道(今甘肃临洮)、肃州(今甘肃酒泉)，宁夏及新疆乌桓回民起事，形成几大股势力。同治二年，回撒军包围西宁半年，西宁办事大臣玉通不得不与围城回民达成抚局，将西宁城管理权拱手相送，以其首领马桂源、马本源弟兄署西宁府知府和西宁镇总篆务。同治三年（1864年），豫师署兰州府知府，兰州城被河狄回军攻入，应得处分，旋因其随署陕甘总督恩麟收复狄道城而立功。同治五年七月，简放甘肃兰州道。八月，清廷以左宗棠为陕甘总督，率湘军镇压西北回民起事。同治六年（1868年）、七年（1869年），在巩秦阶道任上的豫师，全力筹办和运送大军一百多营粮草军实，参与会剿回军时他“探踪会督各队，驰往追击，力行压退，克保州城”，先后奉旨赏加按察使、布政使衔。

同治八年十二月（1870年1月），被困西宁府城的西宁办事大臣玉通忧惧而卒。同治九年正月二十二日，清帝谕旨赏豫师副都统衔，简放西宁办事大臣。二月十八日，豫师接奉左宗棠转来其任命为西宁办事大臣的谕旨后，考虑到“西宁各属回匪，以办教起衅滋事，屡抚屡叛。同治元、二年间，贼首马尕三（即马文义）等领撒回数千，在西宁、大通、丹噶尔等处肆扰，地方官乏兵钤制，以致西宁县属镇海、喇课各营堡相继失陷，郡城关厢五川七族数百庄村寺院尽为焦土。不久大通县城被陷，贵德厅同知承顺被戕，前督臣杨岳斌派往办抚之道员钟瑛等亦中途遇害，甚至玉通及署道郭襄之、署知府达昌均为就抚之贼殴伤。玉通困居城内，无饷无兵，为贼拘逼，只得听其狡辩。回匪得计，此焚彼抢，相率为常。”权衡西宁一带诸种现状，他不愿重蹈玉通覆辙，上奏疏提出：西宁抚局难恃，请在平番（今甘肃永登）一带招募五营兵勇，扼要驻防，同时疏通道路，以待前往西宁任所。署陕甘总督穆图善拨游击唐有彦之怀义三营受豫师指挥，并召募装备齐全五营新军。在扫剿多股陕回开通道路之后，八月，豫师带领新军出驻平番。平番为各支回军联络支援的交通枢纽和战略要地，在左宗棠、穆图善等人支援下，豫师军与陕回、河狄回及西宁回在此反复争夺，并组织沿途士绅、藏族举办团练，一再打击、清剿碾伯（今青海乐都）、平戎（今青海平安）、威远（今青海互助）沿线诸回军据点。十一月，宁夏回军首领马化龙投诚，旋被处死。同治十年（1871年），左宗棠定下“河州大定，再图西宁”之策，于八月进抵安定(今甘肃定西)，部署围攻河州回军。眼看左大帅的铁拳就要打到西宁，西宁回军首领马永福到豫师平番大营请求投诚。年底及次年（1872年）初，西宁回军领袖、署西宁知府马桂源先后晋见豫师和左宗棠求抚，并到太子寺(今甘肃广河县）向马占鳌传达左宗棠“尽缴马械自赎”的要求。三月，河州回军在太子寺重创清军后，马占鳌等主要首领将儿子送到清营为质，缴马械，向左宗棠真心投诚。马桂源回西宁后与其兄马本源加筑城墙，摊派款物，加强防御。七月，左宗棠进驻兰州。八月十一日至十月十八日，刘锦棠统湘军与马桂源所统宁回、陕回军大战于西宁东之天险小峡，回军兵败，马桂源兄弟逃往东川，既而逃至巴燕戎格，陕回禹得彦、白彦虎等向河西、新疆逃亡。同治十二年（1873年）二月，已经降清的河州回军首领马占鳌欺骗马桂源兄弟至巴燕东山会面，中清军埋伏被俘，押往兰州枭首。威远、大通向阳堡等回军据点相继被拔除。至此，西宁回民起事失败。其间始终策应配合左宗棠大军行动的豫师“会同左宗棠办理西宁招抚事宜，复在平番防剿得力，着赏给头品顶戴”。

平定西宁回民起事的军事行动结束以后，清廷一再催促左宗棠率军西进，以平定退守河西及新疆的各路回民起事队伍。豫师则忙于办理长期战争的善后事宜，一方面报请奖赏部下立功官兵、地方团练和蒙番武装，遣撤防军，招徕民众，恢复生计；另一方面则致力处理因兵燹长期延误的蒙番事务，设法解决青海诸王公欠俸，重修海神庙，恢复祭海神之礼，与蒙番会盟、处理诉讼事务。由于多年来过于劳累，气血久虚，豫师心疾复发，请假两月养病。光绪四年（1878年）正月，清帝谕旨，以豫师署理乌鲁木齐都统事务，由甘肃镇迪道福裕署理西宁办事大臣。豫师在抓紧处理任上事务并向接任者交卸结束后，于九月离西宁赴乌鲁木齐任。不料途中目疾加剧，不能视事，遂上疏经光绪帝允许，开缺回旗调理。

从此，豫师离开政坛，居住京师，潜心治学授业著述。豫师早年从倭仁问学，立身正直，致力于钻研宋儒心性义理之学。本来，乾嘉学派自谓汉学，力诋宋学。道咸间，学界风气始变，方东树、孙鼎臣等学者著书，极力排斥汉学，提倡宋学，企图以此挽救颓废的世风。豫师亦撰《汉学商兑赘言》多卷，吹嘘明经之焰，为宋明理学推波助澜。自辞官退居京师后，豫师创设会辅堂，每逢会日，则亲临讲学，听者踊跃。当时，西方各国对中国的军事和文化侵略日益严重，和他的老师倭仁、同年李鸿藻一样，豫师是坚决的抵制派。作为文人，豫师是从抵制洋货和洋文着手的。记载说，豫师最恶洋字，抵制洋货，其家中无一物来自泰西，洋布亦摒去不用，炕垫、椅垫等皆以北京土布为之。他希望以自己对洋货洋字的深恶痛绝，唤起国人的民族自信，抵制西方各国及日、俄的侵略。他认为："若使中国之人人人如此，家家如此，泰西之教，传授何人？泰西通商，买卖何人？"其行为现在看来，十分幼稚，但至少表明了一种态度。光绪二十年（1894 年）甲午战争中国战败，袁世凯畏惧追责，遂在家招致幕僚，为其译撰兵书十二卷，倡以西法创建陆军。据说，袁希望能将此兵书送当朝权臣荣禄再送呈慈禧，但无由得见。后得知豫师最为荣禄信任，遂辗转多人，终于认识豫师，并通过其得以晋见荣禄，而为其所赏识，执贽为荣禄门生，从而成就小站练兵，创建新军之举。[2] 光绪二十四年（1898 年），光绪皇帝用康有为进行变法，下诏废除八股文，豫师对人言："生平最好时文，今废之，崇尚西学，言之痛心。"[3] 豫师以讲学为体仁阁大学士徐桐所倾服。慈禧太后将光绪帝囚禁于瀛台，后与近臣商议废其帝位，徐桐向豫师问策，豫师以为端郡王载漪子溥儁可以继立。慈禧太后接受徐桐意见，光绪二十五年（1899 年）十二月立溥儁为

"大阿哥"，即皇位继承人。并于次年元旦在大高殿、奉先殿由大阿哥代替光绪皇帝行礼。对此，豫师异常兴奋，在会辅堂主讲时，出试题《使之主祭而百神享之》，其弟子某主讲通州书院，亦出试题《反复之而不听则易位》，为废除光绪帝位造舆论。时人因豫师官至乌鲁木齐都统，而以都统称之，言："本朝理学名儒，都统为最后一人。"[4]

光绪三十二年（1906年）九月，豫师逝世。光绪皇帝谕旨："予故前任西宁办事大臣、署乌鲁木齐都统豫师恤典如例。"同治十二年（1873年）十一月豫师所上《积劳成疾请开缺调养片》中有其"年未五旬"的话头，则其大体出生于1823年前，享年约84岁。

豫师著作，可知的有三种。一是《汉学商兑赘言》多卷，系阐扬宋学，抨击汉学的学术著述。二是《险异录》，又作《险异图说》，有光绪十四年（1888年）石印本，记载其咸丰九年（1859年）至同治八年（1869年）间在甘肃为宦的经历。因其时正是西北回民起事在陇右大盛之时，作为府道一级官员的豫师历尽艰险，有人赞其所记"惊魂动魄，颇为快睹"，翁同龢却斥"其笔墨太俗"。三是《青海奏疏》。零星作品，在《西宁府续志》卷九《艺文志》中有两篇，即《西宁昭忠祠碑记》和《丁丑季秋五峰书院落成诗》。

二、《青海奏疏》的撰集、内容及价值

豫师《青海奏疏自序》在述及其所撰《险异录》之后，称“爰捡先后奏疏，集录成册，异日览之”云云。显然，结集奏疏的是豫师本人。其同年好友李鸿藻《序》中言，豫师光绪四年（1878年）辞官居京后，李鸿藻正亦“奉讳家居，重话旧事，其恂恂安雅犹昔也。每咨以西事，辄归美湘军，笑曰：‘吾不知兵，直以意突耳。无已，请以在官奏议志所职，可乎？’受而读之，窃有慨也。”这段文字为我们提供了两个重要信息。第一，编辑该书的起因是李鸿藻向他询问参与平定西北回民起事的情况。第二，编辑该书的起始时间是李鸿藻因事居家期间。查《清史稿·李鸿藻传》，其所谓“奉讳家居”似指光绪十三（1887年）、十四年（1888年）两度革职事。光绪十三年李鸿藻被派往郑州处理黄河决口之事，并筑坝。但所筑西坝秋汛失事，遂被革职留任。回京后，“复以礼部具奏典礼漏缮签改日期，再议革职，上特宽免。大婚礼成，复原官。”[5]光绪皇帝大婚在光绪十五年正月。由此看来，豫师编集奏疏开始于光绪十四年前后。

李鸿藻阅读过豫师编好的《青海奏疏》后，遂为之作序。李序中有三处文字与其撰序时间有关。一为“新

疆既平，朝廷谦让未遑，于剿回方略阙焉，久未纂辑。得奏疏出，固亦修国史、补地志所必駣者矣。”言豫师奏疏有助于剿回方略的撰集，说明其时剿回方略尚未撰成；二为“迄今西海底定，天子命大臣举秋典，颁太常香帛，授节旅于青海之神，会盟诸番部于海上，以及羌目酋长班禅、达赖献赆叩关来者，咸与宴”。这里提到的祭海神与蒙古王公会盟每年举行，不必说。但这段时间，西藏多事，班禅和达赖的进贡较为稀少，值得考查；三为序末所署李之官职衔为“太子太保、协办大学士、吏部尚书”。所谓未纂辑的“剿回方略”，当指《钦定平定陕甘新疆回匪方略》。该书320卷，官修，成稿于光绪二十年(1894年)五月，光绪二十二年十二月排版讫，光绪二十三年七月军机大臣翁同龢拟出并递进“应赏《方略》名单”，[6]其后才陆续将包括《钦定平定陕甘新疆回匪方略》在内的《钦定平定三省方略》赏给诸王公大臣。李鸿藻死于光绪二十三年七月，[7]就是说他到死也没有见到印好的《平定陕甘新疆回匪方略》，其撰序当在此前。西藏活佛达赖给朝廷献方物一在光绪七年正月“达赖喇嘛遣人进哈达、佛香，命献惠陵，赉以哈达、缎匹”。一在光绪二十四年（1898年）四月“前藏达赖喇嘛贡方物。”[8]中间曾逃往印度，被朝廷下旨暂停其职。八世班禅于光绪八年（1882年）圆寂，光绪十四年金瓶掣签确定转世灵童，光绪十八年(1892年)九世班禅坐床，光绪二十一年九月班禅“诣京谒陵，并呈进方物”。[9] 此一时间节点将李序的时间固定于光绪二十一年九月之后。李鸿藻是同治、光绪间名臣，主战派的重要人物，其任太子太保、协办大学士、吏部尚书是光绪二十二年，次年去世。看来，豫师撰集成《青海奏疏》，并将书稿送给其好友李鸿藻阅看，李氏为之作序的时间，应该在光绪二十二年。通过以上查考分析，我们以为，豫师编纂《青海奏疏》是在光绪十四年（1888年）至光绪二十二年（1896年）间。

豫师任西宁办事大臣的九年（1870—1878年），正是清政权内外交困、一蹶不振之际，西北地区更是诸事丛脞。陕西起事回民转战甘肃，使甘省的各支回民队伍如虎添翼，迅速壮大。被清廷派来西北剿回的左宗棠，其湘军老将刘松山被马化龙率领的宁夏回军枪杀，遭受重大损失。清军各部经过艰苦的战斗，才迫使宁夏、河州回军投降，消灭了控制西宁十几年的马桂源、马本源兄弟统帅的青海回撒军，再挺进河西，开向新疆。1875年，同治皇帝去世，两宫皇太后扶持醇亲王奕譞之子载湉继位，为光绪皇帝。湘军将领刘锦棠等陆续收复除伊犁以外的新疆各地。在配合左宗棠解决了西宁回民起事后，清廷任命豫师为乌鲁木齐都统，想借助其辅佐左宗棠安定新疆，并压迫俄军交还所占伊犁地区。可是豫师却急流勇退，以病重为借口，辞官回旗当他的学者。豫师以文人入仕，终至独当一面，其间的经历可谓惊心动魄，其艰辛更是难以言道。他不仅要步步为营，逼迫西宁回军首领马桂源就范，还要与腐朽的晚清官场精心周旋。为了得到必需的饷银，他上书十数次，派员到几个省坐地催款，最终结算还拖欠一百四十余万两。难怪他心灰意冷于官场，要回京以讲学治学为业。

《青海奏疏》辑录了豫师自同治九年（1870年）二月至光绪四年（1878年）九月的公务奏折、附片总共121篇，并附相关谕旨37篇。奏折中包括部分与钦差大臣陕甘总督左宗棠、宁夏将军穆图善等联署的奏折，大多为与回军作战情况的报告及为立功人员荐请奖赏的折片。

阅读这些奏疏，我们不禁为豫师精心筹算、牢牢控扼西北战略要地平番多年的眼光折服，也被青海这一多民族地区政务的艰辛凶险复杂震撼，更因左宗棠、豫师等清后期大员明知事之难为却勉力为之的奉献精神所感慨。永登（古平番）如今不过是甘肃兰州市所辖一个小县，但其既控制着由河东向河西走廊、新疆的东西交通，又控制着由河套、陇西向河湟、青海的南北交通，在西部有事时，平番的战略地位无与伦比。长期为宦甘肃喜好钻研的文人官僚豫师看到了这一点，他接任西宁办事大臣后即向朝廷报告，要以平番为据点，开始他的大臣生涯。死死扼住这一战略要地，从而也就扼制了陕回、河狄回、西宁回和肃州回的相互支持，为保障王朝西部军政信息交通运输畅通，为左宗棠军步步西进、各个击破、最终镇压起事争取了时间。难怪抗日战争时，苏联援华要在永登设其办事机构，以保障其与延安和重庆政府的联系。另外，每当社会动荡、中央政权危殆之时，总有一些怀抱理想的志士站出来，从某种大局出发，试图挽大厦于将倾，而且也确实取得某些成效。同治、光绪间，西方各国对中国的侵略和瓜分愈演愈烈，英国和沙俄对西北边疆的侵蚀更是猖狂，而西北各省的回民起事又燃成熊熊烈火，眼看帝国大厦行将垮塌。这时候，左宗棠、豫师等人站出来，毅然在西北镇压起事回民，阻遏俄人东侵。今天，我们可以批评他们是在逆历史潮流而动、屠杀起事人民，为腐朽旧政权陪葬。但是就其个人而言，他们身上确乎表现出了一种不同凡响的精神和勇气。

阅读奏疏，我们对同治、光绪间的西北政治形势和民族关系有了更清楚的认识。作为多民族杂居的西北，自古以来就是国家追求长治久安的关键地区。平时，各族之间相安无事，在这些地方做官难捞大钱，却也相对悠闲。但是一旦出事，处理不好，就会酿成巨祸，惊动朝堂，造成民族仇杀或地方割据，甚至波及全国，危及中央政权。历史上，从两汉到隋、唐、宋、元，这样的例子太多了。以奏疏报告的清代甘肃、青海为例，无论是乾隆间的苏四十三起事，还是咸同间遍及全省的回民起事，乃至光绪中期（1895—1896年）的河湟事变，哪一次不是从宗教摩擦、民族对立开始，以起事的民族被镇压、对立的民族人口剧减告终？以巴燕戎格厅为例，《西宁府续志》卷四记载，咸丰三年（1853年）该厅人口为27 565人，经后两次事变，到宣统元年（1909年）《巴燕戎格厅地理调查表》统计该厅人口为16 645人，人口的损失不可谓不大。就全省来说，光绪十六年（1891年）刊出杨昌濬、张国常等主撰的《甘肃忠义录》，记录全省死于同治甘肃回变的总人数为162 360余人，这还只是有名有姓“文武将士绅民妇孺”的数据，算上被杀和战死的起事者的人数，岂不是要在30万人以上了？这种造成民族不和、诸族俱伤的悲剧，难道不能避免吗？这可能是我们阅读本书要深思的一个大问题。

古代的青海地区，历来文化欠彰、载籍稀缺。我们要感谢豫师将其任西宁办事大臣期间的奏疏汇编成册，流传下来。虽然在豫师本人，无非是要借以炫耀其老谋深算、为“国”建勋的业绩。但因为被镇压的回民一方，绝少留下相关的文献资料，借助豫师的记载，我们能看到马桂源、马文义等人在清朝的压迫与盘剥面前不顾一切的牺牲精神和对付统治者的灵活策略，[10]更能帮助我们构建青海回民起事虽不全面却也差可的历史。要知道，光绪中期以后，关于咸同西北回民起事的记载，多为随左宗棠到西北镇压回民起事的将领们所写。这些人对起事的原因以及以前的西北历史缺乏了解，所叙难免片面。以至直到现在，一般写回民起事的著作还据以称起事首先于同治元年（1862 年）在陕西爆发，然后才延及甘肃、新疆。豫师自咸丰后期就为宦甘肃，并曾在陕甘总督沈兆霖幕下参与咸丰十一年（1861 年）到同治元年（1862 年）对青海回撒军的镇压。从豫师的著作和《平定陕甘新疆回匪方略》中，我们知道，西宁回撒反清起事早在咸丰十年十月就已经爆发，是甘青回民起事影响陕西起事，而不是相反。笔者从而撰成《1860—1873 年西宁回族撒拉族大起义》一文，揭橥于《西北民族文丛》1984 年第 2 期。三十多年了，当今的历史研究者为什么还抱残守缺，不改正误说呢！

西宁办事大臣主要负责管理青海蒙番事务。从豫师奏疏中，我们可以了解到 19 世纪后期清廷对青海蒙藏政策的细节，祭海和与西海蒙古王公头人会盟的仪礼，办事大臣衙门专员赴玉树番族会盟、处理纠纷案件、收纳贡马、赏给物件的情况，蒙藏部落与咸同起事西宁回撒军的矛盾及其对抗过程，朝廷对蒙藏首领以及宗教上层的怀柔、加封、俸饷、继承和活佛转世认定，为经过青海的活佛和藏区使节的迎送和保护等等。此类青海蒙藏资料，实在是太珍贵了。

三、版本考察和校注说明

据我们所知，《青海奏疏》有三个抄本和一个刊本。

第一个抄本是收藏于美国国会图书馆的《青海奏疏》。该本以四眼线装为十册，青莲色纸为封皮，十册装为一函，函套以青莲色绢布为面，函脊以素纸签题“青海奏疏十册 全”，各册封面皆无题签。全书内页皆系版心上端印有“青海奏疏”书名的朱丝栏专用纸，半页七行，每行满十六字，一般行文上空两字格书写十四字，凡遇“皇太后”则另起行顶格书写，遇“皇”“圣”“天”“旨”“上”“俞”“饬”“赏”等与皇帝有关的字皆另起行上空一字格书写。讳“宁”字，书为“甯”字。全书由李鸿藻《青海奏疏序》始，至《目疾加剧请开缺回旗调理折》止。每册有四十三页至六十四页不等内文，全书总计五百六十七页。[11] 全书不书撰人，但第一册内文首页正面右下钤有朱色正方形印章一枚，书篆文“豫之”二字，第二篇序之末署为“锡叟自序”，知其作者为豫师无疑。并可以判断，该本为作者手订的清稿本，抄写于光绪二十二年李鸿藻作序之后不久。

第二个抄本是首都图书馆藏《青海奏疏》。线装四册一函，以无界栏素色毛边纸抄成，无边框。每册七十六页至九十五页不等，每页书口写有“青海奏疏”书名，所书页数系以全书一顺而下，总计三百二十七页。书字处每半页为12×18厘米，每半页二十行，行二十字，一般文字上空二字格书写十八字，遇与皇太后、皇帝有关字则另起行顶格或上空一格书写。讳“宁”字，书写为“甯”字。该书每册正文首页右下角钤有正方形“首都图书馆藏书之印”。全书由李鸿藻《青海奏疏序》始，至《目疾加剧请开缺回旗调理折》止，内容齐全。首都图书馆定该书为“民国（1912—1949）”抄本，我们从书中讳字及遇尊上字提行顶格看，不排除其为清末所抄。笔者使用的版本，系1980年在尚以国子监为馆址的首都图书馆所藏、由馆方予以复印的该版本。

第三个抄本是吴丰培先生发现的《青海奏疏》十二卷本。吴先生在《豫师青海奏稿·写在前面》介绍道：“昔年余得见旧抄本《青海奏稿》十二卷，不著撰人，细审内容，知为清同治间西宁办事大臣豫师之奏稿，前后完备，极可珍贵，曾录副以存。”吴丰培（1909—1996年）是老一辈著名民族文献学家。20世纪50代初起，吴先生长期在中央民族学院研究部图书资料组和校图书馆从事图书管理和民族边疆图书资料的整理研究工作。1959年起，他曾用数年时间，为初创建的民族文化宫图书馆（现名中国民族图书馆）到华中、西南各地搜寻图书及稿本等，搜集到许多珍稀民族、边疆资料和研究著述。中央民族大学图书馆收藏有豫师著《青海奏疏》（稿本），线装 12 册两函，蓝格，每半叶七行，行十四字，系 1960 年入藏。这应该就是吴丰培先生所言“昔年得见”的十二卷本《青海奏稿》，但吴先生显然将书名写错了。

《青海奏疏》刊本是吴丰培先生整理点校的《豫师青海奏稿》，于 1981 年由青海人民出版社出版。吴丰培先生系以上述中央民族大学收藏之十二册抄本《青海奏疏》为底本，拟定新名，整理标点，纠正错讹，并用《清实录》《东华录》等增补原抄本缺佚之文。我当时正从事西宁回民起事研究，故于发行不久就购得该书，因事前已有首都图书馆藏抄本的复印件，遂两相对照，并查阅《平定陕甘新疆回匪方略》《左文襄公奏议》等书，对《豫师青海奏稿》进行考查，撰成《〈豫师青海奏稿〉补校》一文，带给西宁李文实先生，请其指正。李先生旋将此稿荐送《青海民族学院学报》，发表于 1983 年第 3 期。1993 年 5 月，在苏州参加“顾颉刚先生诞生一百周年学术讨论会”期间，经李文实先生介绍，曾与穿着图书馆蓝布工装的吴丰培先生交谈，告诉他我发表有《〈豫师青海奏稿〉补校》之事，吴先生很感兴趣，表示将来重印该书时要参照该文予以改正。

作为青海近代重要史料，《豫师青海奏稿》刊行三十多年来，受到学界的宝爱。最近，蒙青海人民出版社不弃，委托本人对该书进行校注，收入《青海地方史志文献丛书》:，予以重新出版。本书前被吴丰培先生定名为《豫师青海奏稿》，但此种将作者与书名合二为一的做法，不合乎当今古籍整理的范例，且现存该书的三种抄本，皆题为《青海奏疏》，故而这次校注出版，仍恢复作者亲定的原书名。

鉴于吴丰培先生点校本在前，故此次点校以青海人民出版社刊本《豫师青海奏稿》为底本，采用现藏于美国国会图书馆的《青海奏疏》豫师原清稿本（简称“国会图”本）和首都图书馆藏《青海奏疏》抄本（简称“首图”本）予以整理校勘。校勘记附于各篇奏折、附片或附旨之后。凡底本正文有错误，则径加改正，并在校勘记中说明。凡底本正文有疑问或与诸本相异者，亦在校勘记中说明。底本不误，诸本自身有错误者，概不著录。由于上述几种版本的《青海奏疏》都有个别共同的缺篇和缺页现象，故而这次校注该书，首先做的是寻找各种文献对缺篇和缺页进行增补。凡诸本篇目有增者，则补抄于相应位置，并在校勘记中予以说明。凡三本篇段同样缺佚者，则据《陕甘新疆回匪方略》《左宗棠全集》《清穆宗实录》《清德宗实录》等予以增补。诸本所收奏折原皆无篇名，亦无上奏时间，吴丰培先生给每篇折片皆据奏题拟有篇名，且为少数奏折署以上奏时间。本次校注，对各折片篇名进行了规范，所补充折片另拟篇名。并对诸奏折上奏时间进行考订，尽可能予以注出。若其月日不清楚者，则仅书年，而将月日空出。在上奏时间考订清楚之后，对原奏折及附片的排序进行了必要调整。注释采取简注的形式注于折后，主要注释相关人名、地名和个别难懂词语，且力求简明。凡前边注释过的词语，以后一般不再重复注释。

古人言："校书如扫尘，一面扫，一面生，故有一书每三四校，犹有脱谬。"笔者虽勉力于此书之校注，因知识有限、年老懒散，难免瑕疵，祈读者诸君随时指正。

汪受宽

2016年12月23日于兰州大学寓所

注释：

［1］王昱校注《西宁府续志》卷6《官师志》，青海人民出版社2016年版，第158页。

［2］刘禺生：《世载堂杂议》87《沈小沂评袁世凯》。

［3］刘十枝：《苌楚斋三笔》卷6"豫师等深恶洋字"。

［4］《异辞录》卷3"豫师出试题"。

[5]《清史稿》卷436《李鸿藻传》，中华书局，1976年，第12 367—12 368页。

[6] 校注者撰有《<平定陕甘新疆回匪方略>的撰述与价值》一文考订该书撰述时间，发表于《青海民族学院学报》（社科版）1993年第3期。

[7]《清德宗实录》卷407，光绪二十三年秋七月庚寅条。

[8]《清史稿》卷23、24，中华书局，1976年，第868、922页。

[9]《清德宗实录》卷376，光绪二十一年九月丙寅条。

[10] 校注者撰有《试论清代同治年间西宁回族撒拉族起义的原因和性质》论文，发表于《青海民族学院学报》（社科版）1982年第1期。

[11] 本前言撰成后，友人清华大学图书馆刘蔷教授告知：哈佛燕京图书馆另藏有一《青海奏疏》誊清稿本，不分卷，十二册，半页七行十四字，四周双边，单鱼尾，朱丝栏，版心印《青海奏疏》。版框高22.2公分，宽16.5公分。前有李鸿藻序和豫师自序。端楷誊抄，极为工整。

青海奏疏序

青海在崑崙迤西蒙番之所游牧洎康熙年間來歸迨雍正始戡定之分額魯特等部二十九旗爵以王貝子貝勒公台吉有差合察罕諾們罕立二盟長以辦事大臣涖之駐西甯制略與漢護羌校尉等亦河西重鎮也

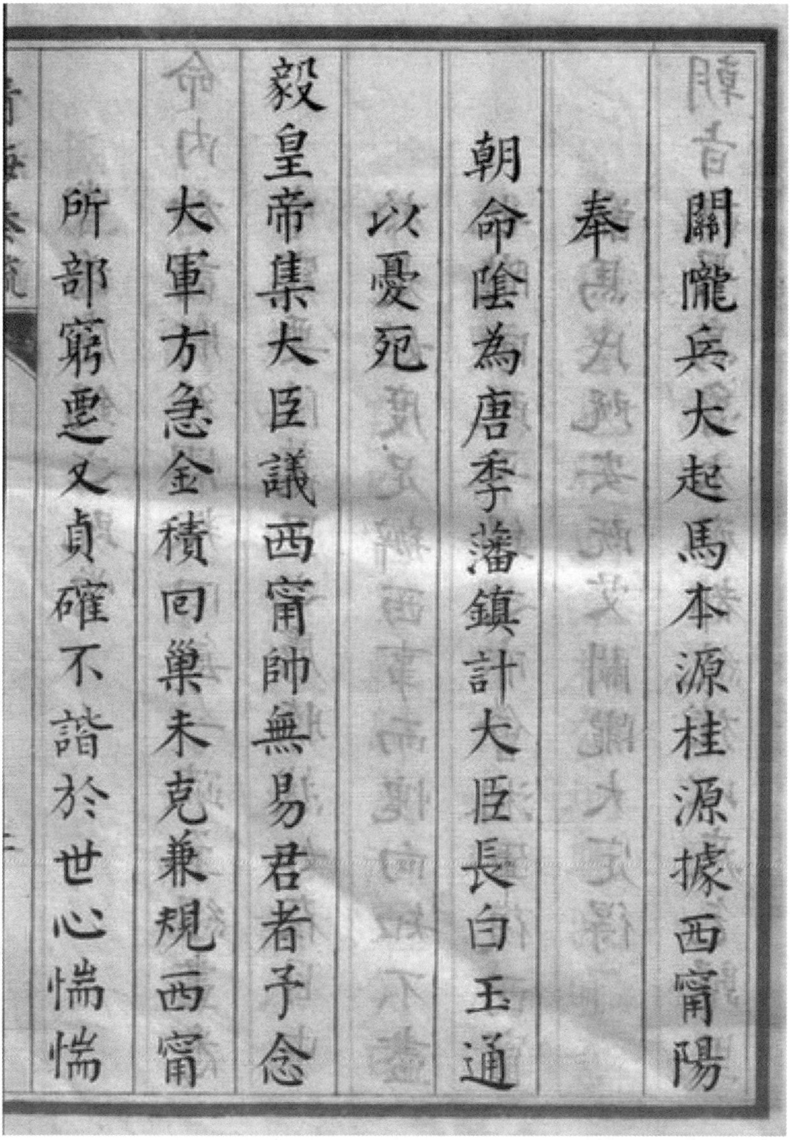

關隴兵大起馬本源桂源據西甯陽
奉
朝命陞為唐季藩鎮計大臣長白玉通
以憂死
毅皇帝集大臣議西甯帥無易君者予念
大軍方急金積回巢未克兼規西甯
所部窮悪又貞確不諧於世心惴惴

《青海奏疏》书影

《青海奏疏》序〔一〕

李鸿藻

青海在昆仑迤西，蒙、番[1]之所游牧，洎〔二〕康熙年间来归，迨雍正始戡定之。分额鲁特等部二十九旗，爵以王、贝子、贝勒、公、台吉有差；合察罕诺们罕，立二盟长，以办事大臣莅之，驻西宁，制略与汉护羌校尉等，亦河西重镇也。

锡之豫君，为吾异姓昆仲，壬子[2]同释褐[3]，相识于保和殿，立谈订交。时予在词林，锡之为中书舍人，尝晨夕过从，以道义文字相切劘[4]，每晤对恒至漏深不忍去，十年如一日也。然锡之性敦谨，恂恂如不能言，久之以御史乞外，历政有声。关陇兵大起，马本源、桂源〔三〕[5]据西宁，阳奉朝命，阴为唐季藩镇计，大臣长白玉通[6]以忧死，毅皇帝集大臣议西宁帅，无易君者。予念大军方急金积[7]回巢未克，兼规西宁，所部穷踅，又贞确不谐于世，心惴惴尝为虑。锡之既受命，内和诸将，外慴[四]叛回，每一疏至，经画悉中窾[五]要，使万里之虏，瞭然如在目中。于是始度足办西事，而愧向知不尽也。陇回既平，锡之亦会湘军复西宁，馘马氏，既安既艾，关陇大定，得朝旨调署乌鲁木齐都统，旋以疾乞归里。予时奉讳家居，重话旧事，其恂恂安雅犹昔也。暇则策杖郊垧，耽寂守素，田父野老无知其尝为边将久居军中者。每咨以西事，辄归美湘军，笑曰："吾不知兵，直以意突耳。无已，请以在官奏议志所职，可乎？"受而读之，窃有慨也。方国初之征青海也，命皇子及勋贵大臣以大将军驻边，师行绝徼，或乏水草，则地涌圣泉，海神致应。然后岁时大会，杀牛马祭天，亲歃血以莅诸侯之盟，其盛也如此。及回人肆虐，大者连城，小亦割据郡县，锡之以饥弱之卒，顿兵征饷，相持积年乃狝[六]渠丑，何其艰也。新疆既平，朝廷谦让未遑，于剿回方略阙焉，久未纂辑。得奏疏出，固亦修国史、补地志所必者矣。昔赵营平[8]征羌所画军册，外为辛武贤所嫉，而议臣内沮之。当是时，以孝宣之明而为君，以魏相之贤而为相，然且数被责让，久始报可。今锡军[七]之薄西宁也，朝疏夕答，事不中制，卒以成功。后世考同治中兴之绩，虽凯事以江南为最烈，然西宁为海藏咽喉，跨湟流，逾雪岭，裹糇饮酪，深入不毛，复地千余里，非上下同心，将帅辑睦，曷可[八]臻此？

夫岂阿吾所好，盖亦传先皇帝之盛烈于无穷也。迄今西海底定，天子命大臣举秋典，颁太常香帛、授节，旅于青海之神，会盟诸番部于海上，以及羌目酋长班禅、达赖献赆叩关来者，咸与宴〔九〕，莫不欢舞举酒，歌声呜呜，称道于弗衰云。

太子太保、协办大学士、吏部尚书年愚兄李鸿藻[9]拜序

注释：

[1] 蒙番：蒙古族、藏族。

[2] 壬子：清咸丰二年，当公元 1852 年。

[3] 释褐：脱去布衣，穿上官服。是古代科举登第后的一种仪式。

[4] 切劘：切磋。

[5] 马本源、桂源：清咸丰、同治西宁回民起事领袖兄弟。马桂源（1843—1873 年）或写作马归源，河州（今甘肃临夏）人，西宁回民总约，伊斯兰教花寺门宦教主，所部回军于同治二年（1863 年）包围西宁城半年，西宁办事大臣玉通被迫实行“抚局”，以马桂源为署西宁知府，其兄马本源护西宁镇总纂务。

[6] 玉通：满洲正蓝旗人，同治元年（1862）至同治八年(1869 年) 底任西宁办事大臣。

[7] 金积：金积堡，在今宁夏吴忠市西南，同治间为回军马化龙、白彦虎据点。回民起事被镇压后，清在此设宁灵厅。

[8] 赵营平：赵充国（前 137–前 53 年），天水上邽人，汉代

著名军事家、政治家。神爵元年（前61年）受命处理青海羌乱。后参与扶立宣帝，封营平侯。

[9] 李鸿藻：1820–1897年，字兰荪，河北保定人。咸丰二年（1852年）进士，选庶吉士，授编修，督河南学政。同治间，累迁内阁学士，署户部左侍郎，都察院左都御史，加太子少保。兼总理各国事务衙门。历任礼部尚书、协办大学士，调吏部尚书。光绪二十三年（1897年）卒，谥文正，赠太子太傅。

校勘记：

〔一〕青海奏疏序：底本为“豫师青海奏疏序”，据“首图”本、“国会图”本改。

〔二〕洎：底本为“自”，据“首图”本、“国会图”本改。

〔三〕马本源、桂源：底本为“马本源、（马）桂源”，据“首图”本、“国会图”本改定。

〔四〕慴：底本为“慑”，据“首图”本、“国会图”本改。

〔五〕窾：底本为“窍”，据“首图”本、“国会图”本改。

〔六〕猕：底本误为“弥”，“国会图”本为“弭”，据“首图”本定。

〔七〕军：底本阙此字，据“首图”本、“国会图”本补。

〔八〕可：底本为“克”，“国会图”本阙此字，据“首图”本改。

〔九〕宴：底本为“〔盛〕宴”，据“首图”本、“国会图”本改。

自 序〔一〕

咸丰初元，粤匪洪秀全之倡乱也，苗匪[1]、捻匪、啯匪[2]继之。中原大扰，流毒至惨，骇人心目，然犹未若甘肃回匪[3]之变为最烈。初，甘回新、旧两教不相能，时寻衅械斗，汉民杂居者被创，以故汉回亦有郤〔二〕，官不能制。同治二年[4]，陕回败窜入境，勾结土回，汉团[5]复激迫之，不数月全甘糜烂，陷城攻堡无虚日，贼所过人畜尽歼，庐舍焚毁，掘地三尺，十年来，一望榛莽。西宁在省西南，界番、蒙，惟一线通内地，夙为回菽教首马桂源居之。至是马桂源率党入宁城[6]，自领府事，以其兄本源代镇篆，悉易回兵，官民俱困。青海大臣玉公忧忿死，时予在兰道任，得旨为青海大臣，戚好咸忧之。予以适当督臣左宗棠[7]驻平[8]，攻金积数年未下，统帅刘松山[9]阵殁，官军大挫，将军穆图善[10]守会垣[11]，河[12]逆四〔三〕出逼困，诚危急存亡之秋也，予奚敢辞，以重朝廷西顾忧？拜命后，请立五营，进规平番[13]，扬兵四〔四〕击，翦荆平道，凿井建堡，以通驿路，为大兵进取计；遣使诱致贼首桂源羁縻之；暗檄前军驰碾伯以扼其吭，分谕番蒙及汉团等，各为战〔五〕，贼势始燹。逾年，督臣复派湘军刘锦棠[14]来会，凡数十战，西宁平，贼首本源、桂源及其家属均就擒，城中官民无恙。说者神之，噫殆天幸，始愿所不及也，至粮饷军实艰窘，犹其余事。予前十年或督军，或办糈务，所历状曾著《险异录》以志其事，见者谓惊魂动魄之作，颇为快睹。逮是役，刻无暇晷，未获载记，殊歉然也。爰捡先后奏疏，集录成册，异日〔六〕览之，亦差足见一斑云。

锡叟自序

注释：

[1] 苗匪：1855—1872年贵州、云南等地以张秀眉为首的苗民反清起事。

[2] 啯匪：清代川、渝、陕等地活跃的反清武装哥老会，据说是雍乾间黑社会武装组织啯噜子演化而来，故称啯匪。

[3] 甘肃回匪：时宁夏及青海农业区皆为甘肃省所辖，故以此泛指咸同间甘宁青回民起事。

[4] 同治二年：当公元1863年。

[5] 团：团练，清代地方自卫武装。陕甘回民起事时，地方汉族、藏族办团练，与之作对。

[6] 宁城：指青海西宁城。

[7] 左宗棠：（1812—1885年），字季高,湖南湘阴人。晚清重臣，军事家、政治家，著名湘军将领，洋务派首领。官至东阁大学士、军机大臣，封二等恪靖侯。率湘军参与平定太平天国运动，平定陕甘同治回民起事，收复新疆，维护中国统一。

［8］平：指甘肃平凉。

［9］刘松山：（1833—1870年），字寿卿，湖南湘乡人，湘军将领。同治八年（1867年）进军西北，收降董福祥部。次年进攻马五寨时，被回军马化龙部击毙，赠太子少保，谥忠壮。

［10］穆图善：字春岩，满洲镶黄旗人，同治四年（1865年）以宁夏将军主甘肃军事，同治五年署陕甘总督，六年卸任，受左宗棠节度。光绪元年（1875年）署正白旗汉军都统，光绪十二年（1886年）卒于军中。

［11］会垣：省城，此指甘肃兰州。

［12］河：此处指河州，今甘肃临夏。

［13］平番：今甘肃永登。

［14］刘锦棠：（1844—1894年），湖南湘阴人，湘军将领，随叔父刘松山与太平天国、捻军作战。刘松山死后到西北，接统其军，捕杀马化龙父子，攻灭西宁回军。光绪二年（1876年），收复乌鲁木齐，平定阿古柏匪徒。十年，新疆建省，为首任巡抚。

校勘记：

〔一〕自序：底本如此，“首图”本、“国会图”本皆为“青海奏疏序”。吴丰培先生所定更为准确，故依之。

〔二〕郤：底本误为“却”，据“首图”本改 。

〔三〕四：底本为“回”，据“首图”本、“国会图”本改。

〔四〕四：底本为“回”，据“首图”本、“国会图”本改。

〔五〕各为战：底本为“各（自）为战”，据“首图”本、“国会图”本改定。

〔六〕日：底本为“同”，据“首图”本、“国会图”本改。

谢任西宁办事大臣折

同治九年二月二十日

奏为恭折叩谢天恩仰祈圣鉴事：

同治九年[1]二月十八日准陕甘督臣左宗棠咨开：二月初三日奉满文上谕一道，恭译汉文。同治九年正月二十二日奉上谕："豫师著赏给副都统衔，作为西宁办事大臣[2]，驰驿前往。钦此。"当即恭设香案，望阙叩头谢恩讫。

窃念奴才[3]汉军[4]世仆，知识庸愚，由咸丰二年壬子恩科文进士引见，后补授内阁汉本堂中书，升内阁侍读，充咸丰八年戊午科四川乡试副考官，九年补授山东道监察御史，转掌陕西道监察御史。嗣由俸满截取知府报捐〔一〕，分发甘肃，补平凉府知府。同治五年七月，蒙恩简放甘肃兰州道，因军务微劳，先后奉旨赏加按察使衔、布政使衔，未报涓埃[5]，正深悚惕。兹复仰承逾格超迁，畀以办事大臣重任，凡此宠荣之过分，实非梦想所能期。

伏查西宁，为蒙、番杂处之区，正汉、回构衅〔二〕之际。烽烟未息，抚绥弹压，既贵持平；兵饷两穷，简练峙储，尤宜先备。奴才梼〔三〕昧，深惧弗胜，惟有勉竭愚衷，力持艰局，以期仰答鸿慈高厚於万一。

所有感悚下忱，理合缮折，借用宁夏将军木质关防[6]，专弁赍呈叩谢天恩，伏乞皇太后、皇上〔四〕[7]圣鉴。再，谢折例应缮写满文，惟奴才自幼随任南方，未习清字，是以敬缮汉文，合并声明，谨奏。

军机大臣奉旨："知道了，钦此〔五〕。"

注释：

[1] 同治九年：当公元1870年。

[2] 西宁办事大臣：清雍正二年（1724年）平定青海和硕特蒙古部叛乱。次年，升西宁卫为府，设西宁夷情衙门，始置"总理青海蒙古番子事务大臣"，亦称青海办事大臣、西宁办事大臣，总管黄河两岸至唐古拉山口蒙、藏等族地区一切政教事务。

[3] 奴才：清代旗人上书时对皇帝的自称，一般奏疏中用小字书写。

[4] 汉军：努尔哈赤建八旗制度，设有满洲八旗、蒙古八旗、汉军八旗。豫师属内务府汉军。

[5] 涓埃：死亡。

[6] 关防：官印。时豫师刚被任为西宁办事大臣，其官印尚

在西宁府库，故只得借用宁夏将军的关防钤盖。

[7] 皇太后、皇上：皇太后指慈禧太后（1835—1908年），皇上指清穆宗载淳（1856—1874年），年号同治（1862—1874年）。

校勘记：

〔一〕捐：底本为“指”，据“首图”本、“国会图”本改。

〔二〕构衅：底本为“拘畔”，据“首图”本、“国会图”本改。

〔三〕梼：底本为“祷”，据“首图”本、“国会图”本改。

〔四〕皇太后、皇上：底本阙，据“首图”本、“国会图”本补。

〔五〕钦此：底本阙，据“首图”本、“国会图”本补。

著豫师迅赴新任妥为经理旨〔一〕

同治九年正月二十四日

谕军机大臣等：刘典奏，回逆分窜陕境情形，暨击退窜泾贼股，收复定边各折片。回匪窜扰陕境，攻陷定边，袭陷安定，贼踪飘忽，肆行奔突。左宗棠回援之军，总落贼后。该督抚等同办一事，何以彼此不相联络、致误事机？现在瓦窑铺踞匪，势甚凶悍。庆阳之贼，又复窜至三水，绕窜永乐店，窥伺省城。且尚有陈瞎子一股，亦思窜陕。定边之贼，攻扑宁条梁。镇靖堡等处并有另股贼匪滋扰，希图下窜。贼踪纷至沓来，几至不可收拾。安定、定边，虽据奏称收复，殊不足恃。著即将实在情形，查明具奏。左宗棠入甘后，自应酌留重兵，力顾后路。刘松山、金运昌所部，本系分扎花、定，何以不遵札饬，竟行相继前进？雷正绾、周兰亭、张福齐、简敬临等四军，左宗棠止令其剿办半角城等处踞逆，何以道员曾传理竟令各军进发？以致回逆乘虚窜入。各军进止自由，无所约束，该大臣当严申号令，立将贻误各员查明参奏，以示惩儆。马德昭一军，前据左宗棠奏调，已谕李鹤年饬令该提督督带所部，扼扎三原。该军抵陕后，著刘典会商左宗棠，妥筹调度。陕省防兵过单。左宗棠务当抽拨劲旅，回顾陕疆，迅将纷窜各匪尽数歼除，毋稍松劲。刘典仍当严饬陈照台、成光裕等，分投堵剿，以遏狂氛。不得徒事张惶，毫无展布。陕事一日不靖，即将志章抵任，刘典亦不得置身事外。著即振刷精神，亟图补救，毋得因循诿卸。自干咎戾。安定、瓦窑铺一带。距晋非遥，现在河冰未泮，李宗羲当督饬李庆翱等，严密防堵，毋稍疏忽。豫师前已赏给副都统衔，简放西宁办事大臣。著左宗棠即知照豫师迅赴新任，并将应办事宜，妥为经理，以副委任。将此由六百里各谕令知之。

校勘记：

〔一〕此旨述豫师任西宁办事大臣时西北严峻形势，故据《清穆宗实录》卷二百五十七增补之。

请酌募兵勇扼要驻防折[1]附旨

同治九年二月二十日

为西宁抚局难恃，外匪又复窜扰，体察情形，亟应酌募兵勇，扼要驻防，分别良莠办理，恭折具奏，仰祈圣鉴事：

窃奴才前准陕甘督臣左宗棠咨：奉上谕，补授西宁办事大臣。当于本月二十日缮折谢恩，专弁赍送，自应赶紧赴任。惟查西宁回族，经玉通议抚，敷衍数载，本属为贼拘逼。近来北路窜匪愈聚愈多，本地回匪，倚为爪牙，若不预为筹布，村堡糜遗，变生仓猝，收拾更难，有不得不为我皇上详细陈明者。

窃查西宁各属回匪，以办教起衅滋〔一〕事，屡抚屡叛。同治元、二年间，贼首马尕三[2]即马文义等领撒回[3]数千，在西宁、大通、丹噶尔[4]等处肆扰，地方官乏兵钤制，以致西宁县属镇海、喇课各营堡相继失陷，郡城关厢五川七族数百庄村寺院尽为焦土。不久而大通县城被陷，贵德厅同知承顺被戕，前督臣杨岳斌派往办抚之道员钟瑛等，亦中途遇害，甚至玉通及署道[5]郭襄之、署知府达昌均为就抚之贼殴伤。玉通困居城内，无饷无兵，为贼拘逼，只得听其狡辩。

回匪得计，此焚彼抢，相率为常，此前数年之情形也。

自上年秋间，狄[6]、河回匪，闻大兵入甘，纷窜西宁县属之哆吧、苏家堡、西纳川，扬言："丹噶尔城为边防重地，攻得斯土，进可拒兵，退可外遁。"复有陕西临渭[7]，甘肃盐关、狄河各党，围攻碾伯[8]县城。玉通于上年十月亲赴该县，再三劝解，赏银挂红，贼始暂退，然已饱掠而去。此等情状，丹噶尔士民逐款投禀左宗棠行营，并军需局有案。奴才询之在省之卸署西宁府知府达昌、卸署碾伯县知县童永基所述，与丹噶尔士民禀词相同。玉通见抚局将溃，外匪又复纷至，忧惧成疾，遂咨请左宗棠迅决良图。文内有"本大臣抚良回则有余，制叛回则不足，抚西宁已抚之回则有余，制外来方张之寇则不足。"并称"目下时〔二〕势非惟陕回俱不就抚，即西宁抚局亦有不可终日之势"等语，并奏请左宗棠派兵防护宁境，是此时即令玉通在任，亦有不能瓦全之势。伏思西宁虽立〔三〕抚局，而回匪焚杀日甚，是抚与不抚同；郡城虽未失守，而官员尽被拘逼，政令听贼主持，是有城与无城同。即以抚事论，甘肃、宁夏之抚，穆图善带数十营以压之，张家川[9]之抚，道员张瑞珍带王得胜十营，并有大兵随后以镇之，从未有无兵而可办抚者也。揆厥情形，若奴才此时到任，身无一兵，无从布置，必至复成〔四〕玉通前辙，上损国威，下失民望，久之村堡人民荡然，更难措手。

况本年二月初间，据碾伯县文武汇禀：马占鳌[10]率河州、渭南等处贼匪六七千人，窜西宁属之平戎驿[11]、碾伯属之威远堡[12]。该二处系赴湟要路，均皆阻塞，正恐后此窜来者尚多，即使奴才单骑前进，亦苦无路可绕，此不得不稍资兵力，预筹布置者也。

然当东北[13]军事方殷，乞兵于左宗棠，势必无可抽调，奴才拟在平番等处，就地募勇五营，先扎碾伯及威远堡一带，将该处民堡逐一修理防护，百姓乘时布种，兼将各庄旧有团练者从新整顿，堵遏外匪窜越之路。俟碾邑布置妥协后，再相机带营前进，一面拣派熟悉回情员弁，先往郡城晓谕已抚之回，各安生业。此次募勇驻碾，原为防剿外寇，与本地良回毫不波[五]及，藉此暂安其心。并照会署西宁道郭襄之，奴才未到任之前，责成该道将抚事照旧羁縻，勿稍疏失。奴才在外为之声势，或稍敛迹，待左宗棠、穆图善大兵会取狄、河，声气相通，再行妥筹，分别办理，可收事半功倍之效。

惟募兵即须筹饷，计五营二千五百人，每月需饷银一万五千两，需粮十二万余觔，合银约六千两。且军伙、帐房、旗帜、号衣，需费亦巨。此项若仰给于西征粮台[14]，窃恐甘军现在不敷分拨，断难再供另募之项。伏查各省协济甘饷，积欠不下数千万两，倘蒙俞允奴才招募，惟有请旨饬下部臣，另于各省按月指拨银二万数千两，总归西征粮台摧提转解，仍在各省积欠项下划扣。倘有不敷，再由奴才设法酌捐粮石，以期节省。惟指拨不免需时，并恳天恩，饬令左宗棠先行借发银三四万两，俾得赶紧开招成军，节节疏通道路前进，俟各省协款解到，即行陆续归还。

奴才为保全西宁大局起见，除就近会商左宗棠、穆图善办理外，为此缮折，借用宁夏将军木质关防，由驿四百里驰奏。是否有当，伏乞皇太后、皇上〔六〕圣鉴训示。谨奏。

军机大臣奉旨："另有旨。钦此。"

注释：

[1] 针对此折的谕旨，《清穆宗实录》卷二百七十九系于同治九年三月十九日，故定此折呈于二月底。

[2] 马尕三：正名马文义，巴燕戎格厅（今青海化隆回族自治县）昂思多花寺门宦阿訇，清咸丰同治间西宁回民起事首领，同治九年（1870年）病逝。

[3] 撒回：清代对居住今青海循化、化隆等地的撒拉族和回族的统称。

[4] 丹噶尔：厅名，今青海湟源。

[5] 道：西宁道，全称为陕西分巡抚治西宁道按察司佥事。

[6] 狄：狄道，今甘肃临洮。

[7] 临渭：今陕西陇城境。

[8] 碾伯：今青海乐都。

[9] 张家川：今甘肃张家川回族自治县。

[10] 马占鳌：清同治甘肃回民起事领袖，后投降左宗棠，诸首领及后裔形成民国间地方军阀。

[11] 平戎驿：今青海平安县。

[12] 威远堡：今青海互助县城威远镇。

[13] 东北：指甘肃省境东北部分，此处主要指金积堡。

[14] 西征粮台：清代每当有重大战事，则设置督粮道，负责作战部队军用物资及粮草供应之事，简称粮台。此处当指清廷为平定陕甘回民起事而设置的粮台。

校勘记：

〔一〕滋：底本为“兹”，据“首图”本、“国会图”本改。

〔二〕时：底本为“(回)”，据“国会图”本改。“首图”本为“情”。

〔三〕立：底本为“是”，据“首图”本、“国会图”本改。

〔四〕成：底本为“蹈”，据“首图”本、“国会图”本改。

〔五〕波：底本及“首图”本为“(涉)”，据“国会图”本改。

〔六〕皇太后、皇上：底本阙，据“首图”本、“国会图”本补。

贼势方张竭力防布片

再，西宁回族动静，与宁夏金积堡实有相连之势，近据探报佥称：翼长提督刘松山阵亡，陕西后路窜匪颇张，其一切情形，谅各统兵大员必有奏报。现因此传播，贼志愈逞，迩来附省一二十里，时有贼踪，省军既已裁额，兵饷又久不到。查金积堡地方交春后，渠水四涨，一时恐难竣事，且犹须抽兵赴陕堵击，则是左宗赏势必不能兼顾兰州，甘事之艰，可谓至极。所赖穆图善尚驻省防，署督二载，情形既熟，竭力激励士卒，布置极臻周密。惟愿根本稳固，则西宁大局，倚为声援，庶可易于措置，知关圣廑，合并附片密陈。谨奏。

附旨〔一〕：

军机大臣字寄钦差大臣陕甘总督一等恪靖伯左（宗棠）、宁夏将军穆（图善）、西宁办事大臣豫（师）〔二〕，传谕翰林院侍讲学士袁保恒。同治九年三月十九日奉上谕："豫师奏'西宁抚局难恃，请酌募兵勇扼要驻防'一折。据称西宁回族，名虽就抚，实则四出焚掠，相率为常，兼以狄河等处党众，勾结陕回，时有围攻碾伯县城之事。前任办事大臣玉通困守西宁，无饷无兵，势同拘逼，若不酌带兵勇前往镇抚，必至仍蹈覆辙等语，自系实在情形。著照豫师所请，即就平番等处募勇五营，先扎碾伯及威远堡一带，整团修堡，以御外匪，一面疏通道路，前赴西宁。至西宁城内抚事，虽由豫师责成道员郭襄之照旧办理，然究系权宜之计，豫师仍当酌度情形，一俟办有端倪，即赴新任，以资钤制。平番等处，回类甚多，豫师新募勇丁，务当选择精审，勿令奸匪混迹其中，致有疏失。至应需月饷，著户部于各省协甘饷内，每月指拨银二万数千两，总归西征粮台催提转解，仍在各省积欠项下划扣，即著袁保恒遵照办理。惟指拨需时，诚恐缓不济急，并著左宗棠先行借发银三四万两，俾得赶紧招募成军，以保西路大局。西宁回族，与金积堡声势相连，现在金积堡既难克期竣事，左宗棠兵力势恐不能兼顾兰垣，省城防守事宜，穆图善当妥筹镇抚，以为西宁声援，勿稍疏懈。将此由五百里谕知左宗棠、穆图善、豫师，并传谕袁保恒知之。钦此。”遵旨，寄信前来。

校勘记：

〔一〕附旨：底本阙，据“首图”本、“国会图”本补。

〔二〕底本为“钦差大臣陕甘总督一等恪靖伯左宗棠、宁夏将军穆图善、西宁办事大臣豫师”，“首图”本、“国会图”本原无诸人名，故将诸名加括号。

派员募勇先御外匪疏通道路折附旨

同治九年五月初一日

为遵旨派员募勇先御外匪，疏通道路，谨将现在办理情形，恭折具奏，仰祈圣鉴事：

窃奴才于四月二十三日接准军机大臣字寄同治九年三月十九日奉上谕："豫师奏'西宁抚局难恃，请酌募兵勇扼要驻防'一折。著照豫师所请，即就平番筹处募勇五营先扎碾伯及威远堡一带，整团修堡，以御外匪。一面疏通道路，前赴西宁。至西宁城内抚事，虽由豫师责成道员郭襄之照旧办理，然究系权宜之计，豫师仍当酌度情形，一俟办有端倪，即赴新任，以资钤制。平番筹处，回类甚多，豫师新募勇丁，务当选择精审，勿令奸匪混迹其中，致有疏失。至应需月饷，著户部于各省协甘饷内，每月指拨银二万数千两，总归西征粮台催提转解。并著左宗棠先行借发银三四万两，俾得赶紧招募成军，以保西路大局等因。钦此。"

仰见圣主轸念边隅，烛照无遗，跪读之余曷胜钦佩。又准督臣左宗棠咨会，已先奉三月十九日谕〔一〕旨，遵拟借发银四万两，咨复西征粮台，饬驻陕军需局赶紧筹拨解兰等因。窃查西宁近日事势，窜贼麕聚道路，均经密扎。经碾伯县绅民屡乞援兵。奴才赤手焦心，只得先商请穆图善檄调署凉州总兵王仁和所部三营，暂行分拨赴碾伯驻防以兹堵守。兹奉俞〔谕〕旨，实为地方幸甚！当即钦遵赶办。查有甘肃尽先游击张鸿发[二]、开复副将衔补用参将李春海、记名总兵罗景扬[三]，又调取驻防通渭之记名总兵敖天印部下参将熊得胜，该四员皆朴诚妥实，打仗奋勇，堪以派令招募分营管带，拟取利建营号，分前后左右中五营。其不敷之营官一员，再行慎遴酌量派委。惟开招之始，亟须筹备经费，左宗棠咨行陕台拨解之款，既无到甘消息，即先扎甘藩司筹借之五千两，措办多日，亦未移解分厘。现如口食等项，及旗帜、号衣、枪炮、帐房，一无所有。虽现面商宁夏将军穆图善允略挪借枪炮、帐房，而此外各项需费尚巨，奴才不胜焦灼。计惟有先将甘藩司筹借之款严催[四]，设法凑拨，到日即令该委员等驰往平番一带开募。其陕省拨解银两，已派甘肃候补知县徐应魁、尽先参将蔡正和前往攒提，趱程来省，即将一应军用赶为制造。奴才并随时严饬募勇各员等，懔遵谕旨，务须选择精审，毋令奸匪混迹。至碾属团堡，亦经奴才飞饬代理碾伯县知县童永基，先行会同驻防营员，设法整顿，固守城防，如该团等粮饷不足，奴才自当酌量接济，以资鼓励，而壮先声。

抑奴才更有陈者：前请饬部于各省积欠协甘饷内每月指拨银二万数千两，原系按照五营估计，不但营伍新立，制造浩繁，而此外整团抚番，及一切转运脚价、局费亦指此项，已属不敷。西宁地方，凋敝已极，万难筹垫。况边瘴之地，将士久视畏途，较甘省内外各军项款既多，尚可挹彼注兹〔五〕，地方亦能缓急挪垫者，相去天渊。是此项协饷，不能如数如期解到，深入重地，军心不固，大局即难设想。计部臣此时必已指定省分成数，惟有吁恳皇上天恩，饬下各督抚臣，遵照部议，此项西宁专款，为数无多，不得丝毫蒂〔六〕欠，源源筹解。并请饬谕西征粮台袁保恒，或各省解款，间或短延，仍由该学士设法筹垫，足数解营，俾奴才得以尽心军事，不致有跋疐之虞，实为地方幸甚。

所有遵旨派员募勇，现在办理情形，理合缮折，由驿五百里驰奏。伏乞皇太后、皇上〔七〕圣鉴，训示。

再，奴才现办招勇整团防剿事宜，到任需时，所有奏报咨行要件，借用关防，难期慎密，且一经出省，更无可借之印，是以比照宁夏将军成案，暂刊〔八〕西宁办事大臣木质关防一颗，于本月二十一日在省开用，除分别咨行外〔九〕，合并声明。谨奏。

军机大臣奉旨："另有旨。钦此。"

校勘记：

〔一〕谕：底本为“传”，据“首图”本、“国会图”本改。

〔二〕路，均经……张鸿发（四行）：底本为“(丰培按：以下原脱文。)”，现据“国会图”本补齐。

〔三〕罗景扬：底：本为“□□扬”，“国会国”本补。

〔四〕催：底本为“摧”，据“首图”本、“国会图”本改。

〔五〕兹：底本为“此”，据“首图”本、“国会图”本改。

〔六〕蒂：底本为“滞”，据“首图”本、“国会图”本改。

〔七〕皇太后、皇上：底本阙，据“首图”本、“国会图”本补。

〔八〕刊：底本为“到”，据“首图”本、“国会图”本改。

〔九〕外：底本为“处”，据“首图”本、“国会图”本改。

碾伯县告急拟招民团防御片

再，奴才前拜发折后，正拟咨商督臣左宗棠办理间，旋准该大臣咨称：“据署西宁府碾伯县营都司褚义、代理碾伯县韩国锦会禀，突有东来窜匪五六千名，盘绕县境，城难保守，恳请拨勇发饷，星夜救援，各缘由。查马化漋[1]上年因畏剿而议移巢西宁，近因屡次剿败，生畜死亡殆尽，并求移巢西窜，亦势有不能。所讯贼供，‘俟金积堡回到，共取碾伯’，似不足信。至陕、河各逆，图攻威远，预为马化漋徙巢之计，则固意中事也。本爵大臣此时正督攻金积、狄河各逆，兵饷难以骤分，若仅调不得力之军，勉为敷衍，亦复于事无济。查该县邻近巴扎、果莽、瞿昙大寺各团，向为贼惮，如果招集成军，资以粮饷，或可资臂助”等语。咨商奴才酌派熟悉情形文武员弁，先行驰赴该县，相机招募，并扎甘藩司筹借饷银五千两，又咨拨陕局续解银五千两应用。奴才复查该大臣所拟，原系顾急起见，所指各团亦实系地方得力之众，自应赶紧照办。惟甘藩司，库无分厘，无从设措，连日催促，终成画饼。且奴才犹有虑者，巴扎等处各民团，皆系有田可耕，有家可顾，有事集而为团，无事散而为农，绝非无业投营可比。此时招募，断难甘心为勇。且此时窜匪坌〔一〕集[2]，各团堵御难支，庄村莫保，该绅民屡次告急，请兵援助，若再招其团人，是新军未成，更恐地方愈空，先行被扰。且前任督臣杨岳斌，曾派参将孟柏林赴碾招募年余，办无成效。此时吃紧之际，办理必更棘手。然该大臣既有此议，奴才亦未敢拘执成见，当即派候补知县田立愔、参将张鸿发等俟司库借凑饷到，先行驰往，会同新委碾伯县童永基设法妥办，并严嘱不得将现有之团，勒派充勇。或该团等粮饷缺乏，暂时筹为接济。并飞饬穆图善所拨唐有彦三营，赶紧赴防，极力保护。目下既奉旨准在平番募勇五营，自应速整新军，方足〔二〕资其捍御也。

所有准咨核办情由，合并附片奏闻。谨奏。

军机大臣奉旨：“另有旨。钦此。”

注释：

［1］马化潍：（1810—1871年），即马化龙，又名马朝清，伊斯兰教哲合忍耶第五辈穆勒师德，教内称十三太爷，同治宁夏回民起事首领。

［2］坌集：聚集。

校勘记：

〔一〕坌：底本为“麕”，“国会图”本为“岔”，据“首图”本改。

〔二〕足：底本为“是”，据“首图”本、“国会图”本改。

请调徐廷文马彦赴营差委片

再，奴才带兵办理西宁回务，差遣在在需员，而西宁危险边瘴之区，人人视为畏途，凡在省稍有才干者，俱经省城司道派委台局当差。现在奴才欲挑选一二得力妥员，随营前进，实属无员可委。查有丁忧回湖北原籍之前甘肃候补通判徐廷文，守正不阿，性情清介。籍隶安徽，现住四川之候选直隶州知州马彦，熟习戎机，兼通数理。该二员俱为奴才所素知，合无仰恳天恩，饬下四川、湖北各督抚臣，转饬地方官，查明该员等，饬令赶紧来甘，归奴才差遣委用，以资臂助。

为此附片具陈。伏乞圣鉴训示。谨奏。

军机大臣奉旨：“另有旨。钦此。”

附旨：

军机大臣字寄西宁办事大臣豫（师）〔一〕：同治九年五月二十五日奉上谕：“豫师奏‘筹募平番〔二〕等处勇丁，并接左宗棠咨招募巴扎等处团民酌办情形’各折片，览奏均悉。西宁窜贼麕聚，且有窥伺碾伯之意，陕、河各逆，有图攻威远堡，为马化漋徙巢之计，亟应迅筹援剿。豫师现拟俟拨款到日，即派游击张鸿发等前往平番一带，募练成军，著即饬令该员等认真选择，总须一兵得一兵之用，不得滥行开募，徒糜饷项。碾伯等处团堡，向尚得力，并著督饬该处文武，竭力整顿，藉资保卫。左宗棠拟募巴扎等处团勇助剿，豫师以该处窜匪充斥，各团正在堵御，碍〔三〕难招募，著即酌度情形，咨商左宗棠妥筹办理。此时豫师所募新勇，尚未成军，左宗棠又无可拨之兵，著豫师飞饬穆图善，所拨唐有彦三营，先行驰赴防所，力筹保护。仍一面赶募新军，协同堵剿，毋稍疏虞。西宁地方凋敝，别无可筹之款，所有指拨西宁月饷，著户部行知各该督抚，务须照数源源筹解，不得稍有延欠。豫师所请饬令西征粮台，随时筹款垫解，已谕令左宗棠照办。另片请调徐延文等赴营差委，已明降谕旨，令李瀚章等饬令前往矣。将此由五百里谕令知之。钦此。”遵旨，寄信前来。

校勘记：

〔一〕底本为“西宁办事大臣豫师”，“首图”本、“国会图”本原无其名，谨以括号附其名。

〔二〕番：底本为“蕃”，据“首图”本、“国会图”本改。

〔三〕碍　底本为“疑”，据“首图”本改。“国会图”本为“礙”，即“碍”字。

援兵已解威远堡围窜匪仍踞宁境招勇进剿折附旨

同治九年六月初七日

为援兵已解威远堡围，窜匪仍踞西宁郡境，奴才现在赶紧招勇，冀图扫荡，恭折具奏，仰祈圣鉴事：

窃奴才前将派员赴平番一带招勇缘由，业于五月初一日缮折奏报在案。时因饷项未到，招募经费无出，急切不能成军，而碾伯、威远文武员弁，暨地方绅耆，以窜来外匪日聚日多，威远营堡被围甚紧，纷纷请兵援救，迭经奴才随时批饬该营县，先就现有兵团，相机堵遏，并飞檄驻碾之游击唐有彦所带怀义三营，驰往援剿。仍虞贼众兵单，不敷肆应，复分饬碾伯巴札各团及土番等，会同合力兜击去后。兹据游击唐有彦禀称：四月初十日率队至碾伯县，侦知大股贼匪，尚围威远堡。威远距碾一百三十里，沿途并无人烟，只有贼回来往。该游击即会同代理碾伯县知县童永基，添派团勇马步四百余名，管带前往。经过花园寺、化岭等处地方，均遇贼匪，接仗获胜，随即节节扫荡。而前时巴札、威远团勇，闻知援军进逼，亦即迎前接应。我兵于十八日抵威远，贼已闻风先遁，堡围立解。唐有彦当将所部三营扎于关厢，探得该匪盘据白马寺、高寨、曹家堡，并河南[1]平戎驿一带，拟再会齐番、汉团勇击剿等情。并据代理碾伯县知县童永基密禀：探得当贼围威远之时，西宁回目马文义评令议和，需索银八千两，绅民无力措交，和议〔一〕遂寝。贼至湟郡，马文义又在城中摊派民商银五千两，言明贼匪即行归巢，而逆匪仍在郡城关厢来往，不知是何意见，各等情。

奴才覆查威远虽已解围，而大股回匪，尚盘踞西宁境地，其所踞之白马寺、高寨、曹家堡、平戎驿等处，为西、碾适中之区，形势较为险要，显系互相勾串，以为负隅之计，希图抗拒官军。唐有彦只带三营，即有汉、番团勇助势筹剿筹防，断不足资展布。奴才前派募勇之参将李春海、游击张鸿发，虽昨于五月十五日饬令前往平番一路招募，而临行时仅由藩司借发银五千两，除制旗帜、号衣、锣锅外，所余无几。穆图善借拨帐房、抬枪、手枪、铅药[2]等件，核之所需军械不及十分之三，至口食经费，尤属无出。所有左宗棠先后借发银四万两，当经委员迎提，迄今日久，尚无到省消息，奴才不胜焦急。现在专候左宗棠借款解到，立将枪炮、旗帜、号衣、铅药配制齐全，奴才即行出省，仍一面飞饬李春海、张鸿发等赶紧先行招募，挑选精壮，克日成军，即行西上，相机会同堵击，以期仰纾圣主绥靖边隅之至意。

再，此次所调番兵会剿，颇称得力，嗣后奴才进兵，仍拟酌调蒙、番所部，以收兜击之效。惟积年所欠蒙古王公俸饷，以及番子酬赏经费，久未发给，困苦异常。前经玉通奏准，及户部议定，两次奉拨蒙古王公俸饷，并剿抚经费银共十二万五百两，由山西藩库拨解，迄今未到。除已由奴才派员催提外，惟有吁恳天恩，饬下山西抚臣，严饬该司迅为如数筹拨，藉作此次所调进征蒙、番俸饷酬赏等费，以资鼓励而收臂助。为此缮折，由驿五百里驰奏。伏乞皇太后、皇上〔二〕圣鉴训示。谨奏。

军机大臣奉旨："另有旨，钦此。"〔三〕

注释：

[1] 河南：指湟水河南岸。

[2] 铅药：铅制子弹及枪用火药。

校勘记：

〔一〕议：底木为"义"，据"首图"本、"国会图"本改。

〔二〕皇太后、皇上：底本阙，据"首图"本、"国会图"本补。

〔三〕军机……钦此：底本阙，据"首图"本、"国会图"本补。

附旨：

军机大臣字寄钦差大臣陕甘总督一等恪靖伯左（宗棠）、山西巡抚李（宗羲）、西宁办事大臣豫（师）〔一〕：同治九年七月初二日奉上谕："豫师奏威远堡解围，现筹募勇进剿，并请饬催俸饷一折。据奏威远堡解围情形与左宗棠等前奏，大略相同。豫师现派参将李春海等先赴平番募勇，惟左宗棠借发饷银，尚未解到。豫师拟俟军装配齐，即行出省，著左宗棠将先后借发西宁饷银四万两，迅速解交豫师应用，并著豫师饬令李春海等赶将勇丁募齐，选练成军，即日统率西上，会同唐有彦等军，相机堵剿，将白马寺等处贼匪，悉数歼除，毋得迁延。番兵剿贼得力，豫师拟酌调蒙、番各部助剿。据称该王公俸饷及番子酬赏经费，久未发给，山西奉拨该蒙古俸饷等银，亟应迅筹接济。著李宗羲严饬藩司[1]，将该省奉拨蒙古王公俸饷，并剿抚经费银共十二万五百两，迅速如数筹拨，解交豫师，以济要需。将此由五百里各谕令知之。钦此。"遵旨，寄信前来。

注释：

［1］藩司：清朝各省总督、巡抚之下设布政使，又简称藩台、藩司，掌管一省的财赋、民政。

校勘记：

〔一〕军机大臣字寄钦差大臣陕甘总督一等恪靖伯左（宗棠）、山西巡抚李（宗羲）、西宁办事大臣豫（师），底本阙，据"首图"本、"国会图"本补。原皆无诸人名，为阅读方便用括号补诸人名。

西碾团勇会剿回匪克复高寨折附旨

同治九年八月初四日

为西碾团勇会剿回匪，立将高寨克复，白马寺一带现已肃清，恭折驰陈，仰祈圣鉴事：

窃奴才前将威远堡解围，现筹募勇进剿各情，于六月初七日缮折奏报在案。威远解围之后，贼众退踞高寨、白马寺等处，奴才当飞饬该团勇等乘此官军甫到，贼心惶促之际，正可会合，相机进剿，毋令久踞，去后。嗣于七月十二、二十九等日，据代理碾伯县知县童永基、署威远营都司靳联科等禀称：六月十九日经都司靳联科、威远团局候补教谕梅魁，招集难民千余人，饬令于距高寨较近之新义、新添二堡分扎，以张声势；而哈拉直沟团总师学泮等，亦整饬旧团。为会攻高寨计，挑选威远练勇三百名，交勇目陈洪典、段继世管带，与新义、新添二堡难民，及哈拉直沟团勇会合进攻。二十三日卯刻，各勇乘贼无备，奋勇击剿，鏖战自卯至午，贼势不支，弃寨渡河南而逸。我勇毙贼十余名，追击落河者六名，夺获器械多件，救出被掳妇女数十名，当将高寨全沟克复，威远民勇随即扼驻高寨，查点我勇阵亡二名。自高寨至白马寺一带，现已肃清。惟哈拉直沟大河以南，密迩贼巢，现仍加意严防，相机进击等情，先后呈禀前来。

奴才查各该团练，以年久失业之民，一经饬谕，竟能协力同心，捍御强寇，攻克紧要堡寨，实属义〔一〕勇可嘉。惟大股回匪，悉踞河南老巢，团练人数尚单，究虞众寡不敌。适当奴才前派募勇之参将李春海、游击张鸿发，先已募足利建、中前二营，亦于六月二十三日进抵碾伯，与原驻威远之游击唐有彦管带怀义三营，联络声势。本地团丁，必可更加踊跃，庶冀稍遏凶氛，一俟奴才营勇募齐，再图大举。惟查西碾团练数年之久，逼临悍寇，别无援兵，自备口粮经费，保守残堡，以待官军。前次威远堡解围，虽由于游击唐有彦带领三营入境，亦藉团勇先期出队会合，以致悍匪闻风逃逸，是各该团练护卫地方，遇贼即击，实已积著辛劳。且将来用兵，仍须借助于团练，以为分布堵遏之用，可否邀恩，将西碾历年捐资杀贼绅民，由奴才择尤酌保，以资鼓励，而收后效之处，出自圣主宸裁，示遵。

所有团勇克复高寨、白马寺一带肃清缘由，理合缮摺，由驿五百里驰奏，伏乞皇太后、皇上〔二〕圣鉴训示。

谨奏。

军机大臣奉旨：“另有旨。钦此。”

校勘记：

〔一〕义：底本为“战”，据“首图”本、“国会图”本改。

〔二〕皇太后、皇上：底本阙，据“首图”本、“国会图”本补。

请严定藩司迟误兵饷处分片

再，奴才前请招募五营，所有军中一应要需，均应及时制办，此时左宗棠借拨之饷，尚无解到消息，奴才只得在于省城各商铺，将军营需用各料，先行设法挪取，觅工制造。现在五营旗帜、号衣、锣锅等项，业已制办齐全，枪炮除由左宗棠、穆图善酌量借拨外，余皆亦已造办。惟矛杆、铅丸二项，甘省近来无处可购，向须由川、陕筹措，前经奴才派员分往采办，尚未解到。其督臣左宗棠借拨银四万两，现准委解到兰，除清还制造工料价值，并发给募勇口粮外，所余已属无多。目下营勇日支口粮，甚形窘迫。据西征粮台袁保恒函文屡称：奉旨指拨各该省月饷，毫厘不解，万难久垫。似此各省膜视，不遵部拨，勇丁既已成军，计口授食，军情正在得手，设一溃退，大局更难措置。而各省藩司积习，总以推诿为计动，于奉旨兵饷要款，并不尽心筹划，全恃详请该督抚一奏了事。及至往返驳行，业已经年累月，边庭将士，枵腹荷戈[1]，岂能久待。似此情形，军务何从整顿？兵事何日完结？若不明定章程，终恐空烦文牍，毫无实际。奴才再四焦思，惟有吁恳天恩，饬部严定藩司迟误兵饷处分，如果该藩司筹饷无误，准归军功，由领兵大员保奏，则功过昭然，庶军务日有起色矣。

是否有当，伏乞圣主宸裁训示。谨奏。

军机大臣奉旨："户部议奏。钦此。"

注释：

[1] 枵腹荷戈：饿着肚子打仗。

定期出省筹筑堡寨疏通后路片

再，奴才现定于八月初六日出省西行，拟先暂驻平番，将后募之三营，赶紧整理。复查由平番赴碾之路数百里，断绝人烟，贼踪出没，商贾不通，凡紧要文报，俱系驿夫翻山绕岭，乘间递送。动多夫马被害、公文遗失之事，若不将后路通畅，以后饷粮无从挽运，关系甚大。奴才拟将营勇募足，相度大路要隘，修筑堡寨，一面招集难民，开垦[一]聚守，并酌派练勇分防，以期稳固。

除行抵平番，体察情形，再行随时奏报外，所有定期出省并现筹筑堡[二]疏通后路缘由，理合附片陈明。伏乞圣鉴，训示，谨奏。

军机大臣奉旨：“另有旨。钦此。”

校勘记：

〔一〕垦：底本为“恳”，据“首图”本、“国会图”本改定。

〔二〕堡：底本为“堡（寨）”，据“首图”本、“国会图”本改定。

附旨：

军机大臣字寄西宁办事大臣豫（师）〔一〕：同治九年八月二十九日奉上谕：“豫师奏‘团勇会剿回匪，克复贼寨，及出省筹办后路’各折片。高寨、白马寺等处踞匪，现经豫师饬令团勇会同官军兜剿，该逆渡河而逸，立将高寨全沟克复，白马寺一带业已肃清，惟大股回匪尚踞河南老巢，亟应迅图剿灭，著豫师饬令李春海等协同该处团丁，乘胜进攻，直捣逆巢，务当扫穴擒渠，毋留余孽。西、碾绅民捐资杀贼，尚属著有微劳，著准择尤酌保，以示鼓励。豫师出省后，拟暂驻平番，著将后路事宜，赶紧筹办，俟部署稍定，即亲率勇队，驰赴前敌，相机进剿，迅殄逆氛。将此由五百里谕令知之。钦此。”遵旨，寄信前来。

校勘记：

〔一〕底本为“西宁办事大臣豫师”，“首图”本、“国会图”本原无其名，谨以括号附其名。

驰抵平番整军及团勇击贼获胜折附旨

同治九年十月初二日

为驰抵平番整顿新军，筹布后路，及众正营练勇击贼获胜情形，恭折具奏，仰祈圣鉴事：

窃奴才前将克复高寨，白马寺肃清，并各省协饷未到，先行出省布置后路各情，于八月初四日缮折奏报在案。遂于初六日，由省起程西上，初八日行次距平番七十里红城堡[1]。察看该处，为平番至省适中之地，通透米拉三沟，贼匪不时出没，为转运要道，当派参将熊得胜管带利建亲兵一营，留驻该堡，接护饷项军装，以顾后路。奴才于初九日督带利建左营一军，驰抵平邑。查平番南达省城，东通秦王川，北界凉州，西至西、碾，为四达通衢，驻省各军，及奴才所部，均须在此处采办粮石，最关紧要。而该县山岔繁多，零股贼匪，时常肆出抢掠民粮牲畜，旧有提督张万美，带领南字二营驻防，此击彼窜，日不暇给。自奴才到后，察看情形，必须每日派弁勇四出寻哨，夜设伏兵要隘，方免游匪乘间窃发之计，当即分派去后，一月有余，地方得以粗安。至九月初八日，忽有大股贼匪，扰至县西三十里大里坝地方，势甚猖獗，驻防提督张万美督带各营，往剿失利，该匪由山沟扑出，直抵城下，奴才当即一面督队轰退，一面飞调正中亲兵二营，以期痛剿。比至次日辰刻，该营赶到，而贼已警觉，由东山口窜去。奴才因步队势难追赶马贼，遂飞函知会驻省宁夏将军穆图善，亲督马队兜剿获胜各情，奴才业已会衔另案奏报。刻下派弁四路侦探，已无贼踪。

再，查自平至碾驿路，久为贼薮，改由连城小道行走，袤长二百四十余里，其间只有大寺、连城、张家寺三处，尚存残破基址，可以设卡。此外丛山榛莽，贼匪游驶，应须赶筑堡寨，招集流民，开垦聚处，方可联络声势，疏通运道。奴才连日细察形势，酌拟在于大里坝、漫水滩、松树牙壑三处，各筑一堡，与大寺、连城、张家寺声势联络，现由奴才与各地方官筹捐经费，雇民兴筑。但地方人民稀少，兼之西路早寒，尚不知能否依限一律完工。惟既有堡寨招农，仍须有勇防护梭巡，方免贼踪扰掠。查有土人五品军功何得彪，近年曾练团勇一百余人，朴实耐苦，素称敢战，且于地情熟习，因派其添足一营，作为众正营练勇，分扎要隘，仍常川来往，疏通道路，每月由奴才发给口粮军实，以资用命。兹于九月十一日接据何得彪禀称：八月二十九日由碾招队抵连驻扎河西磊磊城，正在添募整练间，忽于九月初六日探报，米拉沟贼匪突至附近，抢去农民马、牛、骡、驴五十五匹头，羊四十余只，立即带队尾追，将被抢牲畜，全数夺回，悉传农民认领。又于十九日禀称：十二日突有陕贼六百余名，乘马持械火[一]炮骤至，该军功率勇奋击，杀贼六名，该匪随即退去。傍晚探悉，贼分两股，一窜大小川沙金沟，一入塘坊沙沟，盘踞挠道。该军功即于是夜带队潜赴塘坊沙沟截道备防，果遇贼匪四百余名，奋力攻击，该军功亲杀悍贼十一名，队勇杀贼五十余名，生擒九名，并夺获骡、马十八匹头，鸟枪、刀矛五十余件。及十四日夜，探闻贼匪又有扑境消息，仍带前队赴塘坊沙沟戒备，复有陕贼七百余名扑至，该军功二次率队接仗，亲杀贼匪八名，队勇杀贼三十七名，夺得骡、马十余头，并将割获耳记[2]呈验等情前来。奴才覆查，何得彪禀报击贼获胜，均系实在情形。该军功添募练勇，尚未成营，竟能数次力击强寇，连战皆捷，洵属勇敢可用。

除仍严饬其迅将此路贼匪剿洗净尽，并飞催各该处赶紧依限修筑堡寨，招农聚垦，以期运道通畅，而便军行外。所有奴才抵平整顿新军、筹布后路及练勇击贼获胜缘由，理合缮折，由驿五百里驰陈。伏祈皇太后、皇上〔二〕圣鉴训示。谨奏。

军机大臣奉上谕："另有旨。钦此。"

注释：

[1] 红城堡：今甘肃永登县红城镇。

[2] 耳记：古代战场杀敌，割死者右耳回营交付作为记功凭据。

校勘记：

〔一〕火：底本、"国会图"本为"火"，"首图"本为"大"，以"火"为是。

〔二〕皇太后、皇上：底本阙，据"首图"本、"国会图"本补。

参劾游击刘裕升革职回籍片〔一〕

再，奴才前在省时，有尽先副将归四川督标拔补游击刘裕升具禀投效，传见数次，西路情形尚熟。彼时，因需员差遣，遂于五月初十日派令管解采买粮价银二千两，赴碾伯县交收。并谕令照料募勇委员候补知县田立愔暗中稽察。乃该游击行至平番，胆敢将管解粮价银两挪动，私买布匹，影射索用官骡八头渔利，以致到碾迟之又久，始将粮价交收，银色搀杂不齐，共约获利银七八百两。且到各站需索供应，在碾私出告条，捏充招勇，希图关领面觔，种种劣迹，经委员田立愔密禀前来。奴才当将该游击撤委，一面分饬平番、碾伯两县确查去后，嗣据平、碾二县禀陈，与田立愔原词无异。奴才正在核办间，该游击并不俯首待罪，竟然潜行脱逃，并敢扬言军中，谓此处虽获咎不用，犹可他营投效，仍能邀保等语，居心尤属狡诈。查刘裕升，以四川督标拔补游击职官，胆敢到处招摇需索，挪饷贩货，私用官骡，搀杂饷项各情，实属藐法已极，若不从严惩办，诚恐效尤成风，军营恶习，不知伊于胡底。奴才拟将尽先副将归四川督标拔补游击刘裕升，请旨即行革职，并勒令回籍，不准再事投效军营，以惩贪劣而挽积习。如蒙俞允，并恳饬下部臣，分行直省督抚暨各领兵大员，一体遵照。是否有当，理合附片据实具参。伏祈圣鉴训示。谨奏。

军机大臣奉旨："另有旨。钦此。"

校勘记：

〔一〕片　底本为"折"，但细审行文实为十月初二日《驰抵平番整军及团勇击贼获胜折》之附片，故改。

附旨：

军机大臣字寄西宁办事大臣豫（师）〔一〕：同治九年闰十月初五日奉上谕："前据穆图善等奏'贼匪窜扰平番一带，当经谕令豫师督率该处文武妥筹布置’。兹据豫师奏称：整顿新军，筹备后路，军功何得彪督带练勇，在塘坊沙沟等处叠次击贼获胜，即著饬令将此路贼匪实力剿洗，毋令蔓延。豫师现拟于大里坝等处分筑堡寨，与大寺、连城等处联络声势，即著督催各该地方官，赶紧办理，招农开垦，一面疏通运道，以利军行。豫师现扎平番，著将该处防守事宜，布置妥协，即行相机前进，驰赴本任，毋稍稽延。将此由五百里谕令知之。钦此。”遵旨，寄信前来。

校勘记：

〔一〕底本为“西宁办事大臣豫师”，“首图”本、“国会图”本原无其名，谨以括号附其名。

陕回窜回平番县城剿办获胜折附旨

同治九年十月二十六日

为陕回大股由河州窜扰平番属境，驻防营勇出战失利，贼匪旋扑县城，经守城兵勇击退，复被马队官兵迎头截剿，大获胜仗，谨将前后各情形会折具奏，仰祈圣鉴事：

窃查凉州府属平番县，为甘省西路咽喉，距省二百一十里，中间村堡多称完善，时为贼匪窥伺，先经奴才穆图善派拨南字三营择要驻守。以正中一营，扎于县东三十里之南大通；左营扎于县北之十里铺；右营会同庄浪城守营官兵扎于县城之内。另派千总王廷相管带临洮营官兵一百余名，扎于县东七十里红城堡之沙沟口。窃幸由省至平，道途久已畅行，毫无阻滞。八月间，奴才豫师带领新立之营，出省暂驻平番。因查平番至碾伯之路梗塞经年，行人裹足，拟在距平番三十里之大里坝，距连城五十里之漫水滩，距碾伯八十里之松树牙壑，劝民各筑一堡，招集流亡，就地垦田，藉以疏通大路。惟大里坝一带贼踪出没无常，兴工修筑，必须兵勇防护，始保无虞。爰咨商奴才穆图善，转饬驻防平番之南字营统领记名提督张万美，就近分拨一营，暂驻大里坝，亦经奴才穆图善咨知臣左宗棠查照各在案。九月初四日，据张万美呈报，已饬南字左营营官彭清胜，于十里铺防勇内抽出三百人，扼扎大里坝，护民筑堡。

初八日辰刻，张万美遣弁向奴才豫师声称，闻大沙沟内，窜来马贼数百。又据张万美续〔一〕报，据驻防大里坝营官彭清胜禀称：有大股贼匪突至，该营仅止抽调半营之勇，力敌不胜，飞请救援。张万美因大里坝距平番县虽三十里，然只一条沙沟，直抵城下，若彼口隘有失，贼必扰及附城。张万美随即督带南字右营弁勇，并所部马队驰往堵击。奴才豫师恐其兵力尚单，而所立新军，只有利建左营在平，当派游击田应福带领左营队伍一百五十名，都司吴量喜带领卫队六十名，又值来平之怀义营马队百名，一并令其前往策应，一面差人侦探去后。张万美甫进沙沟十余里，即遇大股马贼冲突。张万美督勇两次抵敌，轰毙贼匪数百名。旋有大股悍贼，由后驰援，我军铅药不继，势已不支。管带利建左营田应福等在后站队，正欲接应，而贼匪另由山硖后路包抄，田应福等又回身转击。杀贼无算。不料该匪愈集愈多，我军首尾不能兼顾，致提督张万美、游击田应福、都司吴量喜，并利建营督队委员都司周国远，同时力竭阵亡。该匪马步队约四千余众，遂由大、小沙沟两路冲出，直扑城垣。幸城上文武，先有准备，奴才豫师督饬施放枪炮，立毙悍贼数十名，又雇觅护驼来平番勇六十名，在城外要路放枪堵击。自午至酉，贼始稍退，仍在附近山根环扎。奴才豫师一面督率在城文武，婴〔二〕城固守，一面飞调驻防南大通之南正中营、暂驻红城堡之利建亲兵营来城助守，并飞报奴才穆图善拨队援应。是日傍晚，管带南字正中营参将李正鲁，率领部勇赶到，合力巡守。是晚，城外贼放号〔三〕火，光焰冲天，我军枪炮彻夜，该逆困惫不能休息。次早参将熊得胜管带利建亲兵踵至，军威更振，守备益周。该逆无懈可乘，始由东北山沟遁赴秦望川。是日午刻又有马贼数百，由大沙沟窜出，亦向东北山沟逃逸，城围遂解。查验城外民舍，幸获保全，南字左、右营及利建左营卫队勇丁，并怀义营马队，陆续归伍者甚多。惟南字左营营官彭清胜、怀义营哨弁千总秦正禄、利建左营哨弁外委萧坤刚均已战殁于阵。

奴才穆图善先于初九日酉〔四〕刻闻警，当即知会奴才豫师将此匪设法牵制，防其四窜，一面飞饬原驻大靖、土门、兔窝、华家井、五道岘各起马队，并驻扎打鱼沟之定字营步队，一体驰往援剿，仍于兰州驻防各营内，挑就勇丁二千名，预备策应。十一日接准奴才豫师函称：贼已窜往秦望川，正与兰州探报情形相符。奴才穆图善即于十二日黎明，率领兰州防勇二千名、马队数十骑，由秦望川一路迎剿。是晚七十里进驻水卜河，侦探并无贼踪。因念兰州城防空虚，遂于十三日将步队撤回。奴才仍带马队，又行一百三十里至五道岘，据探驻华家井之统领吉林马队官兵伯都讷、副都统双福、驻大靖之统领黑龙江马队官兵副都统萨英阿、驻土门之统领黑龙江三起马队官兵副都统衔协领常明、管带吉林头起马队营总丁喜、管带黑龙江后二起马队营总赫恩精额，俱已应调带领各起马队，并打鱼沟驻防记名提督刘定邦，派定字营勇四百人，于是日早同抵兔窝。大股贼匪正在兔窝西北五里地方盘踞。该马队统领管带并带领定字营各官，业经会同原驻兔窝管带吉林二起马队营总德喜、管带黑龙江续调头起马队营总额尔庆额，将此匪迎头拦截等语。奴才穆图善闻报，立即督同五道岘驻防之营总正福所带黑龙江后头起马队驰往夹击。行抵兔窝，该马步官兵战已数十合，毙贼极多，贼仍死拒不退。奴才穆图善督饬营总正福，挥队直冲。我兵枪箭齐发，两路包抄，勇气百倍。鏖战数时，贼尸枕藉，先后约毙马步贼一千五六百名，生擒一百余名，夺获骡马牲畜四百余头，器械无算。余匪大败，夺路狂奔，我兵跟追五十里，至平羌堡，沿途又截杀悍贼多名，夜半始行收队。当将生擒贼匪面为审问，言系陕匪禹生彦、崔三两股，由河州乘虚出巢掳掠，阻我运道，其计甚毒，均即讯明正法。查点马队官兵，阵亡委参领舒图尔善，披甲花翎庆来、富明、博兴阿，披甲蓝翎哲库讷泰、斐音扎普。次早侦探，败匪业已悉数遁回河州老巢去矣。秦望川一带地方，尚未大遭蹂躏。奴才穆图善当将马步队饬令分回原防。

因念南字左、右二营，甫经挫败，且统领营官阵亡，亟须重新整顿，遂于十六日取道平番，周历城垣，布置尚属周密。张万美尸身，业已寻获，受伤数十处，当即给资棺殓。惟南字左、右二营及利建营未归者，尚在三百余人，死于阵者固多，亦有冲散远逃者，核计南字左、右营现存勇丁，实不敷两营之额。奴才穆图善权将左、右二营，并为一营，交尽先副将汤义胜管带，即以现带南字正中营之副将衔尽先参将李正鲁接充统领。并以张万美原部马队一百名，亦交李正鲁统带，以一事权。第查平番地方，隘口丛杂，原驻三营已觉过单，今合之李正鲁一营，已只〔五〕二营，更属不敷分布。至庄浪协营原额官兵五百余员名，嗣因征调换防，并粮饷不继，缺额未补，现在实存只有一百余名，前因本营官兵不敷守城，故张万美自带南字右营驻扎城内，而平番之北十里堡、南大通两处要隘，与城防并重，顾此则彼虚。查现署庄浪协副将记名总兵钟本起，是臣左宗棠委署斯缺，其人久历戎行，熟谙营制。奴才穆图善拟令钟本起就地招募精壮，合足兵丁五百名，勤加训练，即将城守事宜，责成该署将妥为筹办。其每月盐菜口粮，悉照楚军章程，由臣左宗棠转饬营屯局委员一体支给，需用枪、炮、刀、矛，奴才穆图善酌量派补，旗帜、号衣，臣等另行筹款制造。现在南字正中营仍驻平番县城，南大通隘口已调临洮营官兵暂驻填扎，俟庄浪营兵募足之后，即将南字正中一营及临洮营官兵仍令各归南大通沙沟口防所。南字左、右归并之营，亦令扼扎北十里铺，以期周密。布置粗定后，奴才穆图善已于二十一日回省。

随据驻防大靖统领马队官萨英阿报称：忽有另股贼匪二三千人，在于土门及武威县属之王家台等处滋扰，并抢劫运粮官私骆驼等情。奴才已分饬各起马队及统领仁字等营署凉州镇总兵王仁和，会同迅速剿捕，容再另行奏报。

伏查统领南字等营记名提督张万美，向随前督臣杨岳斌管带水师，从征南省，立功甚伟。后经杨岳斌带领来甘，分统楚军六七年之久，身经百余战，克城破卡，保全地方甚多，尤为勋劳卓著。遽因御贼，众寡不敌，惨受多伤，力尽捐躯。失此良将，深堪悼惜。应如何优予赏恤之处，出自圣主宸裁。其南字左营营官已保记名总兵彭清胜，利建左营营官副将衔尽先游击田应福，哨弁蓝翎外委萧坤刚，卫队营官花翎尽先都司吴量喜，督队官尽先都司周国远，怀义营哨弁蓝翎千总秦正禄，协领衔〔六〕花翎委参领布特哈，正白旗佐领舒图尔善布特哈，厢黄旗精福佐领下披甲花翎庆来，黑龙江城厢白旗寿长佐领下披甲蓝翎哲库讷，布特哈厢白旗贝善佐领下披甲蓝翎泰斐音札普，齐齐哈尔厢黄旗色克吉扎普佐领下披甲花翎富明，墨尔根城厢黄旗富勒珲佐领下披甲花翎博兴阿，先后接仗阵亡，均堪悯恻，相应吁恳天恩，饬部从优议恤，以慰忠魂。其余阵亡马、步官弁兵勇，统俟查明，另案办理。

所有陕回大股由河州窜扰平番属境，官军出战失利，马队迎剿大获胜仗缘由，谨联衔缮折。由驿六百里驰奏。伏乞皇太后、皇上〔七〕圣鉴训示。谨奏。

校勘记：

〔一〕续：底本为“读”，据“首图”本、“国会图”本改。

〔二〕婴：底本为“撄”，据“首图”本、“国会图”本改。

〔三〕号：底本阙，据“首图”本、“国会图”本补。

〔四〕酉：底本为“酋”，据“首图”本、“国会图”本改。

〔五〕只：底本为“扺”，据“首图”本、“国会图”本改。

〔六〕衔：底本阙，据“首图”本、“国会图”本补。

〔七〕皇太后、皇上：底本阙，据“首图”本、“国会图”本补。

附旨：

军机大臣字寄钦差大臣陕甘总督一等恪靖伯左（宗棠）、宁夏将军穆（图善）、西宁办事大臣豫（师）[一]：同治九年十月二十六日奉上谕："穆图善等奏陕回窜扑平番县城，剿办情形一折，陕回禹生彦、崔三两股，由河州窜扰平番属境，经驻防该处之南字左、右两营迎剿于沙沟地方，接战失利，统领张万美等，均殁于阵。该逆直扑县城，豫师督兵守御，贼向东北山沟遁去。穆图善亲率马队驰抵兔窝督剿，将贼击败，歼毙甚多。此次贼匪乘虚出扰，势颇猖獗，现在虽已遁回河州老巢，惟贼踪出没无常，必须随时加意防范。南字营现已并归参将李正鲁统带，而兵力尚单，豫师驻扎平番，务当督率在城文武妥筹防守。该办事大臣新立之营，亦当认真操练，以资得力。穆图善拟令署庄浪协副将钟本起招募五百名，著即饬令训练成军，将城守事宜严密布置。其南大通、沙沟口及北十里铺等处，并著分拨官兵扼守，以杜纷窜。穆图善现已回省，如西路有警，仍当随时调度，力筹防剿。左宗棠身任钦差大臣，于甘肃全省军务，均应妥筹兼顾，不得以远在西隅，置为后图。土门及武威县属王家台等处，有匪窜扰，著左宗棠、穆图善迅饬王仁和等督军截剿，毋任滋蔓。记名提督张万美带兵有年，迭著战绩，此次力竭阵亡，深堪悯恻，著交部照提督阵亡例，从优议恤，并加恩予谥。其先后阵亡之总兵彭清胜，副将衔游击田应福，外委萧坤刚，都司吴量喜、周国远，千总秦正禄，协领衔委参领布特哈，正白旗佐领舒图尔善，披甲庆来、哲库讷、泰斐音扎普、富明、博兴阿，均著交部分别从优议恤。穆图善另片奏，迭次剿贼出力马队官兵，可否酌保等语，著准其择尤保奏，将此由五百里各谕令知之。钦此。”遵旨。寄信前来。

校勘记：

〔一〕底本为“钦差大臣陕甘总督一等恪靖伯左宗棠、宁夏将军穆图善、西宁办事大臣豫师”，“首图”本、“国会图”本原无诸人名，故将诸名加括号。

会商布置防剿折附旨

同治九年十一月初二日

为会商先行遴派大员，驰赴威远统军弹压，并筹布后路各隘防剿事宜，恭折具奏，仰祈圣鉴事：

窃奴才豫师于十月初二日，将驰抵平番县日期及疏通后路大概情形，业经缮折奏报在案。当将察看平、碾一路要隘形势，修筑堡寨等情，与臣左宗棠往返会商，悉心参酌。

臣等查西宁地处偏隅，全倚碾伯、平番两邑为阻塞米拉三沟门户，而宁境回族滋蠢抢掠，又全借由米拉沟窜来外匪为名。窜匪一日不绝，宁境一日不安，是堵御窜匪，即为平靖宁郡要著。惟平、碾二县，相距二百四十余里，丛山密林，一望榛莽，通透米拉沟隘口十余处，贼匪时常出没。若不将此路隘口妥为筹布稳固，不但饷粮军装转运艰阻，且恐进攻河州，穷寇皆以米拉三沟为出路，于西事大有关碍。奴才豫师前派五品军功何得彪管带练勇往来疏通，屡有斩擒，而该匪恃其山险，岔路繁多，贼踪[一]尚难猝净。所筑堡寨，除松树牙壑一处业已完工，驻勇招民聚垦外，其漫水滩、大里坝两处，又因地道早寒，遇冻停工。平番为西军粮饷总运要地，且系四达通衢，密迩贼巢，不时窥伺。正月间曾经贼匪拦入击退，九月复有大股悍逆突犯城池，驰防南字营提督张万美阵亡。虽经奴才豫师立时督队击退，而该匪觊觎要区，已可概见。是奴才豫师势不能不将此路布置稳固，以免后顾之虞。然碾伯、威远，虽有游击唐有彦三营暨利建中、前二营联络声势，会合乡团，择隘堵击，究无大员镇压，尚恐疏懈。臣左宗棠查有现办营屯局西宁镇总兵黄武贤，久任宁郡，情形熟习，可资得力。因会商奴才豫师，派令先行驰往威远堡，统带唐有彦怀义三营，并将怀义营号改为靖西中、左、右三营，以期整顿，饬令就近随同奴才豫师相机布置，庶觉声势益壮。现在该员业已禀报到防，措置尚称周妥。

再，查西宁回族，近来颇觉敛迹。昨将已故西宁办事大臣玉通柩眷，暨积年扣留卸事官员家属，陆续送出。其米拉沟窝藏陕回一万余众，闻官军联络布置各隘，已于九月分股窜赴甘、凉一路而去，是以西、碾近月以来，尚无窜扰情事。其由西、碾番、汉商民贩卖货驮，渐可行动，平番城内现在街市生意，稍有起色。惟贼情狡诈，难保无聚谋大股突出意外之计，已严饬驻防各军小心，妥为布置，相机截剿。

所有臣等会商布置防剿，并派委大员先行驰赴威远缘由，理合由驿五百里驰陈。伏祈皇太后、皇上〔二〕圣鉴训示。谨奏。

军机大臣奉旨："另有旨。钦此。"

校勘记：

〔一〕踪：底本为"众"，据"首图"本、"国会图"本改。

〔二〕皇太后、皇上：底本阙，据"首图"本、"国会图"本增。

防剿窜匪拟停祭海典礼及蒙古会盟片

再，奴才于十月二十三日在平番县行营，接据西宁办事大臣衙门供差理藩院[1]主事札清阿，笔帖式[2]嵩秀、松岫禀称：青海[3]之神，每年秋间，由奴才带领章京[4]等出口致祭，并行文督臣衙门，派委大员陪祀。如遇会盟之年，预为传知蒙古王公札萨克台吉[5]等，齐备盟所，于祭神之次日，按品入筵，颁赏缎匹、梭布、荷包、小刀等物，历任如〔一〕此办理等情，请示前来。

奴才查典礼攸关，自应循例敬谨备办。但奴才现尚带兵驻扎平番，防剿窜匪，筹布各路军事，势难分身，未能克日赴湟。且查该主事等来禀已在秋后，核与向年祭神日期，相隔月余之久，且须行文承办一切事宜，尤稽时日。况日下湟属地方不靖，路多阻隔，纷纷饬调蒙古王公冒险赴盟，亦无以示朝廷优恤外藩之至意。奴才权拟自本年为始，将致祭海神并蒙古会盟一并暂行停止，藉以绥靖地方，而节糜〔二〕费。一俟宁属军务稍松，再行察看情形，随时奏请举办。仍于典礼，不致久旷。除分别咨行外，为此附片具奏。是否有当，伏乞圣鉴训示。谨奏。

军机大臣奉旨："知道了。钦此。"

注释：

[1] 理藩院：清朝所设管理全国蒙、藏等诸少数民族的机构。

[2] 笔帖式：官名。满语意为办理文书、文件之人。清代自中央各部至各衙门中掌管翻译、缮写满汉文书的低级官员。

[3] 青海：指青海湖。

[4] 章京：清朝官名。清代早期为武官的称呼，后不限于称武官。如军机处之军机章京，总理各国事务衙门之总办章京、帮办章京、章京、额外章京，均为协助堂官处理文书等事的文职官员。此外，清朝廷派驻各民族地区的参赞大臣、帮办大臣、办事大臣下属有印房章京，蒙古各旗札萨克下属有管旗章京、副章京等。

[5] 蒙古王公札萨克台吉：雍正二年（1724年），平定罗卜藏丹津反叛以后，分青海蒙古额鲁特部居牧之地为二十九旗。即：和硕特部二十一旗、绰罗斯部二旗、辉特部一旗、土尔扈特部四旗、喀尔喀部一旗。还有察罕诺门汗部自编一旗。每盟设盟长、

副盟长各一人，掌管盟务。盟长先由各旗会盟时，从旗长即札萨克中推选。后来改为清朝理藩院开列盟内札萨克，由皇帝任命。其外每盟各设备兵札萨克一人，管理军务。有的盟还设帮办一二人，协理盟务。旗是军政合一的地方政权机构，每旗设旗长一人，又名札萨克，掌全旗要务。又设协理副之。其属有管旗章京、副章京及参领、佐领、骁骑校等官。札萨克等官员多数都是原来蒙古各部落的首领并经清朝赐有爵位的王、贝勒、贝子、公、台吉等人。旗之上，青海各部与察罕诺门汗部一旗共合一盟，但是不设盟长，而以清朝驻西宁办事大臣莅盟统辖之。道光三年（1823年）又分河北二十四旗为左右翼，每翼设正、副盟长各一人。清廷设西宁办事大臣以统辖青海蒙古诸部落。二十九旗札萨克、王、贝勒、贝子、公、台吉俱系世职，颁授印信册诰。各札萨克宪书、俸缎，由京解宁支散；俸银在宁支领。各札萨克分为四班，每年元旦朝觐，周而复始。西宁办事大臣每年出口会集各札萨克会盟一次，不得自相会集。

校勘记：

〔一〕如：底本为“(照)”，“首图”本为“照”，“国会图”本为“如”，依“国会图”本改。

〔二〕糜：底本及“首图”本、“国会图”本皆为“縻”，误，据意改。

附旨：

军机大臣字寄钦差大臣陕甘总督一等恪靖伯左（宗棠）、宁夏

将军穆（图善）、西宁办事大臣豫（师）[一]：同治九年十一月二十六日奉上谕："左宗棠、穆图善奏'镇番肃清附省兵团围剿贼获胜'，左宗棠、豫师奏'派员统军弹压及筹布后路防剿事宜'各一折。镇番踞匪经官军击败全数西窜永昌[1]，穆图善已饬总兵王仁和等跟踪进剿，务将此股贼匪悉数扫除，毋令蔓延为患。如兵力不敷，即著左宗棠、穆图善酌度情形，添兵前往援应。皋兰[2]、碾伯地方及省东辖境时有零匪窜扰，虽经兵团剿办获胜，惟省垣根本重地，逼近河、狄，该处贼股众多，深虞窜突。现在河水冻结，尤应加意严防。著穆图善督饬兵团，随时侦探防剿，毋稍疏虞。左宗棠亦当妥筹兼顾。金积堡贼势已蹙，何以日久未见成功。糜[二]饷老师[3]，该大臣难辞其咎，若再不振刷精神，迅图改拔，致以一隅之地牵掣兵力，耗费饷需，大局何堪设想！南路秦、阶[4]一带时有贼踪，该处统领能否得力？河、狄巨股如何设法进剿？左宗棠当统筹全局，迅将金积攻克，腾出兵力次第廓清，不得以远在平凉，仅顾甘北一路，致军务总未得手也。豫师现已会商左宗棠，将平番、碾伯隘口布置严密，以杜西宁回众由米拉三沟窜出之路。先派总兵黄武贤驰赴威远堡整顿各营。西、碾、平番近既安靖，豫师当懔遵前旨驰赴本任，会同黄武贤认真筹办，以重职守。米拉沟窝藏陕回万余，据豫师奏已分股窜赴甘、凉[5]一路，著左宗棠、穆图善檄令甘、凉防兵探明痛剿，就地歼除，勿留余孽。将此由五百里各谕令知之，钦此"。遵旨，寄信前来。

注释：

[1] 永昌：今甘肃永昌。

[2] 皋兰：今甘肃兰州。

[3] 糜饷老师：耗费军饷，疲劳军队。

[4] 秦、阶：秦州，今甘肃天水；阶州，今甘肃武都。

[5] 甘、凉：甘州，今甘肃张掖；凉州，今甘肃武威。

校勘记：

〔一〕底本为“钦差大臣陕甘总督一等恪靖伯左宗棠、宁夏将军穆图善、西宁办事大臣豫师”，“首图”本、“国会图”本原无诸人名，故将诸名加括号。

〔二〕糜：底本及“首图”本、“国会图”本、《清穆宗实录》卷二百九十八皆为“縻”，误，据意改。

逆匪突犯碾伯城迎剿获胜折附旨

同治九年十二月初九日

为大股逆匪突犯碾伯县城，经官军迎剿大获全胜，恭折具奏，仰祈圣鉴事：

窃臣等于十一月初二日将会商派委大员，先行驰赴威远堡，并筹布后路情形，业经缮折奏报在案。兹于十一月二十一日接据管带利建中营参将李春海、前敌照料募勇委员候补知县田立愔、办理营务委员候选知县邸廷献等禀称：本月十四日黎明时，据探勇报称，碾伯大峡口有大股悍逆马步约计三四千名，蜂拥而来，势甚凶猛等情。参将李春海闻报，一面飞知地方文武，整顿团勇，登陴防守；一面管带本营队伍，沿河布置。正在列阵间，旋见大股悍逆，由峡口冲出，直扑城池。经参将李春海整队迎击，自卯至未，逆焰少却。该参将察知贼力渐懈，暗行知会委员田立愔，催督团绅乡勇在后助力，该参将即率本营队伍猛扑过河，冲入贼阵，立将大股截分两段，首尾不能相顾，遂即败窜。绅团等合力助剿，贼众披靡，纷纷落马，追杀直入南山远遁。时因天色已晚，士卒枵腹，兼之岔路繁多，当即收队回城。查此仗共计生擒七名，割获马步贼首五十八颗，其枪毙、滚崖落涧、自相践踏，旋被该匪拖去者，不计其数。夺获马、骡等共一百零八匹，刀矛器械无算。我军中营左哨弁曾占魁身受重伤，阵亡勇丁二名，受伤勇丁十余名。据讯擒获雷元、孙六十七、林菩萨保、赵存玉、刘九娃子、丁存福子、潘住子等，佥供此股贼匪系陕西渭南回逆，伪大元帅阿浑冯终效、副贼胡姓，由西宁边〔一〕渡口[1]来，共约裹胁随教一万余人，此次共来四五千人，尚有尾贼白玉虎管带未到。闻贼首冯终效言，因官兵驻防严密，恐难存身，意欲先攻碾伯，再打平番，如不能胜，相率由甘、凉出口各等语。经该营员等禀报前来，奴才豫师正在查核间，旋于十二月初一日，据代理碾伯县知县童永基、署碾伯营都司魏荣暨各委员营官等复行会禀情形，与前禀大略相同。臣等查该匪因官军分防，不能分股肆扰，胆敢纠伙，直扑县城，狠命一试，实属悍逆已极。而奴才豫师甫立新军，一切衣履器械等项，因饷款缺乏，多未完备。当该逆恃众，突然冲扑城池，利建中营参将李春海等竟能激励士卒，以少击众，擒生斩馘，大挫凶锋，洵足以壮先声而寒贼胆。所有在事出力员弁，可否吁恳天恩，准由臣等择尤酌保，以资鼓励之处，出自圣主逾格鸿慈。

又，据统带靖西等营西宁镇总兵黄武贤报称：十四日探得有回逆大股，不知其数，窜至距宁东九十里之平戎驿，相距碾伯仅止七十里，南与新克复之白马寺、高寨对河。目下河冻，白马寺等处又为贼逆旧巢，现经极力相机堵击，并请饬碾伯县地方营伍预为防范等语。臣等查核日期，即系窜扑碾城之匪。

除仍严饬该将弁等加意侦探截剿外，谨合词将贼匪扑犯碾城迎剿获胜缘由，理合由驿五百里驰陈。伏乞皇太后、皇上〔二〕圣鉴训示。谨奏。

军机大臣奉旨："另有旨。钦此。"

注释：

[1] 边渡口：即扁都口，在今青海祁连县东北，为穿越祁连山进入河西走廊的要道。

校勘记：

〔一〕边：底本为"道"，据"首图"本、"国会图"本改。

〔二〕皇太后、皇上：底本阙，据"首图"本、"国会图"本补。

附旨：

军机大臣字寄钦差大臣陕甘总督一等恪靖伯左（宗棠）、宁夏将军穆（图善）、西宁办事大臣豫（师）〔一〕：同治十年正月初八日奉上谕："左宗棠、穆图善奏'贼匪窜扰甘肃〔二〕郡县'，左宗棠、豫师奏'贼犯碾伯击退情形'各一折。贼匪于十月初九日窜入山丹县城，旋即退窜，大股直逼甘郡[1]，扰及高台，复又另股盘踞镇番县[2]属之柳林湖。西宁地方，又有陕回窜扰。此时甘省北路军务正在得手，贼党乘西路空虚，纷纷肆扰，虽经杨占鳌、王仁和等随时防御，尚恐兵力不足，著左宗棠、穆图善迅速会商，派拨劲旅分扎扼要处所，严密堵剿，毋任贼踪纷窜。其柳林湖踞匪，著穆图善饬令常明率队进剿，悉数歼除。河、狄回匪出扰近省一带，经副将王得隆带队迎剿，叠有斩擒，仍著穆图善妥为布置，认真防范。署山丹县知县张秉恬因公出城，有无捏饰，著左宗棠、穆图善查明具奏。扑犯碾伯之贼，经参将李春海等督率团勇击退。据获贼供称有'由甘凉出口'之语。左宗棠、穆图善务当于沿边[3]一带设法防守，不得任令窜出边外，致滋蔓延。并知照成禄赶紧派队兜剿，以期聚歼。豫师即督饬李春海等实力防剿，一面相机前进，驰赴本任，会同黄武贤妥为筹办。此次击退扑犯碾伯贼匪在事出力各员，准由左宗棠、豫师择尤保奏。将此由六百里各谕令知之。钦此。"遵旨，寄信前来。

注释：

［1］甘郡：指甘州郡城，即张掖城。

［2］镇番县：今甘肃民勤县。

［3］边：指边墙，即河西走廊的明长城。

校勘记：

〔一〕底本为“钦差大臣陕甘总督一等恪靖伯左宗棠、宁夏将军穆图善、西宁办事大臣豫师”，“首图”本、“国会图”本原无诸人名，故将诸名加括号。

〔二〕甘肃：底本、“国会图”本为“肃甘”，据“首图”本改。

协饷拖欠军实无资请旨饬催折附旨

同治十年正月二十一日

为协饷异常拖欠，军实无资，请旨饬催，以保艰局，恭折具奏，仰祈圣鉴事：

窃奴才于同治九年十二月初九日，将大股贼匪突犯碾伯城池，经利建等营迎匪大获全胜，业经会折奏报在案。兹查，奴才所部各军，分防平、碾窜匪，以固宁郡藩篱，藉以镇摄内患，正在吃紧。经户部拨给宁饷每月仅止二万五千两，一切兵饷、采买粮石、军装转运，皆赖此数。即买粮一事而论，边徼荒凉，复遭积年蹂躏，一片焦土，惟山僻穷农，零星凑集，尽系小贩粜粟，生活万难拖欠。此外必须远赴凉州一带采买，往返千余里，运价脚力在在为难。是各省军务之难，以甘省为最，而甘事[一]之难，又以西宁为尤，不但饷止此数，无可展转，即欲在地方挪借，亦苦无可措[二]办之处。去岁年终，协饷久不报解，虽经办理西征粮台袁保恒维持大局，筹垫饷银一万两，又复停滞南路马营监地方，不能赶到。所有各营将士，于荒寒之地，当卒岁之时，竟无分厘领项，万难支度。经奴才极力抚循，设法摒凑，稍为敷衍过岁，犹望开春或有积款接济。不意昨于正月十四日，准办理西征粮台袁保恒文函声称：各省协饷，一味膜视，无论如何飞催，毫无应付，咨请奴才酌核办理等情。奴才接阅之下，五内如焚，检查协饷报解台文，将及一年之久，各省通共仅止报解银五万七千两，除尚在中途延滞未到外，实解到营各省协饷仅止二万两。计自奉拨之日起，截至本年正月底止，共欠解饷银二十一万八千两，是各省通共报解，尚不过十分之一二，大局从何措置？奴才复查部拨之款，本系甘省欠饷，并非格外添拨，况为数有限，又系三省分摊〔三〕筹解，该藩运司等应如何恪遵谕旨，尽心筹款，顾持大局。乃将及一年之久，惟山东藩司报解较为稍强。其河南、两淮藩运二司，仅止报解十分之一二，似此任意疲玩，频催罔应，以致军务掣肘，迟误兵〔四〕机，大局何可设想！奴才势迫心焦，万不获已。可否吁恳天恩，俯念西宁军务吃紧，士卒枵腹荷戈，请旨饬下山东、河南抚臣，两江〔五〕督臣，严饬藩运各司，立将欠解宁饷，扫数清解，嗣后仍须如数如期源源接济，以顾危局，则地方幸甚，士卒幸甚。

所有西宁协饷异常拖欠奏催缘由，理合由驿五百里驰陈，伏祈皇太后、皇上〔六〕圣鉴训示。谨奏。

军机大臣奉旨："另有旨。钦此。"

校勘记：

〔一〕事：底本为"军"，据"首图"本、"国会图"本改。

〔二〕措：底本为"借"，据"首图"本、"国会图"本改。

〔三〕摊：底本为"滩"，据"首图"本、"国会图"本改。

〔四〕兵：底本为"戎"，据"首图"本、"国会图"本改。

〔五〕江：底本为"淮"，据"首图"本、"国会图"本改。

〔六〕皇太后、皇上：底本阙，据"首图"本、"国会图"本补。

请恤催饷中途病故唐林徐立成片附旨

再，奴才于同治十年正月初四、十六等日，两次接准办理西征粮台、翰林院侍讲学士袁保恒咨称：前因西宁军饷万紧，由西征粮台派赴两淮催提委员候选县丞徐立成，派赴河南催提委员候补中书唐林，先后在中途积劳病故。查该员等久经在台当差，最为出力，兹因西宁提饷往返数千里，冲冒风霜，昕夕不遑，以致积劳病故，殊堪悯恻，咨请奴才援例奏请赐恤，以资观感而励将来等情前来。

奴才查西宁地处穷边，军饷正紧，迢迢远道，全赖得力委员不辞劳瘁，竭力催提，方期无误事机。兹据袁保恒咨称：该委员等久著劳绩，复因提饷长途奔驰，冲冒风霜，积劳病故，若不准予恤典，诚恐无以激励将来。合无吁恳天恩，俯念西宁军饷需望孔亟〔一〕，该员等竭力从公，中途病殁，可否将已故候补中书唐林、候选县丞徐立成，照军营立功后病故例，赐恤之处，出自逾格鸿慈。

所有委员催饷中途病故请恤缘由，理合据情附片奏闻。伏祈皇太后、皇上〔二〕圣鉴训示。谨奏。

校勘记：

〔一〕亟：底本为“极”，据“首图”本、“国会图”本改。

〔二〕皇太后、皇上：底本阙，据“首图”本、“国会图”本补。

附旨：

军机大臣奉旨：“唐林、徐立成均著交部照军营立功后病故例议恤。钦此。”

详筹西宁军务片

再，奴才于同治十年正月初四日，在平番行营，准军机大臣字寄同治九年十一月二十六日奉上谕：“左宗棠、穆图善奏‘镇番肃清，附省兵团剿贼获胜’，左宗棠、豫师奏‘派员统军弹压，及筹布后路防剿事宜’各一折。镇番踞匪经官军击败，全数西窜永昌，穆图善已饬总兵王仁和等跟踪追剿，务将此股贼匪悉数扫除，毋令蔓延为患。如兵力不敷，即著左宗棠、穆图善酌度情形，添兵前往援应。皋兰、碾伯地方及省东辖境，时有零匪窜扰，虽经兵团剿办获胜，惟省垣根本重地，逼近河狄，该处贼股众多，深虞窜突。现在河水冻结，尤宜加意严防。著穆图善督饬兵团，随时侦探防剿，毋稍疏虞。左宗棠亦当妥筹兼顾。金积堡贼势已蹙，何以日久未见成功，糜〔一〕饷老师，该大臣难辞其咎。若再不振刷精神，迅图攻拔，致以一隅之地，牵掣兵力，耗费饷需，大局何堪设想？南路秦、阶一带，时有贼踪，该处统领能否得力？河、狄巨股如何设法进剿？左宗棠当统筹全局，迅将金积攻克，腾出兵力，次第廓清，不得以远在平凉，仅顾甘北一路，致军务总未得手也。豫师现已会商左宗棠，将平番、碾伯隘口布置严密，以杜西宁回众由米拉三沟窜出之路，先派总兵黄武贤驰赴威远堡，整顿各营。西、碾、平番近既安靖，豫师当懔遵前旨，驰赴本任，会同黄武贤认真筹办，以重职守。米拉沟窝藏陕回万余，据豫师奏：已分股窜赴甘、凉一路，著左宗棠、穆图善檄令甘、凉防兵，探明痛剿，就地歼除，勿留余孽。将此由五百里各谕令知之。钦此。”遵旨，寄信前来。

奴才跪读之下，仰见圣主廑念边陲之至意，曷胜钦佩，自当恪遵，立即由平驰赴本任，以重职守。惟其中西宁现时军情，实有不能不委曲稳慎，而顾全局者，谨缕列细情，为我皇上密陈之。

查甘肃军务，积年以来，已如乱丝，而西宁尤甚，非扼其要害，次第稳慎筹布，不但跋前疐后，且虑愈形溃裂。故督臣左宗棠入甘察知此情，因金积堡为全甘要害，全力注此，而以其余为羁縻固〔二〕持之法。虽觉有需时日，然金积得手，如振衣挈领，不但得一处一处可靠，且次第自可迎刃而下。甘省军务始有了结之时，是较当初频年之东张西顾，迄无端绪，与困居衙斋，日事敷衍者，无速效而收实功也。

西宁地处穷边，回情尤为狡谲。往年诡托就抚，将合城文武拘逼在内，把持严密，外面勾结窜匪，四处焚杀，赤地数百里，渺无人烟。虽山险附固之区，略有番、汉成团，尚在苟存拒守，然为时已久，率多雕残。奴才自奉恩旨，补授西宁办事大臣之时，素稔情形，苦筹熟计。彼时若议进兵攻剿，不但无此大兵巨饷，且一片榛莽，军粮转运，在在难行，故于万分无法之中，思及镇摄羁縻之计。所以拟招营伍者，张声势以摄其心也。仅立五营者，饷易设措，采粮转运尚可接济也。营伍分扎平、碾者，力薄恐其识破而藉口生变也。未便只身轻入者，使其不能再施要挟软困之计也。因而堵击外匪以剪其羽翼；暗整各团，以广我兵力；筹办粮草，以备大兵进扎之地；添筑堡寨，以为转运通畅之路；时发告示晓谕遣员开导，以安其变心，散其胁从。然后步步为营，持重而进。则我势稳而彼势蹙，我势宽而彼势孤，即未战而已居胜局矣。凡此皆奴才昕夕焦思，相机察势，力图补救。固不敢冒昧贪功，轻于一掷，以致贻误大局。

至本署公务，亦不敢旷。奴才自抵平番，先行饬令衙门司员，一切公文，均由包封驰递行营，随时办理，沿途由派扎各军，节节驰递。较原任玉通时，道路阻塞，公文动至停搁遗失，相去径庭。

现在西宁回情，渐渐敛迹，窝藏陕寇，陆续亦多西窜，是目下稍有起色。昨复闻左宗棠已将金积收复，马化瀶投诚，东路一清，自必移军狄、河。奴才前已函商其攻剿狄、河时，豫为分兵西来，藉可抽出奴才防军进扎。现时奴才赶催将后路堡寨筑齐，所有左宗棠由凉州借拨军粮三千石，勒限飞运，一俟妥协，即行拔队前进，分别剿抚，约略计之，似不致久需时日。

总之，奴才在甘十载，自从署督臣沈兆霖[1]营务以来，频年驰逐疆场，性命呼吸，屡濒于危，从未敢自惜身命。兹蒙天恩高厚，畀以重任，岂敢稍存畏难瞻顾之见，实因军务机宜有不得不稳慎筹布者，故未敢冒昧从事以竭愚忱也。

所有详筹西宁相机拟办军情，理合附片密陈。伏祈皇太后、皇上[三]圣鉴。谨奏。

军机大臣奉旨：“另有旨。钦此。”

注释：

[1] 沈兆霖：字朗亭，浙江钱塘（今杭州）人，道光十六年（1826年）进士，咸丰十一年充军机大臣，奉命至甘肃西宁处理撒、回造反事。同治元年（1862年）以户部尚书署陕甘总督，亲临前线，指挥攻击巴燕戎格厅撒回军，成抚局。七月，沈兆霖班师，途经平番二道岭沟，被山水冲殁。谥文忠，赠太子太保。

校勘记：

〔一〕糜：底本及“首图”本、“国会图”本皆为“縻”，误，据意改。

〔二〕固：底本为“因”，据“首图”本、“国会图”本改。

〔三〕皇太后、皇上：底本阙，据“首图”本、“国会图”本补。

附旨：

军机大臣字寄钦差大臣陕甘总督一等恪靖伯左（宗棠）、西宁办事大臣豫（师）〔一〕：同治十年二月二十二日奉上谕：“豫师奏‘筹办西宁军情’等语。西宁回众，频年诡托就抚，勾结外匪，四处焚杀。豫师以兵力不足，骤难进攻，暂〔二〕拟镇摄羁縻，解散胁从，以孤贼势，所筹尚为因时制宜之计。现在金积堡贼首马化漋等业已伏诛，群贼自必闻风丧胆。左宗棠即应乘此声威，调派各军，规取河州等处。兵贵拙速，不贵巧迟，谅该大臣全局在胸，必已熟思审计迅速筹办。豫师业已函商左宗棠移军狄、河时，豫为分兵西进，以便抽军进扎。著左宗棠斟酌情形，随时与豫师妥筹办理。刻下西宁回情，渐已敛迹，窝藏陕匪，亦陆续西窜，豫师仍当审度军情，拔队前进，相机剿抚，不得徒托空言，久延时日。所请饬催山东等省协饷，已谕令各该省迅速筹解矣。本日据英翰奏拿获逆首宋景诗[1]供称伊子'今年二十岁，听说在西路营里，不知真假'等语，该逆之子，如在军营混迹，必系诡托姓名。著左宗棠饬令各营留心访察，一经查出，即行奏闻，将此由五百里各谕令知之。钦此。"遵旨，寄信前来。

注释：

［1］宋景诗：清末农民起事领袖，山东堂邑（今聊城西）人。咸丰十年（1860年）参加鲁西抗粮斗争。次年，捻军进入山东，归属白莲教起义队伍，称黑旗军，屡败钦差大臣胜保。同治四年（1865年）配合捻军在曹州（今菏泽）击毙僧格林沁。同治十年（1871年）被安徽巡抚英翰俘杀。一说不知所终。

校勘记：

〔一〕底本为"钦差大臣陕甘总督一等恪靖伯左宗棠、宁夏将军穆图善、西宁办事大臣豫师"，"首图"本、"国会图"本原无诸人名，故将诸名加括号。

〔二〕暂：底本及《清穆宗实录》卷三百零六同，"首图"本、"国会图"本皆为"然"，不改。

匪扰平番属境布置堵剿折附旨

同治十年四月□日[1]

为贼匪窜扰平番属境，连日堵剿退窜，并奴才等会商布置情形，恭折联衔驰奏，仰祈圣鉴事：

窃奴才穆图善于上年十月间，两次亲往平番，整饬营垒，择要驻扎各情，曾经奏明在案。惟自红城南大通以及平番一带各山沟通透贼巢，隘口丛杂。数月以来，间有股匪出窜，均经奴才豫师督饬所部，并南字、庄浪等营兵勇，随时捕剿，地方稍安，人民渐次复业。本年二月十八日，据代理平番县知县张宝铣报称：接前途厅县传牌，有乌鲁木齐提臣成禄[2]，派委游击吴得喜等四员，护送在肃州[3]投诚之陕西回民一千数百名，前往米拉沟，令经过地方一体支给口粮。该回民即于是日到县，查验公文印信属实，该县张宝铣当即应付粮面等情。因查该回众虽云投诚，究恐反覆，遂于到平之日，饬令在距城稍远之地驻扎。即于次日催令赴米拉沟去讫。该原解委员等，仍在平番守候，据称此股回众，定期十日，仍由米拉沟折回，赴肃听候安插。其如何办理详细情形，奴才穆图善、奴才豫师均未准成禄咨报，殊难悬揣。

讵该回众早逾十日之期，并未折回，原解委员亦即转赴肃州。忽据探报米拉沟有陕贼多人，四出杀掠，奴才豫师当即飞饬各营，预为准备。二月二十九日，平番各隘口，均有零匪逸出，抢夺民间牲畜，当经南字左营、利建左前营分头堵击，杀毙贼匪多名，被抢牲畜，概行夺获，给主认领。该匪每日仍行出窜，我军连次出队，叠有斩擒。近已纷窜入山。三月初二日，探得离城七十里金家泉地方，有贼聚驻行巢，奴才豫师密派亲兵营，夤夜驰剿，贼匪无备，惊窜，立杀数十名，生擒二名，夺获马匹器械，于次日晚归伍。又十四日夜，离城七十五里徐家磨地方，有股匪五六百名，偷出攻打民堡，经利建右营周兴禄会同本地团目，乘夜救援，暗入贼队，始行接战，追杀五里余山沟而回，击毙贼匪七八十名，滚沟落涧，不计其数，生擒三名，并割获首级耳记呈报前来。讯据生擒贼目张全等供称“因闻金积堡克复，急思远遁，群议沿途抢掠粮畜，以备裹带”等语，讯明随即正法。奴才等查现当布种之际，护民耕作，尤为第一急务。奴才豫师仍饬各营分途搜捕，认真堵剿。倘有大股窜突，平番驻防兵勇，不敷抵制，奴才穆图善再当由省抽调劲旅，以资厚集，务净妖氛。惟原赴米拉沟陕回，至今未见折回。现在滋事，是否即是此匪，亦难确指。第思此股既未敢公然由平番大路西窜，难保不另由间道扰及甘、凉，奴才等业经分别移饬署甘肃提督杨占鳌，署凉州镇总兵王仁和，一体防范。至碾伯一带，据靖西、利建等营报称：亦有贼股分出滋扰，经该营堵剿，叠有斩擒。奴才豫师飞饬驻扎各营，并调巴札、果莽等番寺团勇，合力兜捕，务期扫除净尽，而保无虞。

所有贼匪窜扰平番，连日堵剿退窜，并会商布置缘由，理合联衔缮折，由驿五百里驰奏。伏祈皇太后、皇上〔一〕圣鉴训示。谨奏。

军机大臣奉旨："另有旨。钦此。"

注释：

[1] 本折之谕旨，见《清穆宗实录》卷三百零九，系于同治十年四月二十日（己卯），故定本折呈于四月上旬。

[2] 成禄：时任乌鲁木齐提督，暂驻肃州。

[3] 肃州：今甘肃酒泉。

校勘记：

〔一〕皇太后、皇上：底本阙，据"首图"本、"国会图"本补。

附旨：

军机大臣字寄钦差大臣陕甘总督一等恪靖伯左（宗棠）、宁夏将军穆（图善）、西宁办事大臣豫（师）、乌鲁木齐提督成（禄）[一]：同治十年四月二十日奉上谕："穆图善、豫师奏'击退平番窜匪，会商布置情形'一折。甘肃平番县境，于本年二月间有肃州投诚陕回一千数百名，由成禄派员护送，前往米拉沟。据原解委员声称，定期十日，仍由米拉沟折回赴肃，乃逾期仍未折回。忽报米拉沟有陕贼多人，四出杀掠，复于金家泉等处滋扰，先后经豫师派兵截剿，毙匪甚多。该匪现已纷窜入山，即著豫师饬令派出各营，分头搜捕，认真扼堵，务将此股贼匪悉数歼除。平番防勇无多，并著左宗棠、穆图善抽调劲旅，协同防剿，以资厚集。原赴米拉沟陕回尚未折回，现在滋事之匪，是否即系此项回众。且该陕回等既须在肃安插，何以先送至米拉沟；既须由米拉沟折回肃州，何以原解委员又不在平番守候；其办理详细情形，何以不先期知照穆图善等。著成禄据实奏闻，并一面妥为办理，毋令贻害地方。甘、凉一带，该将军等已饬杨占鳌、王仁和一体防范，即著随时檄令该提督等认真拒守，不可稍涉疏虞。碾伯一带贼股，亦当檄令巴札、果莽等处团勇，合力兜捕，保卫地方。将此由五百里各谕令知之。钦此。"遵旨，寄信前来。

校勘记：

〔一〕底本为"钦差大臣陕甘总督一等恪靖伯左宗棠、宁夏将军穆图善、西宁办事大臣豫师、乌鲁木齐提督成禄"，"首图"本、"国会图"本原无诸人名，故将诸名加括号。

陕回勾结宁回肆扰官兵击退现复攻踞民堡饬兵堵剿折附旨

同治十年五月□日 [1]

为陕西余匪勾结西宁回族，肆行扰害，迭经官兵击退，现复攻踞民堡，仍饬西宁镇总兵督率兵团，相机堵剿缘由，恭折驰奏，仰祈圣鉴事：

窃奴才穆图善先后接据统带靖西营甘肃西宁镇总兵黄武贤禀称：上年冬间，西宁地方即有窜来陕回，分途扰害。本年正月十二日，贼骑数百，突攻高寨堡。次早，又有大股在河南盘踞，声言先取高寨，次陷威远。黄武贤闻报，立即带队迎击，贼尚未退。至十六日，果有悍匪五六百名，分三路直扑威远堡。黄武贤带兵出堡堵剿，贼向南奔，我兵追于二十里之沙沟口，战至十余合，歼毙极多，夺马三匹。十九日又有骑马贼五百余名，从西山班家湾扑近威远堡之西，亦经黄武贤击败，毙匪数名，夺马二匹，器械多件，贼即退踞高寨。二十日，该匪由高寨分股窜及高羌堡、董家寨一带。黄武贤派游击黄金福、张发元率领马队，由河南小路进，另调巴札团马队，由南大路进，自带步队，随后接应。贼见我兵踵至，夺路狂奔，我军并力追赶，杀毙数十名，夺获马匹、器械尤多。二十九日至二月二十五等日，该匪窜突靡定，我兵奋力堵剿，迭有胜仗。三月初一日，据报逆首白彦虎率领股匪，窜赴西宁小南川，攻取汉庄。名谓陕回，实则本地与贵德回匪及山后撒拉引导，恣意焚杀，并闻从金积堡逃来败匪与西宁回民亦联为一气。三月十六日，据报，白彦虎已将小南川汉堡攻陷，贼匪踞为巢穴，待收田稼。另有崔三一股，仍踞曹家堡，分党潜伏高寨，兼有对河平戎驿禹生彦股众，过河联扎，依为犄角之势。黄武贤因威远距高寨往返将及二百里，而威远堡又时有北川回匪扑犯，防守万分吃紧，暂未进兵。嗣探该匪藏伏日久，渐形疏懈。黄武贤于二十六日，挑选奋勇数十名，夜袭贼巢，行至离高寨十余里，遇伏贼十余名，我勇杀毙二名，生擒一名。二十九日三更，黄武贤复亲带马队，并调巴札团马勇分两路进剿。次早四月初一日黎明，将及高寨，该匪远见我兵，皆奔往曹家堡而去，我兵扑进高寨，并无一匪。查曹家堡距高寨仅十余里，现有崔三股匪出巢接应，又有河南禹生彦马贼渡河而来。黄武贤因兵勇单薄，未便深入重地，撤队回防各等情。并称连接西宁大、小南川及西、北川等处汉民告急禀词，抄录一并禀请核办前来。奴才穆图善核阅抄禀，内皆以白彦虎等纠同湟属回众，约有万余，将小南川二十余庄攻陷，并河州回目马占鳌、尕乡约率领撒回千余人，施放地雷，将什张加庄攻陷，庄为贼踞。而丹噶尔地方文武，因南川距丹匪遥，亦飞禀告急，接阅之余，不胜焦愤。

窃查西宁回族，连年虽以就抚为名，而阳奉阴违，悖逆之心，本未稍敛。现据禀报各情，又与外匪勾结，势颇披猖。臣左宗棠筹办东北，搜剿善后诸事，兵既〔一〕骤难远移。奴才穆图善部众防守省垣东西门户，并疏通大、靖[3]一带粮路，又未便轻率抽调。况河州回目马占鳌等，既已分股在宁属滋扰，即难保不以大股乘间扑犯省城。若以驻省各营酌调赴湟，则省城空虚，恐堕河回诡计。奴才豫师所部，除调驻威远外，平番驻扎之勇，本不多人〔二〕，又值赴湟道路，节节梗阻，势难克日而进。现经臣等飞檄黄武贤率领靖西三营，并会同奴才豫师原驻威远营勇，一面调集西碾各路汉番团丁，相机堵击，以免蔓延。奴才穆图善仍一面飞咨臣左宗棠，应如何派队驰往助剿，并以后布置情形，由臣左宗棠另行奏报外，所有陕回勾结西宁回匪肆扰，官兵迭次击退，现复攻踞民堡，仍饬西宁镇总兵堵剿缘由，理合联衔缮折，由驿五百里驰奏。伏乞皇太后、皇上〔三〕圣鉴训示。谨奏。

注释：

[1] 本折之附旨，《清穆宗实录》卷三百十三，系于同治十年六月十日（己巳），故定本折呈于五月下旬。

[2] 大、靖：青海大通、甘肃靖远。

校勘记：

〔一〕兵既：底本为“兵（力）既□”，据“首图”本、“国会图”本改。

〔二〕本不多人：底本为“人本不多”，据“首图”本、“国会图”本改。

〔三〕皇太后、皇上：底本阙，据“首图”本、“国会图”本补。

附旨：

军机大臣字寄钦差大臣陕甘总督一等恪靖伯左（宗棠）、宁夏将军穆（图善）、西宁办事大臣豫（师）〔一〕：同治十年六月初十日奉上谕：“左宗棠、穆图善、豫师奏‘陕回勾结西宁回族滋扰，派兵堵剿’一折。陕回分窜西宁，攻扑高寨、威远等堡，扰及高羌堡、董家寨一带。经总兵黄武贤派队堵剿，累获胜仗。惟逆首白彦虎率党攻陷小南川汉堡，踞为巢穴；崔三一股仍踞曹家堡，分党潜伏高寨，禹生彦股众与为犄角；并有金积堡败匪窜至，与西宁回民联为一气；河州回目马占鳌等亦率撤回攻陷民庄。西宁回族就抚，本不足恃。现在外匪纷至，与之勾结，势恐蔓延。穆图善现已檄令黄武贤率领三营，会同豫师原驻威远营勇，调集西、碾各路团丁，相机堵击。即著督饬派出兵团认真剿办，毋任贼势鸱张。西宁地方，贼股充斥，豫师兵力既单，穆图善驻省各营，势又不能远调，左宗棠当统筹全局，迅即拨队，驰往助剿，痛扫妖氛。其应如何筹办布置；并现拟进扎何处；河州回巢应如何分路进兵攻剿，均著详细具奏。赴湟道路虽梗，豫师仍当设法克期前进，不得濡滞中途，以重职守。”

“穆图善另片奏‘未能拨兵兼顾西路’等语。甘省北路虽渐肃清，而败残余匪，窜向河州、西宁等处，陆续由甘、凉遁入肃州。若左宗棠进兵规取河州，贼势穷蹙，必以西路为逋逃薮，自应添拨兵勇，扼守西路，方足制贼死命。穆图善所部，保守省城，护运粮石，未能移调前往，自系实在情形。甘、凉兵力过单，难资扼剿。左宗棠统辖全省，西路应早筹及。仍著迅速拨兵协剿，毋得稍涉迁延，致滋贻误。穆图善亦应督率近省各军，随时扼剿窜匪，与左宗棠和衷商办，不可稍分畛域。左宗棠、穆图善另折奏‘剿办山丹土匪及甘州贼股情形’，已明降谕旨，将出力及畏缩各员，分别奖励惩办矣。仍著左宗棠等，饬令杨占鳌督率所部，加意防范，毋令贼匪乘间奔突，以靖地方。将此由五百里各谕令知之。钦此。”遵旨，寄信前来。

校勘记：

〔一〕底本为“钦差大臣陕甘总督一等恪靖伯左宗棠、宁夏将军穆图善、西宁办事大臣豫师、乌鲁木齐提督成禄”，“首图”本、“国会图”本原无诸人名，故将诸名加括号。

贼匪窜扑碾伯官军连捷折附旨

同治十年七月初八日

为贼匪大股窜扑碾伯县城，官军连日迎剿获胜，并各路击贼情形，恭折联衔驰奏，仰祈圣鉴事：

窃查自本年四、五月间，陕匪崔三、胡伪帅等，陆续窜踞西宁平戎驿地方，约计一万余众，四出滋扰。叠经督饬碾伯、威远等处驻军民团，互相兜击，屡有斩擒。惟地方辽阔，山岔繁多，贼骑飘忽无定，未能立时扫荡尽净。经臣等严饬各军，设法实力歼除去后。旋于六月初四、初六等日接据管带利建中营参将李春海、委员温怀璋等驰报：五月十四日，探得马步悍贼约有三四千人，窜到碾属之胜番沟、熊家湾、赵家寺，直抵羊官寺地方滋扰。当经参将李春海带领中、前二营，委员温怀璋会同署碾伯县知县童永基带同地方团勇，于十五日黎明，分道驰剿，至王家庄地方迎战，贼势却退。适遇大雨，未便穷追。十六日五鼓，复行潜师往击，至熊家湾界，遇贼众鏖[一]至，当分军左右夹攻，该匪败窜，直追至弩木沟，贼众大溃，纷纷滚沟翻山而遁，歼毙贼匪极多。是晚收队回城。又于二十六日，探得“平戎贼匪纠约大股数千，计于二十七日攻扑碾城”等情，各军闻报，当于是日黎明，各率队伍出城，遥见贼匪，不计其数，由河南、河北两路猛扑而来。参将李春海管带中、前二营，奋勇[二]直前，委员温怀璋会同署碾伯县知县童永基、署碾伯营都司魏荣等，率领本地团勇，并众正营勇，分路抄击[三]。自辰至午，鏖战多时，伤毙悍贼极多，贼始纷纷败退入山。是夜探知贼仍伏匿山峡。次日黎明，各军仍前出队，并用铜炮埋伏于西门外五里之河湾地方，贼果复行蜂拥而来，直薄[四]城池，各军同时奋勇[五]迎击，枪毙落马者，不计其数。内有骑马悍贼，率众冲突，尤为凶猛，勇目尕生彦奋力迎击，登时杀毙。复经埋伏大炮，轰入贼匪中队，见有穿红衣手持红旗贼目一名被击落马，贼众立即哗散。各军趁势追杀，直至西峡口地方，始行撤队。旋探得贼已遁向平戎而去。连日据逃出裹胁难民来碾讯称：“是日共毙贼匪四百余名，受伤者约八九百名，并击毙贼匪头目三名。现时平戎哭声动地，念经挂孝，并闻有商纠米拉沟匪复来报仇”等语。该员等密行访查，连据后来难民佥称：“实系击毙逆首崔三一名，胡伪帅帮办头目雷姓一名，并小头目三十余名。”该员等会商，趁其惊乱之际，潜赴平戎，偷劫贼营。当于六月初一日，密派何得彪众正营勇賷夜驰往，至初三日收队回城。据称“贼营外，养狗数十只，闻声狂吠，以致贼众惊觉，自相扰乱，经我军暗中趁势毙贼数十名，生擒悍贼一名，夺获马驴、洋枪、器械多件而回。正拟商同挑选劲勇，整队再往兜剿间，探得贼众全股，于初四、初五等日，悉数焚垒而遁，不知去向，平戎一带肃清”各等语，会禀前来。奴才豫师恐其中有未尽实，复行谕令详细查明禀报。旋据该地方文武营员禀复，前后大略相同。并将生擒贼目封根尔解到，讯系贼首冯成幅之妻舅，同其兄封辛滏带领贼匪二百余人，至贼中情形，坚不吐实。奴才豫师因该匪确系贼目，饬令平番县监禁，严行拷讯。

臣等查陕匪崔三等大股盘踞平戎，我军数营防守，自碾至威，数百里穷山杂沓，本属单薄。此次贼匪大股猛扑县城，经碾军民团合力迎剿，以少击多，斩馘擒生，大挫凶锋，虽击毙逆首崔三，得自逃出难民之中，未卜确实。然众口相同，贼势因之不振，焚巢远遁，其穷蹙已可概见。现当西宁逼处贼薮，山险穷荒，又兼粮饷奇绌之时，仰赖圣主德威，所有〔六〕士卒皆能踊跃效命，可否择其尤为出力者，查明酌保之处，出自皇上逾格鸿慈。

又，据驻扎威远堡之管带靖西营总兵黄武贤报称：

"五月初七日卯刻，有马步贼匪数百名，在威远西南之丰乐沟、西吉沟突出滋扰，经黄武贤带队追剿，斩杀多名，该匪败遁，翻山而去。将所抢民间牲畜，全行夺回，饬主认领。六月十二日，西川石灰沟马步贼匪数百名，大肆抢掠，黄武贤复带队伍出城迎剿，追杀至山后而回，现于各隘派队严防"各等情，合并陈明。

所有陕匪连次窜扑，官军叠获胜仗，并踞匪远遁各情，理合联衔缮折，由驿五百里驰奏。伏祈皇太后、皇上〔七〕圣鉴训示。谨奏。

军机大臣奉旨："另有旨。钦此。"

校勘记：

〔一〕麕：底本为"麇"，据"首图"本、"国会图"本改。

〔二〕勇：底本为"力"，据"首图"本、"国会图"本改。

〔三〕击：底本为"袭"，据"首图"本、"国会图"本改。

〔四〕薄：底本为"扑"，据"首图"本、"国会图"本改。

〔五〕勇：底本为"力"，据"首图"本、"国会图"本改。

〔六〕有：底本、"国会图"本为"讫"，据"首图"本改。

〔七〕皇太后、皇上：底本阙，据"首图"本、"国会图"本改。

南川匪患檄张焕奎往援片

再，查西宁南川地方，向有穷民傍山踞险，零星庄堡颇多。前因地处偏僻，藉以苟全。近因平番、碾伯、威远大路一带，稍为完善之区，均经官军民团联络布置，该匪窜突受创，均陆续潜遁，至南川肆行抢掠。又兼河州马占鳌亲〔一〕赴该处，意欲预营狡穴，其金积逃来余匪颇多。内地奸回本已慑伏，经外匪煽动，复行助虐，以致南川小庄，多被焚掠，据地方官民禀报前来。奴才闻报，殊深焦灼。查南川地方尚过西宁郡城迤[1]西，鞭长莫及，奴才各部仅止数营，防剿三县之地，逼近贼巢，此时不但无力分军，即使抽拨孤军，远越西宁，深入穷山，既恐不能得力，而粮运艰阻，势尤难行。况贼计正欲诱我远出救援，后路空虚，趁势扰我完善，劫我粮道，大局更不可设想。前已据督臣左宗棠函许，抽拨得胜之军助剿，一俟厚〔二〕集兵力，再行设法布置。惟查丹噶尔地方，相离该川甚近，已叠檄该处团练总绅张焕奎就近往援。兹据文称，已拨派马勇四百名驰救矣。现闻左宗棠已派营务处陈湜进扎静宁督军，是狄、河一经进兵，则逆首马占鳌势必回顾老巢，贼众当自撤退，西宁大势，庶可保全也。知关圣廑，合并密陈，谨奏。

军机大臣奉旨："另有旨。钦此。"

注释：

[1] 迤：介词，相当于"往""向"。

校勘记：

〔一〕亲：底本为“视”，据“首图”本、“国会图”本补。

〔二〕厚：底本为“原”，据“首图”本、“国会图”本改。

附旨：

军机大臣字寄钦差大臣陕甘总督一等恪靖伯左（宗棠）、宁夏将军穆（图善）、西宁办事大臣豫（师）〔一〕：同治十年八月初一日奉上谕：“左宗棠、穆图善、豫师奏‘碾伯剿匪获胜，南川被匪窜扰’，左宗棠、穆图善奏‘堵击西宁贼匪’各折片，览奏均悉。陕匪崔三等窜扰碾伯之胜番沟等处，并扑碾城，经官军连日进剿，将贼击退，平戎一带肃清，剿办尚为得手，在事尤为出力各员，著左宗棠等查明保奏。该逆全股焚垒而遁，究竟窜往何处，著左宗棠、穆图善、豫师严饬各军，探明贼踪，合力搜捕，务绝根株。逆首崔三是否实系击毙，该大臣等确查具奏。西宁窜匪，四出窜扰窑洞等处，虽叠经擒斩，匪势仍属蔓延。左宗棠等务饬派出官军分投剿办，迅扫逆氛，并檄饬总兵黄武贤，严密布置，务将威远一带完善之地，妥筹保全。至金〔二〕县[1]、平番及省城附近各隘，著穆图善饬令带兵将弁实力巡防，毋稍大意。成禄在肃州收抚陕回，溃叛东下，甘、凉二府戒严，著左宗棠、穆图善即饬王仁和等加意防剿，如兵力尚属不敷，并著左宗棠酌量拨兵策应。阵亡之金县团总四品衔杨增全，著交部从优议恤。西宁南川一带村庄，时被贼匪焚掠，豫师以兵力难分，已函商左宗棠拨军助剿，即著该大臣酌拨得力队伍，前往协助。豫师即饬练总张焕奎，先行派队救援，以资保卫。宁、灵[2]一带，虽经肃清，惟闻甘、凉回匪勾结西宁汉回，屡扰平番、古浪等处，日久无可掠食，或由古浪之大靖土门越中卫而出边，或由镇番窜出边外。肃州之回，亦时由金塔寺[3]出边窜扰，若不豫筹堵截，恐各匪纷纷北窜，必致滋蔓难图。刻下大军进规河州，若以一军分扎镇番、金塔寺等处，断贼出边之路；若以一军驻扎平番，扼西宁贼匪出窜，兼护秦旺川[4]粮道，俾大兵专力河州，免致牵掣，似于局势较为周密。著左宗棠酌量情形，妥筹办理，将此由六百里各谕令知之。钦此。”遵旨，寄信前来。

注释：

［1］金县：今甘肃榆中县。

［2］宁、灵：宁，宁夏府，今宁夏银川；灵，灵州，今宁夏灵武。

［3］金塔寺：今甘肃金塔县。

［4］秦旺川：今名秦王川，甘肃兰州新区、永登东南部一带。

校勘记：

〔一〕底本为“钦差大臣陕甘总督一等恪靖伯左宗棠、宁夏将军穆图善、西宁办事大臣豫师”，“首图”本、“国会图”本原无诸人名，故将诸名加括号。

〔二〕金：底本为“全”，据“首图”本、“国会图”本、《清穆宗实录》改。

择尤酌保折附旨

同治十年八月□日 [1]

为遵旨择尤酌保，恳恩俯准鼓励，恭折仰祈圣鉴事：

窃奴才上年十月十六日承准军机大臣字寄同治九年八月二十九奉上谕："豫师奏'团勇会剿回匪，克复贼寨，及出省筹办后路'各折片。高寨、白马寺等处踞匪，现经豫师饬令团勇会同官军兜剿，该逆渡河而逸，立将高寨全沟克复，白马寺一带业已肃清，西、碾绅民捐资杀贼，尚属著有微劳，著准其择尤酌保，以示鼓励。钦此。"钦遵之下，奴才当即转饬统带靖西营西宁镇总兵黄武贤，就近确查实在出力绅民，开单去后。兹据该总兵查开衔名清折，请保前来。奴才覆加查核，尚无冒滥。内有靖西营弁勇，原系唐有彦管带怀义三营，解威远堡之围，继复于高寨、白马寺等会剿出力，其地方绅民俱是历年办团，堵剿认真，并捐备粮饷，尤为积著勤劳，深明大义。奴才谨缮清单，加具切实考语，恭呈御览。

其请拨千把外委，并请给翎枝各弁勇，饬造花名清册，咨送兵部查核。仅于清单后声叙总数，统祈圣恩俯准，分别给奖，饬部注册，俾资感奋。

除饬取各员弁绅民履历另行咨部外，所有遵旨择尤酌保缘由，理合缮折，由驿驰奏。伏祈皇太后、皇上〔一〕圣鉴训示。谨奏。

军机大臣奉旨："另有旨。钦此。"

注释：

[1] 针对本折之谕旨，《清穆宗实录》卷三百十九，系于同治十年九月十三日（庚子），故定此折呈于八月下旬。

校勘记：

〔一〕皇太后、皇上：底本阙，据"首图"本、"国会图"本补。

遵旨筹防甘凉肃〔一〕一带片

再，奴才于八月初一日，承准军机大臣字寄同治十年七月初六日奉上谕："前因甘肃甘、凉、肃一带兵力单薄，谕令左宗棠、穆图善派兵截剿。兹据奏称：'现在东西两山尚未肃清，南路亦须留兵驻扎，西宁、河州逆巢未扫，左宗棠现驻静宁，距西路遥远；穆图善所部兵勇，驻守省垣，分扎金县等处，均难抽拨。请俟河西肃清，零匪搜除净尽，再由左宗棠拨兵前赴西路’等语。甘、凉、肃地方紧要，亟应妥为设防。即著豫师、瑞云就现有兵力，于各该处紧要隘口，严密防堵，遇有匪徒窜入，即行实力剿击，毋任该匪蔓延。惟豫师、瑞云所部兵力无多，如有大股窜入，殊难堵御，仍著左宗棠、穆图善妥筹兼顾，如西路紧急，务于无可抽拨之中，设法派兵赴援，以资得力。将此由五百里各谕令知之。钦此。”钦遵。寄信前来。

奴才跪读之下，惶悚莫名。伏查西路甘、凉、肃一带，地方所属府厅州县，共计十一处，幅员极为辽阔，庄堡半属凋残，与西宁界址〔二〕毗连，山沟岔路，处处可通。诚如圣谕，奴才所部兵力无多，设狄、河大股穷寇突窜，极难堵剿。奴才祗奉以来，焦思熟计，窃以甘肃贼势，久如乱丝，若不审相形势，分别要害，步步稳慎，全力注之，必为贼计牵制，终非了局。督臣左宗棠自入甘以来，洞悉甘情，而且坚忍沉毅，审机决胜，变化从心，实能得用兵秘钥。此次由金积扫清东路，全力注于狄、河，三路进攻，以除心腹积患。是全甘转机，端在此举，河巢一拔，余则迎刃而解。若过分军兵力，必致钝滞，转为求速反迟矣。奴才每与论事，意见吻合。现河军正在吃紧，奴才虽当危迫，自〔三〕有极力撑持，俾左宗棠全力图维，以成大功，早纾皇上西顾之忧，是奴才之私愿也。目下自平番以至威远，数百里要隘，经奴才分防堵击，屡挫凶锋，贼胆已寒。料该逆穷败之余，纵有逃逸巨股，未必敢公然由此路出窜。惟恐绕路潜由巴燕戎格山后，直突西宁之大通，出扁渡口为甘、凉之永昌、山丹、镇番地方，是此处乃西路第一关键也。奴才已飞文咨会凉州镇总兵王仁和、甘州提臣杨占鳌，就现有兵力，相度紧要隘口，严密扼防。俟前路如何动静，再行会同瑞云随时相机商办，以期共济。昔汉臣诸葛亮云："成败利钝，非所逆睹。"奴才当此时艰，惟有力顾大局，竭尽血诚而已。

所有遵旨饬防甘、凉、肃一带筹办缘由，理合由驿五百里附片密陈。伏祈皇太后、皇上〔四〕圣鉴训示。谨奏。

军机大臣奉旨："另有旨。钦此。"

校勘记：

〔一〕肃：底本阙，据本折附旨折名增。

〔二〕址：底本为"地"，据"首图"本、"国会图"本改。

〔三〕自：底本、"国会图"本同，"首图"本为"惟"，皆可。

〔四〕皇太后、皇上：底本阙，据"首图"本、"国会图"本补。

附旨：

军机大臣字寄钦差大臣陕甘总督一等恪靖伯左（宗棠）、宁夏

将军穆（图善）、西宁办事大臣豫（师）、凉州副都统瑞（云）〔一〕：同治十年九月十三日奉上谕："豫师奏'筹防甘、凉、肃一带情形'等语。豫师接奉前旨，筹防要隘，所称自平番至威远各隘口，分投防堵，贼匪不能由此出窜，是已确有把握。即著责成豫师妥为布置，不得徒托空言。至由巴燕戎格山后，可达西宁之大通，出扁渡口，即系永昌、山丹、镇番地界。贼如绕窜此路，则甘、凉辖镜，均被骚扰，亟应加意严防。豫师已知照王仁和、杨占鳌等力挽要隘，以备不虞。仍著会商瑞云，随时防范，务臻周密，不可稍有疏懈。肃州收抚陕回，溃叛东下，甘、凉戒严。西宁匪徒，亦四出窜扰，西路几成贼薮，豫师未可以屡挫贼锋，稍存大意，尤当相机戒备，以卫地方。左宗棠仍当懔遵前旨，拨兵助剿，并著穆图善妥筹兼顾。将此由五百里各谕令知之。钦此。"遵旨，寄信前来。

校勘记：

〔一〕底本为"钦差大臣陕甘总督一等恪靖伯左宗棠、宁夏将军穆图善、西宁办事大臣豫师、凉州副都统瑞云"，"首图"本、"国会图"本原无诸人名，故将诸名加括号。

择尤酌保解运饷银军装出力员弁折附旨

同治十年九月□日

为援案择尤酌保解运饷银军装出力员弁绅士，恳恩俯准鼓励，恭折仰祈圣鉴事：

窃奴才自募立新军，统率西进，所有驻陕西征粮台提解筹济饷银及由川、陕采办护解铅药、器械，长途险阻，节节贼扰，委员等由外省分起管解，至兰州省城，交局员接收，至省局转解，仍藉[一]地方官绅设法筹办，驮载护运到营。该员等承办以来，迄今将及二年之久，各员弁长途裹粮绕越，不避危险，自行雇勇护解，遇贼即击，先后打仗伤亡夫勇数十余名，随时由局报明在案。而一切军饷、军装等项，均能防护接转，毫无贻误，实属积著辛劳。现据办理转运局务西宁府知府邓承伟，援照甘省历次转运委员给奖成案，开单禀恳，奏请奖叙前来。奴才详加查核，尚无冒滥。伏思甘肃地方，久经凋敝，长途漫无村舍，贼踪处处堪虞，较之他省转运情形已大不同。况西宁一路，深入边荒，尤为甘省之最，奴才孤军防剿，胥赖后路迢迢远道解运一切，以资军用，每遇提解差使，人人视为畏途，率多不敢承当，若不及时予以鼓励，恐愈无以资观感而期后效。再，查总办转运西宁府知府邓承伟，承办局务，催提转解，督饬各员弁，募勇杀贼，择道趱程，殚精毕虑，均能随时接转，俾各营军实，得以有资防剿无误，实由该员顾持之力，未便没其劳绩。奴才拟将花翎盐运使衔西宁府知府邓承伟，请以道员尽〔二〕先补用，以为竭力办公者劝。其余员弁绅士，谨择尤另缮清单，加具切实考评，一并可否吁恳天恩，俯准给予鼓励，俾益感奋之处，出自逾格鸿慈。

所有援案择尤酌保解运饷银、军装出力员弁绅士缘由，理合缮折，由驿驰奏。伏祈皇太后、皇上〔三〕圣鉴训示。谨奏。

军机大臣奉旨："该部议奏，单并发。钦此。"

校勘记：

〔一〕藉：底本为"籍"，据"首图"本、"国会图"本改。

〔二〕尽：底本为"仅"，据"首图"本、"国会图"本改。

〔三〕皇太后、皇上：底本阙，据"首图"本、"国会图"本补。

官军团勇于丹噶尔击贼获胜片

再，西宁南川踞匪白彦虎等股众，屡经奴才檄饬丹噶尔等处汉、番团众合力兜剿，昨据管[一]带靖西营总兵黄武贤并各路探报：该匪于八月初八日窜向郭密番地，抢掠牲畜，经该处番族，预为准备，会合各团夹击，贼众大奔，杀毙悍贼三百余名。初九日又分股往董家寨地方滋扰，总兵黄武贤带队驰往迎剿，贼众惊溃，追杀数十名，将所掠牲畜夺回，饬主认领。又初十日白彦虎率众窜向丹噶尔境内，行至东课寺地方，该寺僧番，协同汉团，四路埋伏，奋力截击，杀毙贼匪四百余名，夺获马匹、器械极多，并枪伤贼目白彦虎，铅子穿透两颊，余匪大败，狂窜归巢各等情。奴才闻报，当檄饬各番寺、民团、防军，联络雕剿，务使贼踪得尽。又平番迤西祥隆山峡，九月十七日，突有马步悍贼数百名窜出，经南庄各营，登时整队迎剿，歼毙贼匪十数名，生擒悍贼二名，夺获器械数件，余贼仍由山路狂奔，各营穷追十余里，始行收队回营。奴才现仍饬各军，严密布置，分隘堵防，以保无虞。

再，贼众因各处官军截剿受创，左宗棠大兵已次安定[1]，前军渡洮，声势震慑，所有西宁本地回族头目马永福[2]等六十四名，并米拉沟回目马良义等七名，先后在奴才行营呈恳乞降，投诚前来，是否真心，抑仍计在缓兵，尚难凭信。奴才于九月初六日，轻骑驰往安定左宗棠行营，面为密商，于十七日旋营。俟随机察势，办有端绪，再行会衔驰报。

所有官军团勇，击贼获胜暨各回目震惧呈恳情形，理合由驿五百里附片密陈。伏祈圣鉴。谨奏。

军机大臣奉旨："知道了。钦此。"

注释：

[1] 安定：今甘肃定西。

[2] 马永福：马桂源族叔，接替马文义任西宁回军首领。

校勘记：

〔一〕管：底本为"官"，据"首图"本、"国会图"本改。

附旨：

军机大臣字寄钦差大臣陕甘总督一等恪靖伯左（宗棠）、宁夏将军穆（图善）、西宁办事大臣豫（师）、凉州副都统瑞（云）〔一〕：同治十年十月二十七日奉上谕："瑞云奏'遵旨拨兵防堵要隘'一折。凉州地方辽阔，要隘甚多，现经瑞云将王仁和所部，分拨三营防守永昌等处。其郡城以南，亦经挑派旗、绿两营，安插各隘防堵，所筹尚属周妥。即著瑞云督饬派出各军，实力巡防，遇贼即击，毋稍疏懈。凉州兵力本单，除分防各路外，止剩王仁和马步二营。甘州之扁都口地方，亦时有贼匪窜突，凉防兵勇，遇有缓急，抽〔二〕调为难。瑞云已饬令王仁和添募二营，合满、汉兵勇防剿北路。所有该军粮饷，即著左宗棠饬令驻凉营屯局，就近拨发，以济军需。瑞云此次抽出旗、绿二营，官兵行营口粮，著一并饬令营屯局按月照支，毋令缺乏。如有贼股窜近，仍著穆图善就近拨兵应援，以固要地。平番县境各隘，著豫师督饬各军，认真防剿，不得稍有疏虞。瑞云在任多年，办理凉州一切事宜，尚为得力。现因抱病，有恳请开缺回旗之语。该副都统前次告病折件，并未递到。该处防务紧要，瑞云未可遽离。著穆图善就近派员查明该副都统病势如何，是否即能痊愈之处，迅速据实具奏。将此由五百里各谕令知之。钦此。”遵旨，寄信前来。

校勘记：

〔一〕底本为“钦差大臣陕甘总督一等恪靖伯左宗棠、宁夏将军穆图善、西宁办事大臣豫师、凉州副都统瑞云”，“首图”本、“国会图”本原无诸人名，故将诸名加括号。

〔二〕抽：底本为“押”，据“首图”本、“国会图”本改。

贼犯平番迎剿获胜折附旨

同治十年十二月□日

为贼匪合股猛犯平番县城，督军迎剿获胜情形恭折联衔驰奏，仰祈圣鉴事：

窃奴才豫师驻防平番一带，逼近米拉沟老巢，沟岔繁多，路路可通。现当败匪下窜之际，此击彼突，日夜奔逐，未敢稍有纵失。臣左宗棠、奴才穆图善，因剿河逆[1]，正在得手，曾经叠饬平番驻军，严密防范，遇贼即击在案。忽于十一月二十一日五更时，叠据卡探[2]报称，有米拉沟马贼二千余众，分股翻山出窜。奴才豫师闻报，当饬各营整队迎敌，仍恐贼众兵单，奴才豫师复亲带卫队一百名，驰往督战。行至离城五里余之河湾地方，遥见贼匪马队六七百名，在河滩往来驰骋，其背山沟隙，隐露锋刃。各军对河布阵，贼见我军单薄，竟敢冲突前来。当檄饬管带利建左营参将蔡正和，首先率队渡河，挫其前锋。复令统带南字营副将李正鲁，率部由下流渡河，夺其山隘。署庄浪营副将钟本起，直击中路。蔡正和奋不顾身，猛扑过河，冲入贼队。李正鲁随即绕截贼后，互相冲击，立毙贼匪数十名。该匪队伍散乱，败退香炉山沟，犹欲负隅抵死撑拒。钟本起率部扼住隘口，南、建两军分两路翻山，自上夹击，将山后伏贼打退，贼遂大乱狂奔，各军会合尾追入沟。复派总兵罗景扬、副将刘天云，带同利建前营队伍，随后策应。各军节节剿击，伤毙贼匪极多，其滚崖落涧，不计其数。直追杀二十余里，贼众远遁归巢。时天已向晚，当令收队回营。查点各军，仅阵亡勇丁一名，受伤十三名。

伏查此次击贼各军，皆因抽拨队伍防卡搜山，留营勇丁本属无多，贼众合伙突来，疾如风雨，各将士皆能踊跃用命，大挫凶锋。李正鲁、蔡正和尤能不避炮石，首先冲入贼队，以致该逆首尾不能相顾。钟本起独扼隘口，手杀多贼。均属奋不顾身，异常出力。可否吁恳天恩，将总兵衔尽先副将李正鲁、副将衔尽先参将蔡正和二员，请赏给勇号；提督衔记名总兵资勇巴图鲁钟本起一员，请赏换清字勇号之处，出自逾格鸿慈。

除臣等仍饬各营勤加侦探，严密防堵外，所有大股贼匪突扑县城，督剿获胜缘由，理合会衔，由驿五百里驰陈，伏祈〔一〕皇太后、皇上〔二〕圣鉴训示。谨奏。

军机大臣奉旨：“另有旨。钦此。”

注释：

[1] 河逆：指河州马占鳌统领的回族反清军。

[2] 卡探：卡又作卡伦，清代设在边防沿线和军事冲要处所的哨卡，卡探即卡伦派出的侦察兵。

校勘记：

〔一〕祈：底本为“气”，据“首图”本、“国会图”本改。

〔二〕皇太后、皇上：底本阙，据“首图”本、“国会图”本补。

攻毁炭山贼巢片

再，奴才豫师访得离平番县城一百六十余里之炭山地方，有贼巢一处，所有零星四路出窜之匪，皆归于此处窝伏。因密派管带众正营千总何得彪，由连城土司[1]地方抄路暗袭。何得彪遵即于十月二十三日，挑选劲勇一百五十名，黹夜翻山越涧，于黎明时驰抵该处，见贼匪约有四五百名，果未设备，立时惊扰。何得彪率勇喊杀，贼众马不及鞍、人不及械，经我军四面追杀，共计歼毙贼匪九十七名，夺获骡马一百十四匹，军械无算，遂将贼垒平毁。查点我勇阵亡一名，受伤二名。由该营派弁，将割获耳记呈验前来。

除仍饬其密为探剿外，所有攻毁炭山贼巢情由，理合附片驰陈，伏祈圣鉴。谨奏。

军机大臣奉旨：“知道了。钦此。”

注释：

[1] 连城土司：元灭，忽必烈孙脱欢在河西降明，被安置于庄浪卫连城。二世巩人世杰永乐元年（1403 年）因军功封为百户。三世以军功升为庄浪世袭掌印土司指挥使，敕姓鲁，遂称连城鲁土司。鲁土司衙门在今永登县连城乡，为全国重点文物保护单位。

请加封阿嘉呼图克图片

再，在丹噶尔圆寂之塔尔寺阿嘉〔一〕呼图克图[1]，前于同治元年[2]由京旋寺，适值回匪〔二〕作乱，经原任西宁办事大臣玉通饬令举办团练，所有西宁五川七族被害难民，多有逃归该寺，该呼图克图均各给予口食，俾全性命。回贼屡犯寺宇，该呼图克图亲冒矢石，督带团勇，极力悍卫，保全佛寺，护救难民，并援解西宁城围。奉派出口，自备赀斧，调集番民，助剿贼匪，前后共历六年之久，昼夜勤劳，叠著功勋，以致积劳成疾，在丹圆寂。丹噶尔士民以该呼图克图生前种种劳绩未便湮没，连名禀由兼署丹噶尔同知刘肇瑞、护镇海协营副将王昇详请具奏追奖前来。

奴才覆查该呼图克图生前举办团练，保全佛寺，护救难民，援解西宁城围，调集番兵助剿，洵为叠著劳绩，可否吁恳天恩，赏加封号，以慰忠灵，而遂舆望之处，出自圣主逾格鸿施。理合附片奏陈，伏祈慈鉴[3]训示。谨奏。

军机大臣奉旨："该衙门议奏。钦此。"

注释：

[1] 阿嘉呼图克图：此为第四世阿嘉呼图克图，名益希克珠嘉措，于1817年坐床，1869年圆寂。

[2] 同治元年：公元1862年。

[3] 慈鉴：指请慈禧太后考虑。

校勘记：

〔一〕嘉：底本为"嘉"，"首图"本、"国会图"本为"家"，音同，不改。

〔二〕匪：底本为"贼"，据"首图"本、"国会图"本改。

附旨：

同治十年十二月二十八日内阁奉上谕："左宗棠等奏贼扑平番县城迎剿获胜一折，甘肃米拉沟贼匪分股翻山出窜，经豫师亲率队伍，驰往督剿，贼在平番城外河滩，往来驰骋。参将蔡正和等分路截击，立毙贼匪数十名，贼遂败溃。官军会合进剿，歼毙甚多，剿办尚为奋勉。所有出力之副将李正鲁，著赏给强勇巴图鲁名号；参将蔡正和，著赏给固勇巴图鲁名号；总兵钟本起，著赏换哈福巴图鲁名号，以示鼓励。该部知道。钦此。"

会奏西宁土客回众求抚派员办理折〔一〕附旨

同治十一年二月□日

为西宁土客各回[1]求抚，现委道员前往察看办理情形，恭折具陈。仰祈圣鉴事：

窃臣等前据署理西宁府知府马桂源禀，据西宁各厅县老民头目马永福等呈称“西属回众，以封斋起衅，兵燹十年，其间良莠不一，现在认真改过，乞赐抚绥，请委大员来宁查办”等情，并准西宁办事大臣豫师咨同前因，当以回情反〔二〕覆，不敢稍涉迁就，拟预定受抚款目，观其能否遵行。咨准豫师覆称，款目内已量增数条，俟马桂源回宁时，会列三衔出示，令其带往晓谕，并委员会办。臣等覆加参核，尚称周密。又据马桂源详：据大通县回目禀请委员验收马匹、器械，其情词迫切，与府属公禀略同，自应并饬委员同时办理。查道员冯邦棅，为化平抚回所信服，陈霖赴西宁时，转相告语，该属回众，顷慕更殷〔三〕。此次陈霖接崔三[2]等来函，央求冯邦棅前往受抚，西宁抚局自应并饬察看办理，以免纷歧。

所有西宁土客各回求抚，现委道员冯邦棅前往办理缘由，谨会同西宁办事大臣豫师合词具奏。伏乞皇太后、皇上〔四〕圣鉴训示。谨奏。

注释：

[1] 土客各回：土回，指西宁各厅县起事回军；客回，指河州、陕西、宁夏等外来的起事回军。

[2] 崔三：陕西回军首领。

校勘记：

〔一〕折：底本为“片”，据“首图”本、“国会图”本改。

〔二〕反：底本为“及”，据“首图”本、“国会图”本改。

〔三〕殷：底本为“毁”，据“首图”本、“国会图”本改。

〔四〕皇太后、皇上：底本阙，据“首图”本、“国会图”本补。

附旨：

军机大臣字寄钦差大臣陕甘总督一等恪靖伯左（宗棠）、宁夏将军穆（图善）、西宁办事大臣豫（师）、乌鲁木齐提督成（禄）〔一〕：同治十一年三月初二日奉上谕：“左宗棠、穆图善奏〔二〕官军叠攻太子寺[1]情形，请将弃营各员分别惩办，并西宁土客各回求抚，现筹办理各折片。甘南[2]官军进攻太子寺贼巢，两次失挫，伤亡将士多至二百余人，览奏曷胜愤懑。记名提督甘肃凉州镇总兵傅先宗，著交部照提督阵亡例议恤。记名提督前广东高州镇总兵徐文秀，著交部照提督阵亡例议恤，并于死事地方，建立专祠。其同时殉难之总兵郑守南、李其祥、杨文林、刘笃志，副将卢才华、王福昌，参将吴明胜，游击陈东海，都司李相南、张有才、舒有贵，均著交部，各照所保官阶，从优议恤，并附祀徐文秀专祠，以慰忠魂。

"傅先宗所部营哨官副将田大胜，参将李天禧，都司徐正华，千总张承前、文志懿、熊得胜，当徐文秀力援苦战时，弃营先遁，致徐文秀等势孤战殁，实属罪无可逭。著左宗棠将该员等即在军前正法，以昭炯戒。记名提督河州镇总兵王得胜、补用总兵朱运广、记名提督彭忠国，不能严督所部，实力堵御，实属庸懦无能，均著革职留营，以观后效。提督杨世俊因粮路隔绝，移营退扎，情尚可原，惟于徐文秀力战时，未能迅速援剿，亦有应得之罪。姑念其平时打仗勤奋，著革去勇号，褫去黄马褂[三]，降为参将，留营带队，以示薄惩。

"至办回之法，原应剿抚兼施，惟须大加惩创后，网开一面，使知畏威怀德，方为一劳永逸之计。此次官军叠次失挫，贼势方张，忽复遣党投诚，难保不首鼠两端，阴怀诡计。现在虽已陆续呈缴马械，左宗棠仍当察看情形，妥慎筹办，以免后患。所有新调各军，著饬与前敌诸营联络一气，严为戒备，勿为奸回所乘。西宁土客各回及陕回崔三等，均各乞抚，是否出自真心，并著左宗棠、穆图善、豫师督饬道员冯邦棅前往察看，相机妥办，毋稍迁就。

"左宗棠另片奏：徐占彪抵肃后剿贼情形，览奏已悉。该提督拟先扎营肃州城南之红水坝，遏贼南窜之冲，并调马步各队，由凉州拔赴高台，进规肃城。著左宗棠檄令激励将士，迅拔坚城，毋任久踞。刻下肃州军务，既有徐占彪一军，足资剿办。成禄所部军粮，可敷数月之食，该提督即当拔队起程，迅速出关，不得再涉迁延。其出关后需用粮食，应如何源源接济，俾无缺乏之虞，仍著咨商左宗棠妥筹办理。曹克忠饷项，前已寄谕李鸿章宽筹接济矣。将此由六百里各谕令知之。”遵旨，寄信前来。

注释：

[1] 太子寺：在今甘肃临夏广河县，时为临夏马占鳌回军最后坚守的据点，左宗棠军1872年1月逼近太子寺，双方激战数月，清军屡屡失利，死伤严重。在大胜之后，马占鳌派其子马安良等人前往安定向左宗棠求降，后又亲自赴清军大营“请罪”，交出骡马、枪矛，正式投降。左宗棠将投降回军改编为三旗马队，参与镇压西宁等地的回军。

[2] 甘南：因临夏位于甘肃省城南边，故称甘南，与今之甘肃省甘南藏族自治州无涉。

校勘记：

〔一〕底本为“钦差大臣陕甘总督一等恪靖伯左宗棠、宁夏将军穆图善、西宁办事大臣豫师、乌鲁木齐提督成禄”，“首图”本、“国会图”本原无诸人名，故将诸名加括号。

〔二〕奏：底本为“奏报”，据“首图”本、“国会图”本删“报”字。

〔三〕褂：底本为“挂”，据“首图”本、“国会图”本改。

汇报各军剿贼获胜情形折

同治十一年三月初六日

为汇案将驻防各军团勇屡次剿贼获胜情形，恭折具奏，仰祈圣鉴事：

窃奴才驻军分防平、碾一带，密迩贼巢，正值河匪、陕寇分窜之际，当经奴才随时严饬各军，筹布堵剿，并分饬西宁各属汉番民团，一体并力遏截狂氛。除将历次紧要战事，随时奏报，并时常零星窜匪，小有斩擒不计外，查于同治十年十月十二日，据署贵德厅同知刘肇瑞等会详：八月十二日西宁南川陕匪五六千人，过山在贵德之江拉、尕壤沟等处焚掠，并攻义汛营堡，前股直窜阿什工等处，逼近城河，随带皮筏，意欲渡河，夺取贵德，并由南路哈拉库图一带，攻扑丹城。署贵德营游击魏国恩调汉、番兵勇沿河防堵，派民千总邓连喜管带兵团七百名过河剿击。署贵德同知兼署丹噶尔同知刘肇瑞由丹派团总陈洛藏带马队四百名，赴德助剿，派团总王重斗等各带汉、番民勇，分路扼扎堵击。十三日贼在尕壤沟内，依山盘踞，分股围攻。亦杂什营邓连喜督带兵勇会合尕壤沟汉、番民人直扑贼营，当将该匪击败。杀毙悍贼三十余名，夺获皮筏四百余个，骡马十三匹，衣服、器械多件。查点我勇阵亡四名，带伤者十余名。适陈洛藏所带马队亦到。该匪两路受创，遂弃义汛遁去，亦杂亦得解围。十八日，贼匪马步四千余人阑〔一〕入丹境，在日月山根草地盘伏，分往巴里观等处抢掠。刘肇瑞会同护镇海协副将王昇催调兵勇，于十九日合力兜击，大获全胜，杀贼三百余名，夺获贼马七十余匹，衣服、器械无算。夺获洋炮八位，洋枪十余杆，火药、白面[1]、料豆四驮，并将伪大帅余逆之子二名枪毙，伪虎大人名白彦虎亦头带枪伤二处，伪毕大帅腿带枪伤一处。我勇带重伤者二十四名。二十二日，贼匪复率六七千人，仍由原路前来，在日月山南台一带，连扎贼垒十余座。该处离青海甚近，是夜海风大作，天降大雪尺余，黑雾漫天，昏不见人。我军乘雾遥用枪炮喊击，该匪惊遁，自相践踏。次日踏雪往探，见该匪遗尸，并自将矛、帐杆折烧烤火形迹等情。又十二月十六日，据办理营务处候补知府达昌禀报：十三日管带利建前营游击张鸿发、管带众正营把总何得彪，随同护解饷银赴碾，行至蒲沟湾地方，忽由湾后扑出骑马贼三百余人，步贼一百余人。张鸿发督队迎[二]击，何得彪带队绕从山后包抄，贼队登时大乱，杀毙骑马贼目二名，生擒二名，夺获骡马九匹，长矛十三杆，叉枪一杆，张鸿发在前面枪伤马贼数十名。该匪两面受敌，大败而逃。正追杀间，又突出伏路马贼四五十名。我军分队迎敌，枪伤落马十余名，因前面有涧沟一道，不能直冲，鏖战一时[2]之久，复伤数贼，该匪遂向山后远逸。又十一年正月二十日，据代理碾伯县知县童永基等会报：初七日有贼匪三四十骑，由大硖窜出，在距碾伯县城十余里之杏园、达子湾一带纷驰。我军会合出队堵击，行至距城十里之红崖头地方，正遇该匪前来，总兵李大成督同众正营将卒扑入贼队冲击，贼势不支，倒戈退走。我军奋力追击，将到达子湾暨[三]杏园地方，忽从空庄内及靠山深谷中，拥出埋伏马贼五百余名，围扑我军。适各营队伍相继齐集，前后交攻，枪炮互击。自辰至午，鏖战多时，该匪向后败退，我军追及二里，又见前面雨润堡破庄内，跳出赤身步贼二百余名，直扑而来，前贼亦反噬相向，总兵李大成、委员温怀璋激励士卒，向前力敌。碾伯县童永基饬催弁勇，向贼势坚厚处，放炮轰击。又值江宗弼、杨应昌、童振声、尕生彦等带勇在左右两边，据高埠扼要之地，喊声助杀，贼遂败，由大硖西口夺路狂奔，我军乘胜掩杀，约杀悍贼八九十名，砍落贼手、贼臂及腹背受伤者甚多，夺获贼马十匹，洋枪八杆，刀矛无算。该匪遁往大硖之河滩、张其二寨窝伏。查点我军阵亡勇丁一名，受伤者三名。初八日五鼓，童永基等先令江宗弼、杨应昌带领原拨勇民，乘黑出城，迳到达子湾夹山内埋伏。又令童振声、尕生彦等带领原拨勇民，乘黑出城，先将沿河窄处冰桥打破，然后埋伏该处空庄内。李大成、温怀璋仍同利建前营、众正营原队出城，在达子湾一带诱敌。童永基带领防勇民勇，在红崖头沟口埋伏。该匪马步七八百人，从大硖蜂拥而来，直抵达子湾地方。李大成率勇迎敌，且战且退，将贼队引入红崖头宽敞之处，伏兵齐出，四面兜击，江宗弼等带领伏勇，在红崖头涧沟隘口截住去路。该匪一齐奔至河沿，拣冰桥窄处窜命，被童振声等带勇在对河堵截，后面官军追杀甚紧，该匪众一齐拥集冰桥，春冰既薄，又因打裂，忽尔踏陷七八丈宽，将贼连人带马堕入冰窟者，不计其数。又在河沿两边杀毙贼匪三十余名，夺马三匹，器械多件，余贼舍命争过河南，从南大路狂奔远飏。又二月初九日辰刻，有马步贼分股窜至大、小古城一带，抢掠农民耕种牲畜，利建中营、前营，众正营会合碾伯防勇门勇出队夹击，伤毙贼匪甚多，余匪分路败窜而去。二月初十日，据利建右营游击周兴禄禀报：该营护送车辆赴秦王川，道经三间庙地方，突遇贼匪麕聚，杀毙马夫二名，抢去紧要公文等件。正在披猖之际，周兴禄亲带马步队伍，飞往冲击。该匪因见官兵骤至，突出意外，立时惊逃，当经追杀，翻越三道岭头，贼匪四窜无踪。除得获军械、马匹等件外，仍将各路限行紧要公文五百四十余件，概行夺回。我勇阵亡一名，受伤四名各等情前来。

除由奴才仍分饬各该官军、团勇加意严防扼击外，理合将屡次获胜情形，汇案由驿五百里驰陈，伏祈皇太后、皇上〔四〕圣鉴训示。谨奏。

军机大臣奉旨："览奏均悉，仍著分饬各军，随时严密防剿，毋稍松懈。钦此。"

注释：

[1] 白面：指小麦粉。

[2] 一时：时为时辰，一时约当今两个小时。

校勘记：

〔一〕阑：底本为"闯"，据"首图"本、"国会图"本改。

〔二〕迎：底本为"立"，据"首图"本、"国会图"本改。

〔三〕暨：底本为"既"，据"首图"本、"国会图"本改。

〔四〕皇太后、皇上：底本阙，据"首图"本、"国会图"本补。

择尤酌保出力员弁绅董片

再，奴才自同治九年四月二十三日，遵奉谕旨，募立新军，陆续分防碾、平，并饬各处汉、番团众，一体整顿。助剿以来，地逼河、米老巢，逆匪逐日窥伺窜突，大小共经数十战，各将士等均能踊跃用命，以少胜多，迄历数载，从未贻误，叠经奏报在案。查西、碾本系边瘴之区，乱山榛莽，雪窖冰天，又因饷源涸竭，军用奇艰，而在事员弁绅董，耐劳耐苦，或身先士卒，冲锋陷阵，或督率堵扼，夜伏昼防。贼复如鬼如鼠，沙晨雪夕，投间抵隙，每有少〔一〕纵即逝之虞，况官军一经全神贯注，长年罔懈，贼匪无隙可乘，不敢公然肆突，则用力愈多，战事转少，是防军较征军尤为吃力。现时河州未平，防剿正紧，所有该防出员弁绅董，若不及时量加保奖，窃恐日久生懈，无以昭激劝而励众志。可否吁恳天恩，俯念西路危局孤军，士卒久困，准由奴才择其尤为出力者，查明酌保之处，出自愈格鸿慈。

奴才为鼓励军心起见，是否有当，理合附片沥情具奏，伏祈圣鉴训示。谨奏。

军机大臣奉旨："著准其择尤保奏，毋许冒滥。钦此。"

校勘记：

〔一〕少：底本为"小"，据"首图"本、"国会图"本改。

酌保出力员弁折附旨

同治十一年三月十八日

为遵旨择尤酌保出力员弁绅团，联衔恭折具奏，仰祈圣鉴事：

窃臣等于同治九年十二月初九日会衔具奏：大股逆匪突犯碾伯县城，经官军迎剿，大获全胜一折，于十年二月初四日，承“准军机大臣字寄同治十年正月初八日奉上谕：‘击退扑犯碾伯贼匪在事出力各员，准由左宗棠、豫师择尤保奏等因，钦此。’遵旨，寄信前来。”钦遵之下，当即转饬代理碾伯县知县童永基、管带利建中营参将李春海等，确查各营出力员弁，并地方出力绅团，开单去后。兹据该员等查开衔名清〔一〕折，请保前来，臣等覆加逐细核汰，择其在事尤为出力者，谨缮清单，加具切实考语，恭呈御览。其请拔千把外委，并请翎枝弁勇，饬造花名清册，咨送兵部查核，仅于清〔二〕单后声叙总数，统祈圣恩俯准，分别给奖，饬部注册，俾资感奋。

除饬取各员弁绅民履历另行咨部外，所有遵旨择尤酌保缘由，理合联衔缮折，由驿驰奏。伏祈皇太后、皇上〔三〕圣鉴训示。谨奏。

军机大臣奉旨：“另有旨。钦此。”

校勘记：

〔一〕清：底本为“请”，据“首图”本、“国会图”本改。

〔二〕清：底本为“请”，据“首图”本、“国会图”本改。

〔三〕皇太后、皇上：底本阙，据“首图”本、“国会图”本补。

会办西宁抚案并米拉沟等处回目缴械情形片

再，同治十一年三月十五日，承“准军机大臣字寄同治十一年三月初二日奉上谕：‘西宁土客各回及陕回崔三等均各乞抚，是否出自真心，并著左宗棠、穆图善、豫师督饬道员冯邦棟前往察看，相机妥办，毋稍迁就等因，钦此。’遵旨，寄信前来”。奴才钦遵之下，仰见朝廷宽大，法外施仁，曲加保全之至意。

奴才伏查此案，前因左宗棠大军渡洮[1]，声势遥摄，兼之奴才各营，并番、土团勇，联络截剿，贼胆既寒，窘困震恐，屡次投递哀禀求抚。叠经奴才严切批饬，交署西宁府知府马桂源传集晓谕，该回众似有觉悟之机。其米拉沟亦复屡投恳禀，是以奴才于去秋九月间，轻骑赴左宗棠军营，密商办法，曾经奏报在案。嗣后又因抚回陈霖等至境，该众愈加信服。十二月，马桂源代禀恳恩，并求调取来营面禀一切情形。奴才遂商同左宗棠、穆图善将马桂源调营，细为察询情节，似尚可信，当即会同左宗棠等酌议章程十二条，并商由左宗棠派委道员冯邦棅驰往，会同地方官，妥为照章筹办。诚如圣谕，不可稍有迁就，致贻后患。

三月十三日〔一〕米拉沟回目冶成林、马如林、冶成才、马玉，西马营回目马伏林、马才果，住上川口平番难回沙成、马中选，住下川口兰州难回海有伏等，带同散众一百余名，携运呈缴马匹、器械多件，由响塘硖[2]而出，赴奴才军营恳求抚事，经何得彪堵击，伤毙三名，察明情节，当即放过。十五日，马桂源带领来营。奴才面加察讯，据该回目等供称：现闻西宁就抚，河州亦办投诚。该回众处居其中，孤立难存，是以情急危惧，真心乞命等词。

奴才查该回目，前虽屡次递禀，究未亲身前来。此次头人竟敢坦然来营，情词哀切，自应准交道员冯邦棅归西宁抚案，一并办理。

其果能否遵从，除俟有定局，另由左宗棠会衔奏报外，所有遵旨会办西宁抚案，并米拉沟等处回目来营呈缴马械情形，理合先行附片密陈，伏祈皇太后、皇上〔二〕圣鉴。谨奏。

军机大臣奉旨："另有旨。钦此。"

注释：

〔1〕渡洮：渡过洮河，指左宗棠军即将对太子寺河州回军展开总攻。

〔2〕响塘峡：今青海乐都享堂峡。

校勘记：

〔一〕十三日：底本、"国会图"本为"十三日"，"首图"本为"十二日"，不改。

〔二〕皇太后、皇上：底本阙，据"首图"本、"国会图"本补。

请开复已革知县玉昌知州李德舆原官片

再，查已革湖北即用知州云梦县知县玉昌，已革花翎运同衔甘肃肃州直隶州知州李德舆二员，先后来奴才军营报效。询据玉昌禀称：系前在云梦县任内，经前兼署湖北抚臣李鸿章以该员纵容差保，办案草率，于同治八年六月奏参革职。询据李德舆禀称：系前在署张掖县任内，经前署陕甘督臣穆图善以张掖县渠民聚众滋事一案，该员会营酌带兵勇，出城弹压，办理失宜，于同治九年四月奏参革职各在案。该二员以甘肃现值军务孔殷，自顾年力正强，不甘废弃，恳请随营效力。维时奴才正立新军，进扎西、碾，在省员弁，人人视为畏途，差遣实属乏员。察看该员等，人俱朴实，当即留营差用。嗣复分派督同各营剿贼，均能奋勇当先，亲冒矢石，不避危险，叠次著有战功。合无吁恳天恩，准将已革湖北即用知州云梦县知县玉昌开复升阶原官，留甘以知县补用；已革花翎运同衔甘肃肃州直隶州知州李德舆开复原衔原官，并赏还翎枝，仍归甘肃原省补用。再该二员现在效力穷边，异常艰窘，并恳恩准免缴捐复银两，出自逾格鸿慈，谨附片具奏。伏祈皇太后、皇上〔一〕圣鉴训示。谨奏。

军机大臣奉旨："吏部议奏。钦此。"

校勘记：

〔一〕皇太后、皇上：底本阙，据"首图"本、"国会图"本补。

附旨：

军机大臣字寄钦差大臣陕甘总督一等恪靖伯左（宗棠）、宁夏将军穆（图善）、署陕西巡抚邵（亨豫）、西宁办事大臣豫（师）〔一〕：同治十一年四月初三日奉上谕："邵亨豫奏陕边近日防剿情形，并探闻甘省军情一折：安边、定边地方，均有贼骑数百扰及，虽经官军击败遁窜，惟我军亦有伤亡，且逆踪飘忽靡常。北山与甘省毗连，处所逼近边墙[1]，草地游匪，时虞窜越。即著邵亨豫督饬延、榆、绥[2]镇道将北山一带防务实力筹办。并著严饬谭仁芳管带所部，克日拔赴延安一带，相机防剿，勿稍松懈。勇队之不得力而扰民者，迅即妥为裁撤，腾出经费，调募得力勇营，以资镇抚。延、榆各属，本系地瘠民贫，亟应檄饬该管道府，督率牧令，招抚流亡，广为开垦。州县优劣，即于是分，毋得有名无实。

至回逆投诚一节，叠谕左宗棠察度妥办，兹据邵亨豫奏：'探闻河州、西宁回目先后乞抚，呈缴马械甚多。回酋马占鳌等四人，各质其子。陕回崔三、禹得彦等自肃州败窜，亦赴西宁投诚。惟狗齿牙一股，不肯归降。现败窜庆、泾[3] 交界之驿马关'等语。回族众多，原无尽剿之理。惟性情反覆无常，时虞挟诈，不可不防。仍著左宗棠、豫师体察情形，妥慎办理。近日抚局有无端绪、如何办法，并著随时详细奏闻。前敌后路，仍应加意严防，慎毋为贼所乘。其狗齿牙一股，著左宗棠、穆图善饬令雷正绾等督军痛剿，迅歼丑类。庆、泾接壤陕省，邵亨豫尤当严饬在防各军实力堵御，勿任窜越。将此由五百里各谕令知之，钦此。"遵旨，寄信前来。

注释：

[1] 边墙：明清时称长城为边墙。

[2] 延、榆、绥：延安、榆林、绥远。绥远，今内蒙古呼和浩特市。

[3] 庆、泾：庆州，今甘肃庆城；泾，泾州，今甘肃泾川。

校勘记：

〔一〕底本为"钦差大臣陕甘总督一等恪靖伯左宗棠、宁夏将军穆图善、署陕西巡抚邵亨豫、西宁办事大臣豫师”，“首图”本、“国会图”无诸人名，谨将诸名加以括号，以方便阅读。

附旨：

军机大臣字寄钦差大臣陕甘总督一等恪靖伯左（宗棠）、西宁办事大臣豫（师）〔一〕：同治十一年四月初六日奉上谕：“豫师奏办理西宁等处抚案情形等语，西宁回匪及陕回崔三等乞抚，业经左宗棠等酌议章程，派道员冯邦棅前往筹办。现在米拉沟等处回目冶成林等，复带同党众，赴豫师军营呈缴马匹器械，已交冯邦棅一并办理。该回众等情急乞命，虽似可信，惟向来抚贼之法，难于剿贼，非办理尽善，必贻后患。左宗棠、豫师务当懔遵叠次谕旨，督饬冯邦棅体察情形，妥慎筹办，不得稍涉大意，俟办有端绪，即行据实奏闻。将此由五百里各谕令知之。钦此。”遵旨，寄信前来。

校勘记：

〔一〕底本为“钦差大臣陕甘总督一等恪靖伯左宗棠、西宁办事大臣豫师”，“首图”本、“国会图”无诸人名，谨将诸名加以括号，以方便阅读。

遵旨择尤酌保折附旨

同治十一年四月二十五日

为遵旨择尤酌保恳恩俯准鼓励，恭折仰祈圣鉴事：

窃奴才于本年三月初六日奏“恳恩准择保历年防剿叠著战功出力员弁绅董”一片，四月十三日奉到批回，“军机大臣奉旨‘著准其择尤保奏，毋许冒滥，钦此’。”钦遵之下，仰见圣主廑念西陲艰局，激励军心之至意。

奴才遵饬营务处将各防营实在出力员弁绅董查明开报去后。兹据办理营务处知府达昌开具详册，请保前来。奴才悉心核汰择尤，谨缮清单，加具切实考语，恭呈御览。其请拔千把外委，并请翎枝弁勇，饬造花名清册，咨送兵部查核，仅于清单后声叙总数，统祈圣恩俯准，分别给奖，饬部注册，俾益感奋。

除饬取各员弁绅董履历另行咨部外，所有遵旨择尤酌保缘由，理合缮折由驿驰[一]奏，伏祈皇太后、皇上[二]圣鉴训示。谨奏。

军机大臣奉旨：“另有旨。钦此。”

校勘记：

〔一〕驰：底本为“弛”，据“首图”本、“国会图”本改。

〔二〕皇太后、皇上：底本阙，据“首图”本、“国会图”本补。

续报抚办情形片

再，同治十一年四月十八日承“准军机大臣字寄同治十一年四月初三日奉上谕：（旨已见前，此处从略）”。

奴才跪读之下，仰见圣明洞照，无微不烛之至意。

奴才伏查此案，前经会商左宗棠派委道员冯邦棣办理西宁抚案，并米拉沟等处回目来营求抚，呈缴马械情形，已于三月十八日附片密陈在案。十九日，道员冯邦棣由省来平，当即饬将米拉沟、西马营暨住上、下川口回目冶成林等九名，切实察讯情形，妥为照章办理，毋稍迁就。旋据该道面禀，于次日传到回目等，当谕以首先缴尽马械，次第照章实力奉行等语，该回目等泣拜懔遵。反覆研究，情词尚属真诚，即时在平缴马五十九匹，枪五十八杆，矛三十四根，其余恳求俟冯邦棣到碾伯后，就近陆续呈缴。四月初六日，冯邦棣由平番进抵碾伯，次日即据住川口之陕回宋全德呈送户首花名百余名到碾，经冯邦棣饬令仍回川口，将马匹枪械及男妇大小户口册籍，逐细分造，呈缴点验。初九日，由军功马振凤带到西山一带窝伏之于海潮、马意思儿、宋全德等十人。初十日，又由军功马化凤、杨春泰带到陕回崔三伙内之马世魁、禹得彦伙内之禹召林、邹宝和伙内之马占鳌等共二十余人，均经讯明后，仍令各回原处，听候查办等情。先后据冯邦棅呈报前来。奴才遵当随时会商左宗棠，督饬冯邦棅妥慎踏实办理，不敢稍涉迁就，致贻后患。现时抚局未定，回性多诈，诚恐各营因闻就抚一事，稍有疏懈，致为所乘。已叠次严饬营团员弁绅董，格外昼夜加劲严防，毋得稍事大意。总之，此局必须军威严重，布置稳固，使知我军足以致其死命，无所施其奸计，然后抚事自能俯首，就我范围也。

除俟办理有绪，另由左宗棠会衔奏报外，理合将现在情形先行由驿五百里附片覆陈，伏祈皇太后、皇上〔一〕圣鉴。谨奏。

军机大臣奉旨："另有旨。钦此。"

校勘记：

〔一〕皇太后、皇上：底本阙，据"首图"本、"国会图"本补。

附旨：

军机大臣字寄钦差大臣陕甘总督一等恪靖伯左（宗棠）、西宁办事大臣豫（师）〔一〕：同治十一年五月十三日奉上谕："豫师奏

‘现筹办理陕回就抚情形’等语，道员冯邦棅由平番进抵碾伯，陆续将陕回宋全德等呈缴马匹、枪械、户口册籍分别点验，其军功马振凤等带到回伙于海潮、马世魁、禹召林等均经饬回原处，听候查办。著豫师随时会商左宗棠，督饬冯邦棅妥实办理，不得稍涉迁就，致贻后患。回情狡诈，诚恐各营因办抚或形疏懈，转为该逆所乘。左宗棠务当懔遵叠次谕旨，体察情形，将河州、西宁各回抚局妥慎筹办，并严饬前敌后路各军，加意防范，毋稍大意。近日办理情形，并著随时详悉具奏。将此由五百里各谕令知之。钦此。”遵旨，寄信前来。

校勘记：

〔一〕底本为“钦差大臣陕甘总督一等恪靖伯左宗棠、西宁办事大臣豫师”，“首图”本、“国会图”无诸人名，谨将诸名加以括号，以方便阅读。

搜平巴家台贼巢生擒首逆折附旨

同治十一年六月十一日

为搜平巴家台贼巢，生擒首逆情形，恭折联衔驰奏，仰祈圣鉴事：

窃平番红城上下一带，乱山丛沓，势极辽阔。近有各处逃来零匪，纠聚窝伏，不时分窜滋扰。经奴才豫师督饬各营，随时追剿，叠有斩擒。惟该匪恃其山险荒绝，官军不能深入，投间扰突，士卒奔疲，迄无休息。臣等函商，非严饬各营密探贼众窝伏处所，绝其根株，不足以清逋[一]逃渊薮。嗣经探得红城后山七十里之巴家台地方有苏家西儿，即苏伪大帅，啸聚各处不愿投诚悍贼，据为窝巢，百十成群，四出剽掠等情。当将擒获之陕匪李郭五儿研究，情词相同。奴才豫师查巴家台山路险陡，离腹地穹远，若多队声张，必致惊窜无及，队少又虑为其所截。因密饬利建右营参将周兴禄，选带本部耐战劲勇，裹粮卷旗，潜往抄袭，以期聚歼，去后。兹据该参将周兴禄禀报：遵于五月二十三日五鼓时，选带得力弁勇，潜往兜击。及至逼近巴家台山头，望见贼庄炊烟造饭。我军登时扑下，该匪惊觉。村口突出悍贼甚夥，先来拒敌。我军一面猛攻，一面分军，由庄后夹击，贼众拥挤，夹巷不能突出，鏖战两时之久，始行杀入庄内。守备刘定国首先将苏伪大帅即苏家酉儿擒获，贼众大乱。同时共擒党目一十八名，其余悉皆歼毙，仅有贼党七名于酣战时乘间翻墙滚沟逃逸。当将贼巢扫荡尽净，其马匹、器械，尽行夺获。查点我勇受伤甚重者仅止六名，等情前来。臣等覆查巴家台窝伏苏逆一股，虽系纠聚逃匪，若不及时扫荡，必致久成巨患。此次周兴禄冒险誓众，探入贼窝，登时翦[二]除，实属奋勉出力。可否请旨将花翎参将周兴禄，以副将尽先补用。生擒贼首之尽先守备刘定国，请以都司尽先补用，并赏加游击衔，以示鼓励之处，出自逾格鸿慈。

此外，另行有无贼巢，除仍严行分饬寻探搜剿，以靖狂氛外，所有搜剿巴家台匪巢，并擒获贼首缘由，理合联衔缮折，由驿五百里驰奏，伏祈皇太后、皇上[三]圣鉴训示。谨奏。

军机大臣奉旨："另有旨。钦此。"

注释：

[1] 红城：今甘肃永登县南七十里之红城镇。

校勘记：

〔一〕逋：底本为“捕”，据“首图”本、“国会图”本改。

〔二〕翦：底本为“剪”，据“首图”本、“国会图”本改。

〔三〕皇太后、皇上：底本阙，据“首图”本、“国会图”本补。

军饷枯竭据实参奏解饷人员片

再，奴才豫师所部，孤军深入，地处穷荒，密迩贼巢，无术罗掘，所有一切粮饷军装，以及委员催提、转运脚价薪水，皆赖山东、河南、两淮三省月拨专饷二万五千两顾济。自同治九年四月奉拨以后，各省报解之款，为数寥寥，军用异常艰绌，是以奴才前于同治十年正月二十一日曾将危迫情形，奏恳天恩，饬下各省督抚，严催藩运各司，扫数迅解，已奉谕旨严催在案。嗣又经部臣按月据西征粮台月报，分行催解，案如鳞积，奴才窃谓饷源可望起色，极力抚循士卒，日盼饷到救济，万分急切。乃各省月拨专饷，截至本年四月底止，共计两年有余，除西征粮台先后极力挪垫银五万一千两不计外，各省共欠至四十七万两之多。而本年自正月起，扣至目下，已半年之久。仅有两淮报解银六千两，似此情形，大局何可措置！

奴才查自古军无强弱，以粮饷为强弱，现在地方办理，虽有头绪，而抚局未定，窜匪正炽，设有溃变，前功尽弃。在奴才罪无可逭，其如大局何！势处万不得已。查前奉户部咨行，遵旨议定章程，内开：嗣后各省应解奴才月饷，如再推延，即由奴才指名严参，以儆玩泄等因。现时奴才已忍待两年有余，若再避嫌远怨，问心转无以自明。惟有据实分别请旨，将玩误宁军专饷，报解不及二成之河南藩司刘齐衔先行交部议处，以示薄惩。其解饷至二三成以上者，请暂免议。应一并吁恳天恩，饬下山东、河南、两淮督臣抚臣，严饬藩运司，无论如何为难，限一月内将所积欠西宁专饷，先行提解一半，迅速解交西征粮台，转为拨解，以顾眉急。嗣后仍须源源报解，不准蒂〔一〕欠。俾得军用有资，而免溃裂，则士卒幸甚，地方幸甚。

所有军饷枯竭，遵照部议，据实参奏缘由，理合附片由驿五百里驰陈。伏祈皇太后、皇上〔二〕圣鉴训示。谨奏。

军机大臣奉旨："另有旨。钦此。"

校勘记：

〔一〕蒂：底本为"滞"，据"首图"本、"国会图"本改。

〔二〕皇太后、皇上：底本阙，据"首图"本、"国会图"本补。

附旨：

军机大臣字寄钦差大臣陕甘总督一等恪靖伯左（宗棠）、宁夏

将军穆（图善）、西宁办事大臣豫（师）[一]：同治十一年六月二十八日奉上谕："左宗棠等奏搜剿巴家台贼巢，生擒匪首一折，匪首苏家西儿纠聚逃匪，窝伏平番红城后山之巴家台，恃险负隅，经豫师函商左宗棠、穆图善，密派兵勇，前往剿捕。参将周兴禄率众攻破贼巢，守备刘定国将苏家西儿擒获，余贼亦皆歼毙，即著该大臣等督饬各军，将在逃匪党悉数搜[二]捕。此外有无贼巢，仍饬随时探剿，尽绝根株。参将周兴禄著以副将尽先补用，守备刘定国著以都司尽先补用，并赏加游击衔，以示鼓励。河州等处军情，及现办抚事，有无头绪，并著左宗棠恪遵前旨，将详细情形，据实具奏。将此由五百里各谕令知之。钦此。"遵旨，寄信前来。

校勘记：

〔一〕底本为"钦差大臣陕甘总督一等恪靖伯左宗棠、宁夏将军穆图善、西宁办事大臣豫师"，"首图"本、"国会图"本原无诸人名，故将诸名加括号。

〔二〕搜：底本为"披"，据"首图"本、"国会图"本改。

续报西碾抚事及驻威官军击贼获胜折附旨

同治十一年八月五日

为遵旨续报西碾抚事及驻威官军击贼获胜情形，恭折驰陈，仰[一]祈圣鉴事：

窃查西宁土客各回，均皆乞抚。前经奴才会商左宗棠，派委道员冯邦棅察看办理，曾将情形随时奏报在案。嗣据冯邦棅报称："陕回暨米拉沟、西马营回众，陆续共[二]缴马三百六十六匹，枪矛一千二百九十二件，其中良莠不齐，尚有观望不决者，兼有暗行出扰情事。宁回已共缴马一千二百三十二匹，枪矛一千零八十五件。近颇安分，其投诚之心，似无更变"等语。旋准左宗棠咨会：派令记名提督何作霖分统老湘及董字等马步八营，赴碾相机进剿。昨于七月初三日，由平番开赴碾伯，续派三品卿衔总统老湘营刘锦棠统带八营，随后继之。西、碾得此兵力厚集，分别剿办，则湟事自易了结。奴才仍当随时商同左宗棠督饬妥慎，踏实办理，断不敢稍任迁就，致贻后患。又据驻扎威远堡之管带靖西营总兵黄武贤报称："七月初一日有陕匪马步三四百名，突至威远东哈拉直沟四十里之新添堡一带抢掠，经黄武贤闻报立派马步队伍，分途驰往，四面包抄，并亲督队追击，大获全胜，斩杀悍贼一百余名，夺获马械旗帜甚多。余匪大败，四窜回巢"等情，除仍分饬各军整队加劲严防外，所有西宁抚事，并防军获胜各缘由，理合缮折由驿五百里驰陈。伏祈皇太后、皇上〔三〕圣鉴。谨奏。

军机大臣奉旨："另有旨。钦此。"

校勘记：

〔一〕仰：底本为"伏"，据"首图"本、"国会图"本改。

〔二〕共：底本、"国会图"本为"共"，"首图"本为"恭"，不改。

〔三〕皇太后、皇上：底本阙，据"首图"本、"国会图"本补。

军饷枯竭派员赴各省坐催片

再，奴才军营饷源枯竭，万分窘迫情形，于本年六月十一日据实附片奏陈，分别请旨饬催在案。惟查各省月拨西宁专款〔一〕,奴才前于甫立新军时，曾经奏请饬下归由西征粮台袁保恒催提转解，遇有各省解款迟延，由袁保恒筹垫接济，得蒙俞允，历经遵办，满拟可资周转。

讵自奉拨以来，两年有余，虽经西征粮台先后垫解过银数万两，争奈各省积欠竟至七八成之多，实属杯水车薪，无济于事。奴才昨因购办新粮，散放欠饷，在在需款，急切派员驰赴左宗棠军营请筹巨款拨济，经左宗棠顾全大局，于无可腾挪之中，筹拨银五千两，交原派去委员领解回营。询据该委员面称，左宗棠军饷实亦万分支绌，无可筹垫等情。

奴才伏查宁军需饷万紧，若徒掣动西征军饷，不但无补奴才军用，而有垫无还，转致拖累楚军。且各省转以奴才月饷有人代垫，视为不急之需，相习推延，似此情形，若不稍为变通，于事断难有济。奴才筹计再三，惟有由奴才专派委员分往山东、河南、两淮三省坐催，其各省解饷，以及按月报部事务，仍请饬谕西征粮台袁保恒督饬各员，照旧办理，以期呼应较灵。至各省饷款到陕，奴才另行派员在陕设立西宁运局兑收转解，无庸再动楚饷垫济，以免各省借口而清眉目，将后亦易报销。

奴才除已分别咨照，并派员办理外，理合附片奏陈，伏祈皇太后、皇上[二]圣鉴训示。

再，奴才因军用无措，于六月二十日，因与穆图善赴红城、苦水一带，会同采办军粮，就近至兰州传商兑借银二万，借资敷衍，于七月初六日旋营，合并声明。谨奏。

军机大臣奉旨："另有旨。钦此。"

校勘记：

〔一〕款：底本为"饷"，"国会图"本空一字，据"首图"本改。

〔二〕皇太后、皇上：底本阙，据"首图"本、"国会图"本补。

附旨：

军机大臣字寄西宁办事大臣豫（师）〔一〕，传谕詹事府少詹事袁保恒：同治十一年八月初五日奉上谕：豫师奏'办理西宁抚局，并击贼获胜情形'一折，陕回暨米拉沟、西马营回众，虽呈缴马匹、器械，其中尚有观望不决，暗行出扰情事。西宁回众，所缴马匹较多。据豫师奏称，近颇安分，仍当防其更变，未可稍涉疏虞。现在左宗棠已派提督何作霖等分统十六营赴湟，兵力厚集。豫师当随时会同该提督等，将反侧逆回痛加剿洗，其真心悔罪者，方准投诚，断不可一意〔二〕主抚，致贻后患。此中操纵〔三〕机宜，仍著咨商左宗棠妥慎筹办。新添堡一带，突有陕回窜扰，经黄武贤派队追击，余匪败遁回巢。仍著督饬各军加意严防，毋任贼踪纷窜。另片奏'西宁专饷，已派员分赴各省坐催，在陕设立西宁运局，兑收转解，无庸由西征粮台催提垫发，以免拖累'等语，即著照所请行。其各省解饷按月报部事宜，仍著袁保恒照旧办理，将此由五百里谕知豫师，并传袁保恒知之。

校勘记：

〔一〕西宁办事大臣豫（师）底本如此，“首图”本、“国会图”本仅有姓无名，为方便阅读，将人名加以括号。

〔二〕底本中自“意”字起至段末，原稿缺，“首图”本、“国会图”本亦为缺文，由吴丰培据《清穆宗实录》补齐。

〔三〕操纵：底本为“探踪”，据《清穆宗实录》改正。

西宁剿匪迭挫凶锋折附旨〔一〕

同治十一年九月十九日

左宗棠奏言〔二〕:西宁土客各回迭次求抚，各缴马械。臣饬道员冯邦棅随时验收并催令悉数呈缴，该回仍藉故迟延。当饬道员刘锦棠等率马步各营分起前进。比刘锦棠等七月二十、八月初一等日先后行次碾伯，各土回回目又续缴马械到营，并允办军粮，惟求官军缓进。刘锦棠以回情多诈，恐堕其计，一面出示谕令各安堵无恐，一面督率亲军马步各队，直捣陕回巢穴。十一日行至峡口，突遇马步贼百余名，施放枪砲。十二至二十二等日，均有马步贼大股由检柴沟等处扑犯我军，刘锦棠饬提督谭上达等分路迎剿，斩毙悍贼以数千计，炮毙红衣总目马六，即六元帅一名。此外，阵毙悍目尚多，首逆禹得彦闻亦带伤，生擒头目李金良一名，夺获战马器械无算。经此次痛剿之后，凶焰亦当稍减。

惟刘锦棠所部除留驻灵州金积堡一带，仅马步十四营。臣分隶以龙锡庆步队两营，熊隆名、陶生林马步两营，尚止马步十八营。而自碾伯札至小峡口，计程八十余里，山路岐杂。现在土回与客回联成一片，每战则弥山塞谷，四出扰我，殊有应接不暇之势。又所需军粮子药，运至前敌各营，均需派队往来护送，时有战事，兵分力单。幸官军皆百战之余，刘锦棠又敏锐善战，故能履险如夷。臣现调提督刘明灯率马步六营驻碾伯之西南，专司护运，俾得一意进取，毋忧后顾。

左宗棠又奏言：据抚回阎与春等探报：马桂源于八月初十日在西宁东关私宅密约禹得彦、白彦虎、崔三等，共议抗拒官军，一面调集各土回助逆。黄武贤在威远堡擒获生贼供亦相同，并称马本源自称统领陕湟兵马大元帅，马桂源仍称西宁知府，在关外[1]调集土回，尽带城中回兵回民以出。马桂源出城两日不返，西宁城内避难汉民习知其诈，乘间闭城拒守，请西宁道徐襄之主办城防，不准马桂源入城。现查城中回民不过数十户，又皆老弱，内变似可无虞。惟回性多疑善诈，其始暗中勾结陕回以拒官军，近因陕回累经痛创，又将诿罪陕回，以求苟免。应剿应抚，臣自当随时操纵，相机办理。

注释：

[1] 关外：此处指西宁关城之外。

校勘记：

〔一〕下《详陈西宁剿匪大捷折》内有“统领湘军道员刘锦棠八月二十四日至九月初四日西宁剿匪获胜，并初六日踏破观音堂贼垒，大略情形，已于九月十九日附片具陈，并声明详细情形，容俟续报。”然，上折中已有八月二十四日至九月初四日西宁剿匪获胜之情况，所缺仅八月二十四日前双方初步接战的情况，为存西宁战役之全过程，故据《平定陕甘新疆回匪方略》卷二百六十九，补充本折于此。

〔二〕左宗棠奏言《平定陕甘新疆回匪方略》所收奏折，皆略去奏题，另加上奏主官之名。从下折看，本折亦系左宗棠与豫师联署，只因《方略》原本如此，故不改。

附旨：

上命军机大臣传谕左宗棠、穆图善、定安、张曜、宋庆曰：西宁回匪始以乞抚为缓兵之计，旋结陕回抗拒官军，经刘锦棠等督军进剿，迭挫凶锋。惟逆首白彦虎等皆积年悍贼，诡谲多端，必须厚积兵力方能制其死命。著左宗棠一面饬令刘锦棠等实力进剿，一面添派劲旅继进，以期早日蒇功。西宁城内汉民闭门防守，亦当设法援应，内外联络，俾免疏虞。马桂源既为府城官民所拒，即着令其不必入城，以释群疑。左宗棠仍当随时察看情形，相机办理。肃州官军虽屡次攻剿获胜，而该逆负嵎如故。著左宗棠饬令徐占彪稳慎进攻，力图克拔，并酌量派兵合围，毋任铤走。

甘省被兵日久，亟应速筹戡定。刻下西宁、肃州均须增军攻剿。省北一带亦须派营填札，兵力不敷分布。宋庆一军素称得力，现在陕省北路，边境尚属安谧。著定安即令该提督统带全军，赴甘助剿。由榆林、绥德一带取道庆阳、平凉，以抵兰州。左宗棠拟饬沿途各局豫办粮草，军行当不至迟滞。宋庆接奉谕旨，即著克日拔队起程，迅赴戎机。神木一带，如尚须派兵填札，即著定安酌度布置。左宗棠现拟将谭拔萃所部官军调赴西宁，所有灵州、花马池一带即著张曜就近分营驻札，以资稳固。穆图善仍当饬令驻札甘省城北之马步各队照旧驻札，认真防剿，勿遽裁撤。杨世俊所部勇丁溃散[1],情尚可原，著免其置议。左宗棠自请议处，并著加恩宽免。

注释：

[1] 杨世俊所部勇丁溃散：同治十一年八月，因西宁小峡战事紧张，急需支援，左宗棠令正驻甘南（临夏）一带的杨世俊部前往，其马队四营八月十八日行至马营监，勇丁因惮于西行，大量逃亡，紧急派部堵截，如数收辑。

请饬部铸青海蒙古台吉印信折

同治十一年十月□日

为恳请饬部补铸青海蒙古台吉印信以昭信守，恭折仰祈圣鉴事：

窃查接管案卷前任办事大臣玉通任内，曾据青海左、右翼正副盟长贝勒纲增却克多布，郡王集克默特纳木札勒多尔吉，并已故台吉端多布纳木扎勒家属，暨本旗和硕章京索混等报称：同治七年闰四月十一日，西宁回众扑犯丹噶尔厅城后，旋即窜攻达仓寺。该寺寡不敌众，遂致失陷，经堂僧舍，概被焚烧，牲畜器物，掳掠一空，杀毙法台僧人二十二名，其近寺住牧已故台吉永隆旗蒙古二十余户，所牧牲畜，以及锅账册案，全被焚掠，杀毙蒙古男妇三人、守屋僧人一名。又已故台吉噶拉布札纳木楚克寄存寺内诰命一轴，亦被焚毁。又青海右翼已故扎萨克台吉端多布纳木扎勒之长子预保，三等台吉车旺愣锦，早先因见地方不靖，将伊故父扎萨克台吉印信一颗，存放寺中，亲自看守。当该寺被贼围攻之时，该车旺愣锦曾将印信藏诸怀中，旋因该寺失陷被执，立遭杀害，即将怀藏印信搜去各等情。彼时前任办事大臣玉通，正在办理汉、回抚务，未能剿办，曾经分饬西宁镇道，转饬地方文武，查拿赃贼，采访印信，并未据报弋获，印信亦无下落。兹复据该寺法台、僧众报同前情，并据已故台吉端多布纳木札勒，该管盟长郡王集克默特纳木扎勒多尔吉，贝勒拉旺多布吉，联名呈恳奏请补行颁发该扎萨克台吉印信，以资办理旗务前来。

奴才伏查此案，达仓寺在丹噶尔城迤西卡外，前被回匪攻陷，系因众寡不敌，其已故台吉端多布纳木札勒印信，既因车旺愣锦被害所失，非寻常窃盗可比。奴才复加详覆属实，委无捏饰情事。且该台吉因病出缺在先，而伊子已因看守印信遇害，应请照例免议。

除该已故台吉遗职照例咨部承袭外，所有该〔一〕青海右翼蒙古扎萨克台吉印信，理合恭折奏恳天恩，饬部铸造颁发，俾昭信守。伏祈皇太后、皇上〔二〕圣鉴。谨奏。

军机大臣奉旨："礼部知道。钦此。"

校勘记：

〔一〕该：底本为"请"，据"首图"本、"国会图"本改。

〔二〕皇太后、皇上：底本阙，据"首图"本、"国会图"本补。

调委德荫达昌随军差遣片

再，奴才前因军营差遣乏员，查有奉差来甘之四川试用知府德荫、甘肃升用知府达昌，二员曾经接见，人俱妥实。当于同治十年正月二十日、七月十四日，先后咨行四川、陕甘督臣，饬归奴才军营差遣。嗣该员等奉文，先后就近到营，奴才遂经咨明吏部，查核在案。兹于本年七月十七日接准吏部咨覆，内称："各省候补委用试用人员，如有办理军务大臣调营差委者，例应由该大臣奏明办理"等语前来。又，现任广西安平土州州判徐光兴，奴才因前办甘南粮台差委得力，于同治十年十一月初三日，咨行广西抚臣调营差遣，嗣于本年六月十四日，接准广西抚臣覆准在案。查与前案事同一律，理合循例一并附片奏明。伏祈皇太后、皇上〔一〕圣鉴。谨奏。

军机大臣奉旨："吏部知道。钦此。"

校勘记：

〔一〕皇太后、皇上：底本阙，据"首图"本、"国会图"本补。

遵照部章改奖温怀璋等片

再，奴才前于本年三月十八日，会同陕甘督臣左宗棠遵旨奏保剿匪出力员弁绅团一折，于同治十一年四月初六钦奉上谕，恩准给奖在案。嗣于五月二十七日，接准吏部抄单咨行前案，奏请以训导归部选用并加五品衔之五品军功文生温怀璋，奏请以训导归部选用之五品军功生员阴鹤鸣，六品军功训导衔文生汪有铭、文生郭拱辰、张振声、杨国钧，查照章程，增生附生，无论何项劳绩，只保举佐杂，准不准保举教职，应令另核请奖。其温怀璋所请加五品衔，应一并另核请奖。于同治十一年四月二十五日具奏。奉旨："依议，钦此。"等因前来。查温怀璋、阴鹤鸣等六员所著战功劳绩，奴才等前于原保清单内，曾经出具切实考语。兹准前因奴才等遵照部议，覆加细心查核。温怀璋请改以从九品归部尽先选用，并赏戴蓝翎。阴鹤鸣、汪有铭、郭拱辰、张振声、杨国钧五员，均请改以从九品归部选用。

所有遵照部文，另核请奖缘由，理合会同督臣左宗棠合词附片，奏恳天恩，俯准核奖，俾资感奋。伏祈皇太后、皇上〔一〕圣鉴训示。谨奏。

军机大臣奉旨："吏部议奏。钦此。"

校勘记：

〔一〕皇太后、皇上：底本阙，据"国会图"本补。

详陈西宁剿匪大捷折

同治十一年十一月初九日

为详陈西宁剿匪捷状，并续获大捷，攻破小峡口坚垒数十座，迳薄西宁，府城立解重围，现筹办理情形，恭折驰陈，仰祈圣鉴事：

窃照统领湘军道员刘锦棠八月二十四日至九月初四日西宁剿匪获胜，并初六日踏破观音堂贼垒，大略情形，已于九月十九日附片具陈，并声明详细情形，容俟续报。

八月二十四月马步贼数千，分为二股，一循山而下，直扑西营子都司李双梁防营；一出彦才沟，阻截前路各营。刘锦棠率游击熊隆名、都司董福祥、副将陈宗蕃分道往击，遥见扑营之贼五六百，而山谷沟坎，伏贼甚多。刘锦棠麾军急进，李双梁亦出垒夹攻，先将扑营之贼击败。原上之贼预砌炮台，凭高下击。提督谭和义、苏大德、罗照陞、陈启明，副将陶鼎金各率马步，由平戎驿驰至，贼之出彦才沟者，知势不敌，缩退沟内，熊隆名乘势压迫，谭和义等鼓锐登山，立歼悍贼多名，贼乃大溃，逐北越岭，毙贼百余名。是夜，马步队分伏彦才沟口，俟贼出击之，贼知有伏不出。二十五日，羊角湾贼数千，列队小峡口各山头，千余贼由三十里铺扑提督谭上连营垒，提督何作霖、余虎恩出队援之，谭上连亦凭垒力击，炮石雨注，贼负创遁。刘锦棠闻报，密调后路马步，合扎三十里铺，各营并于营边，修砌炮台，安放后膛开花车轮大炮以待。二十六日，贼匿不出，而湟北陕回营内，骡马千余出垒放牧，副将邓增，以车轮大炮测准，向人马聚处轰之，连开三十余炮，炮子半飞入贼垒，半落人马丛中。贼弃垒越山而逃。是夜湟北收尸之贼纷呶，撤旦毙贼盖不知其数也。二十七日，各营仍依山设伏。午间贼由山顶迤逦而下，熊隆名以马队诱之，贼见队少，拥扑而下，邓增仍连施大炮，何作霖等分队击之，贼大溃，追近贼卡而返。旋据西营防营李双梁报称：是日马步贼千余，扑近营垒，李双梁凭墙力御，有悍贼挥大刀迳扑营壕，为官军洋枪击倒，群贼以矛杆舁之而逸。复获生贼，询之，盖即白彦虎也。二十八日各营仍于三十里铺设伏，贼仅以数百人散匿山谷，官军亦以零队击之，贼遁。刘锦棠以羊角湾之贼，知我有备，料不复出，而高疆沟紧逼平戎，为白彦虎、毕大才之党所据，倚观音堂、红水泉为固，必诱出创之，遂抽队夜抵彦才沟口。二十九日，见马贼百余，驰聘沟中，大股继出，陈宗蕃佯作败状，诱其深入，贼噪而前，伏队四起，贼骇而奔，追杀十余里，贼尸枕藉[一]。遥见骆驼堡贼卡十余座，刘锦棠挥军紧追，贼不及入卡，守卡者亦相随狂窜。时已黄昏，即就贼垒分军驻之，凌晨检视贼尸，计五百余具，刀矛枪炮，则拾不胜拾矣。生擒土回领队马仲供称：白彦虎二十七日出队，为炮子洞穿左乳。又西宁首逆马桂源之弟马真源亦为炮子洞穿右肋，撒拉回目多拜[二]为官军擒斩。此八月二十四日到九月初四日以前剿贼连获大胜之实在情形也。

该逆叠[三]经痛剿，仍恃众稳抗，并分股绕出沙沟一带，伺劫粮运。时督带绥定营候补直隶州知州龙锡庆驻大峡口，初五日率所部三百人寻探贼踪，甫抵郭尔堡，即遇逆股四五百，蜂拥接战，龙锡庆击败之。追抵沙沟，乘胜破贼垒一座，守贼歼焉，余三座惊窜。官军入堡传餐，忽有大股骤至，逼堡环攻，龙锡庆力守达曙，亡伤弁丁七十余人，仍整队旋营。参将禹士立督战不力，龙锡庆斩之军前以徇。刘锦棠闻龙锡庆深入被围，初六日黎明，飞调马步向观音堂沟赴援。入沟十里许，道旁有贼堡七座，马队先至，堡贼纷纷出拒，比步队至，奋威冲杀，贼弃巢奔，立焚其巢，蹑追八九里。大堡中出马步贼千余，另股由两山旁抄出，刘锦棠分军力战三时之久，贼均败溃。适龙锡庆亦已旋营，遂收队还。初八日，小峡之贼以大股出扑营垒，另股由左面山沟抄出。刘锦棠饬谭上连等列队垒前，饬邓增以大炮向击，贼哗溃，不复成列。马步跟踪驰追，山沟之贼从旁冲出，陶鼎金等下马持矛攒刺，何作霖等分路抄之，贼不能支，追越山巅，毙贼三四百名。初九日，贼大股趋北岸，邓增以大炮击散。其南岸贼千余排列山顶，各营以枪炮仰击，旋亦败遁。初十日，副将谭慎典率亲军马队赴碾伯迎粮，过平戎驿，忽马贼二百余拥至。谭慎典分其队之半护粮，一半接仗。行近高店堡，都司张俊从堡中跃出，贼纷窜。十二三两日，刘锦棠抽队赴平戎驿修桥，并渡湟至红崖子[四]沟筑垒，以通威远堡粮路。威远之马圈口、班家湾等处，时有回逆出扰，叠经统带靖西三营提督西宁镇总兵黄武贤搜剿，颇有斩馘。十四日，平戎桥工将竣，有百余马贼从观音堂沟、彦才沟鼓噪而来，刘锦棠饬[五]陈启明、陶鼎金率马队冲击。南山复有大股贼至，绵亘二十里，陈启明等以众寡悬绝，收队凭垒施放枪炮。刘锦棠飞令各军渡湟而南，贼趁官军半渡，四面猛扑，适[六]谭和义、苏大德齐至，士卒直前奋击，毙贼多名。熊隆名、董福祥时在马营湾，闻平戎驿炮声甚紧，疾驰而来。提督席大成、尹兴茂等亦至，张两翼分抄，罗照陞、陈启明等乘机猛进，贼大败。官军合围兜追，斩馘二百余名，生擒十名。十五日夜，贼乘雪于李双梁营垒西三里山巅联筑七卡，大股分扎，隔截前敌各营。十六日，刘锦棠前往察看，马贼扰至平戎驿，步贼排列护卡，约近万人。刘锦棠饬李双梁坚守勿出，飞率各营渡桥直上。马贼向前抗拒，官军枪炮齐发，立毙多人，官军猛追抵马营湾对岸。刘锦棠令苏大德等筑垒，罗照陞等列队以待，贼忽大至，驰下平川。适何作霖、席大成、尹兴茂等驰至，邓增亦护大炮前来，连开数炮，贼稍却〔七〕。各〔八〕军分左右力战，歼馘无数，贼缩退垒中，官军逼攻，垒中炮石纷飞，官军伤亡不少，刘锦棠令勿撤队。是夜风雪严寒，裂肤刺骨，军士露立贼垒之外，无一懈者。十七日黎明，刘锦棠由北岸乱流而渡，令邓增向山顶轰三十余炮，毙贼甚多，大股走匿山凹。刘锦棠以坚垒骤难荡平，乃整旅折赴马营湾河滩上，下令董福祥连夜添造木桥。二十日，抽拨三营渡湟筑垒，令谭上连、何作霖等分扼湟南北，以扼贼冲。部署甫定，贼果率大股下山，意图阻官军工作。何作霖等分途荡决，毙贼数十名，贼败上山梁。少顷，复率数百骑，由北岸山沟冲近河边。刘锦棠饬各军迎剿，一面令邓增以大炮隔河轰之，贼大败而逸，陶鼎金等飞马截之，斩馘多名，生擒一名。二十二三两日，贼时以零骑分扰南北，而于红庄子对岸联扎数垒，盖防官军由北岸进攻也。刘锦棠佯若不知，日夜督修桥垒，并于桥两旁筑炮台护之。二十四五六等日，陆续派队往碾伯接粮，并增修卡垒，零贼时出阻扰，多被擒斩。二十八日五鼓，大股扑近新筑之卡，白彦虎、毕大才之党，约土回由马营湾山下平川渡湟，两股将合约七八千人。刘锦棠分军渡湟猛扑之，贼惶惧缩退，其凫水不及者，董福祥等悉斩之。贼回扑席大成营垒，董福祥等由左路驰至夹击，贼仍败遁。湟南贼见北岸贼败，渡水来援，尹兴茂等折回夹击，贼翻山而窜。是日，步贼千余至小峡口，分股伏沟中，舁大铁炮攻何作霖之营，炮子坠入垒中者，约重二觔余，何作霖率队从垒墙跃出，击散贼众，并夺其炮。二十九日，刘锦棠令于北岸山上修筑一营。十月初一日，又于新营西五六里，增修一营为进逼计。两日有马步贼来扰，均击败。初二日，小峡口贼千余来扑营垒，谭上连等击斩数十，生擒三名。讯据供称，是日陕回往北川，攻民寨掠食。刘锦棠令各营分左右卷旗疾趋，夺高寨之险。高寨前一小卡，守贼数十人，见官军突至，弃卡逃入高寨，高寨守贼约三千余，列械出拒，官军马步齐进，锐不可当。忽隔河开花大炮子飞坠贼丛中，贼益恟惧，蓦山滚涧而逃，官军欢噪乘之，刀斫矛刺，贼尸枕藉[九]。高寨一带，十余卡垒，一气踏平。比小峡大队马贼来援，亦经邓增以大炮击退，擒斩二百余，夺获马、械极多。据擒贼赵起太于积尸中指认回目苏九和一名，并供此股陕回最多。是夜，官军即扎于此，又[十]增修一垒。初三日，臣宗棠所调前往助剿之提督刘明灯及副将滕春山等至高寨，与刘锦棠晤商。刘明灯所部马步六营，从七里铺延扎至彦才沟，替出刘锦棠所部左、右翼两营，及绥定两营，以便滚移进取，又增修三垒。贼见官军连日于高寨增垒，意南岸必虚。初五日，大股由小峡出扑官军，迄未得逞，官军亦未穷追。是夜，又于八旗垒左山头增修一卡，阻贼包抄之路。初六日，又于四旗垒西增修两卡。初七日，贼大股围扑新修之卡，官军以连夜未眠，仅以枪石、火箭、火蛋御之。贼见官军不出，各持马刀，纷入濠沟，何作霖、谭上连等分两路挺矛直出，立斩悍贼三十余名，贼稍退。适邓增运大炮至，对路狭贼多处连发十余炮，贼乃败溃。初八日，分军扼小峡正路及西南两路，另派队上山增修一卡，贼纷至，官军击却之。一股凶悍异常，愈击愈进，何作霖愤甚，大呼陷阵，纵军冲杀，纵横荡决，贼不能支，始纷纷败溃。初九日黎明，贼大股由三十里铺窜至，官军按队不动，俟贼渐逼营前，乃分左右出击，贼屡却屡前，官军奋威冲杀，立斩悍贼二十余名，乘势压剿，斩馘遂多。此九月初五日至十月初九，滚营进逼，连获大捷，攻克各要隘之实在情形也。

刘锦棠以南岸难攻，遂于是夜潜师夜起，改率各营，由马营湾过桥，至高寨会袭小峡贼垒，分前、左、右三路，衔枚驰近北岸贼垒，贼始警觉。官军已蜂拥而上，次第夺山麓三垒，拔帜立帜。正追逐间，忽小峡内尘沙蔽日，贼约万人，由山头及中路奔来，官军整队迎击，殪贼数十。左翼一营列队左山巅，贼力争此地，自辰至申，血战不少却。谭和义等皆身被数创，仍裹创立战，大呼突阵，贼皆辟易，纷纷败退。是日，湟南一股，扑近官营，并以枪横击湟北官军，经何作霖等击毙多名。是夜，刘锦棠令各营急运砖石，增修废垒，并于山头添修一垒扼之。十一日，贼于对山亦筑数垒。十二日，侦贼大股匿峡中，守垒之贼，坚壁不出。刘锦棠悬重赏挑选壮士，攻南山各卡，其北山四垒，分各军攻其三，刘锦棠亲率各营随后策应。夜近贼垒，乘贼未觉，火器纷飞，着处即燃，贼惊起拒战，而壮士已从壕中跃起，以肩为梯，攀垒腾上矣。须臾，三垒均破，南山贼卡，亦同时攻克，各卡垒贼约近千人，无漏逸者，官军即夜分填所夺三垒驻之。十三口，贼大股来犯，刘锦棠饬二垒各以一营守垒，余列长阵护之。罗照陞、陈宗蕃、李双梁等率所部奋击，毙贼多名，立将所破贼垒，修筑完好，护粮入垒，并接修运炮车大道。十七日，署西宁道郭襄之，遣人缒城来告，被围两月，城中粮食将尽。十四夜五鼓，贼乘梯袭城，虽经击退，然势甚危迫，乞速应援。

适马桂源禀请："官军暂退碾伯，即诚心就抚。"又撒拉八工[1]回目昂㑇奴勒等亦具禀，代西宁土回乞抚。刘锦棠知其意在缓兵。十八日黎明，饬余虎恩、席大成护五十里铺各垒，自率各营，护大炮上北岸山顶，正在分拨之际，贼忽分三股，一由小峡口南山，一由马营湾下，迳犯官营，妄意乘南岸之虚，其大股则向北山急进。刘锦棠以南岸各卡，修缮完固，力足制贼，令邓增测准北山贼垒，开大炮轰击，令谭和义护之。一面分饬两路攻左右贼垒，一路击正中大股，一路策应。两时发大炮子六十余，贼三垒墙垣皆坍，避匿沟中。刘锦棠麾各路猛进，阵斩悍贼二三百名，贼大溃，官军蹑踪紧追，连破北山西面卡垒十余座，乘胜压下山梁，贼弃山麓各垒而逃。一由湟北窜韵家口，一凫水渡湟南，当将峡内羊角湾、罗家湾、二十里铺、十里铺一带卡垒，悉数踏平。其南岸之贼，见官军自北而南，截其归路，窜走南山之南。余虎恩、席大成追之，破其山上卡垒十余座，越山至羊角湾会队。其窜韵家口一带者，见董福祥、罗照陞等引军突至，均弃寨向西宁而逃。薄暮，刘锦棠饬各营归队，分扎两岸贼垒，一面整修濠墙，防贼回扑。夜分，贼数千复拚命来犯，官军结队冲击，贼尸遍野，仍即败遁。十九日黎明，瞭见西宁附城各庄寨火起，刘锦棠飞调马步迅进，比抵东关，逆首马本源、马桂源等已同各土回头目于先夕三鼓，各挈逆眷向东川窜走，殿后马贼数百，被陶生林等追击四散，向南川而遁。计连日毙贼约共三四千人，马骡军械遗弃满路。署西宁道郭襄之、西宁知县恩禄率城内难民男妇老弱三万余名，望尘迎拜，喜极而涕。刘锦棠宣布皇仁，逐加抚谕，令其照常防守。其城外老弱回民约千余口，吁乞曲贷生命，亦令免死安插，并谕土回被裹者，准其归候安插。此十月初十至二十日攻破小峡要隘，力解西宁府城重围之实在情形也。

臣维碾伯赴西宁，距县七里渡湟水，西南达府城，两山对峙，湟水中流，古所称湟中者也。由大峡口抵小峡口数十里，高峰危耸，中通一径，岸路仅宽数尺，兵马能鱼贯，不能雁行。南北沟岔纷歧，贼踪出没其间，排叉子枪平地施放，命中较易。此次叛逆马本源、马桂源兄弟先请官军驱逐陕回。迨官军甫进大峡，忽嗾陕回助逆拚死抗拒，又纠五工[2]、八工撒拉回众合势抗拒。地险贼众，又皆著名凶狡。刘锦棠孤军深入，以马步十八营，分扎八十余里，贼时于山凹中出队阻截运道，围扑各营，声气间隔，时须调拨救援。前后计两月有余，大小五十余战。幸赖朝廷威福，无战不捷，得以扫除积年凶慝，挈湟中境土仍隶职方，此固非臣等所能逆料也。

至边地苦寒，大小峡一带，山谷盘亘，日月蔽亏，冰凌凝结最早。计五十余战中，半皆夜不收队，露立雪窖中，击柝之声与号寒之声相杂，而军士无一怨者，非平时训练有方，奚以致此。现据刘锦棠禀报：马本源、马桂源带同各土回目挈眷逃入撒拉，盖该逆本循化厅人，与撒拉同乡井，撒拉素所暱就者也。

臣已饬按察使陈湜、河州镇沈玉遂督同河州抚回马占鳌〔十一〕图之，据报该逆已抵巴燕戎格[3]矣。大抵回情最忌缚献阿訇，总须其自投罗网耳。至陕回已焚弃所踞大、小南川巢穴，扬言直奔甘州，嗣仍踞西川未动，意或求抚，亦未可知。臣宗棠前调提督吴隆海率果军降补参将杨世俊率奇捷马步等营，合马队三营、步队八营，随同刘锦棠进剿。比抵碾伯，则小峡口业已攻克，刘锦棠兵抵〔十二〕西宁矣。现正搜除余匪，分别剿抚，以靖地方。

所有此次最为出力员弁，合无仰恳天恩，加以鼓励。赏穿黄马褂、三品卿衔布政使衔即选道云骑尉、世职法福凌阿巴图鲁刘锦棠，敏锐善战，谋勇兼优，耐苦耐劳，为一时统将〔十三〕之最，臣等不敢妄拟保叙，应如何加恩之处，出自圣裁。赏穿黄马褂、头品顶戴、记名提督达桑阿巴图鲁何作霖，识略过人，胆勇出众，为贼所惮，应请无论甘肃提镇缺出，尽先题奏。头品顶戴、记名提督、奇车博巴图鲁余虎恩，忠勇奋发，能冲能堵，应请遇有陕甘提镇〔十四〕缺出，尽先题奏，并请赏穿黄马褂。头品顶戴、记名提督、伯奇巴图鲁谭上连，队伍整严，朴实勇敢，应请遇有陕甘提镇缺出，尽先题奏。头品顶戴、记名提督、霍隆武巴图鲁席大成，头品顶戴、记名提督、奇朗阿巴图鲁谭和义，头品顶戴、记名提督、果勒明阿巴图鲁罗照陞，头品顶戴、记名提督、哈丰阿巴图鲁尹兴茂，均请赏穿黄马褂。记名提督、呼敦巴图鲁苏大德请赏给头品顶戴，记名提督、讷尔经额巴图鲁陈启明请赏给正一品封典。总兵衔、推补副将谭慎典请免补副将，以总兵交军机处记名。总兵衔、安徽补用副将、依清[十五]阿巴图鲁陈宗蕃请赏给头品顶戴。副将衔、尽先拔补参将陶鼎金请赏给清字勇号。记名提督、巴克坦巴图鲁萧元亨请赏给头品顶戴。提督衔、记名总兵、绰勇巴图鲁杨耀关，记名总兵、直勇巴图鲁黄锦云，均请赏换清字勇号花翎。补用都司董福祥请免补都司，以游击留于陕西尽先补用，并赏给二品顶戴。二品封典、蓝翎补用都司张俊请免补都司，以游击留于陕西尽先补用，并赏换花翎，赏给勇号蓝翎。补用都司李双梁请免补都司，以游击留丁陕西尽先补用，并加参将衔，赏换花翎。花翎补用都司张万会，请免补都司，以游击留于陕西尽先补用，并加参将衔。记名提督、多托哩巴图鲁藩长清，记名提督、讷恩登额巴图鲁陈建厚，记名提督、阿木巴凌武巴图鲁杨玉周，记名提督、努克齐思斯珲巴图鲁李有成，记名提督、喀勒崇依巴图鲁王福田，记名提督、瑚松额巴图鲁李政洪，记名提督、爱什兰巴图鲁唐国华，均请赏给头品顶戴。记名提督、扬勇巴图鲁刘象贤，记名提督、额特和恩巴图鲁宋祥发，记名提督、叶铿额巴图鲁邓时益，记名提督、苏彰阿巴图鲁李隆宝，记名提督、西吉尔珲巴图鲁李清胜，记名提督、悍勇巴图鲁喻少还，记名提督、额腾依巴图鲁匡义志，记名提督、伊伯德恩巴图鲁彭明达〔十六〕,记名提督、讷恩登额巴图鲁李春元，记名提督、雄勇巴图鲁李恒春，记名提督、杰勇巴图鲁周恒升，提督衔记名总兵、懋勇巴图鲁朱正和，均请赏给正一品封典。记名提督、纳清额巴图鲁李协和，记名提督、额尔得蒙额巴图鲁赵宝林，均请交部从优议叙。记名提督、奋勇巴图鲁廖得胜，记名提督、揖勇巴图鲁彭祯祥，提督衔记名总兵、勉勇巴图鲁郭庆才，记名总兵、武勇巴图鲁曾昌明，记名总兵、力勇巴图鲁萧玉吉，总兵衔补用副将、铭勇巴图鲁李克常，总兵衔补用副将、奋勇巴图鲁符世礼，副将衔补用参将、伟勇巴图鲁胡义和，均请赏换清字勇号。记名提督黄友信、记名提督邱俊凤，总兵衔湖南尽先补用副将张沛，福建补用副将邓增，均请赏给清字勇号。邓增并请赏加总兵衔。记名提督张振寿、刘得喜，二品顶戴参将衔、两江补用游击李章贡，游击衔陕西补用都司杨锦棠，均请赏给勇号。提督衔记名总兵、鸷勇巴图鲁贺长发，记名总兵、阿克丹巴图鲁汤秀斋，记名总兵、穆勇巴图鲁欧阳胜，记名总兵、质勇巴图鲁葛致清，记名总兵、翊勇巴图鲁刘国斌，均请以提督总兵记名，遇有提镇缺出，请旨简放。提督衔记名总兵、爱星阿巴图鲁雷贵才，记名总兵、颖勇巴图鲁喻先达，总兵衔留陕补用副将姜镜成，总兵衔补用副将彭荣复，均请以提督总兵记名，遇有提镇缺出，请旨简放。记名提督、克勇巴图鲁陶生林，请赏给头品顶戴，并赏换清字勇号。补用副将、克勇巴图鲁胡英杰，补用副将董官宝、李云珥、张得荣、贺益陞，总兵衔两湖补用副将、强勇巴图鲁蔺福喜，副将[十七]端勇巴图鲁周廷福，补用副将谭全才、杨再发均请免补副将，以总兵记名，请旨简放。副将衔补用参将程玉修、尽先参将卢有升、蓝翎尽先拨补参将周国泰均请免补本班，以副将尽先补用，并加总兵衔，周国泰并请赏换花翎。参将衔留陕补用游击杨金龙，参将衔福建补用游击、威勇巴图鲁唐玉德，参将衔两江补用游击苏秀生，均请免补本班，并免补参将，以副将仍留原省尽先补用。杨金龙、苏秀生并请赏给勇号。参将衔尽先游击袁绍华，请免补本班，并免补参将，以副将尽先补用，并请赏给勇号。补用游击沈玉贵请免补游击，并免补参将，以副将留于湖南尽先补用。二品顶戴游击衔补用都司汤廷干，游击衔尽先补用都司刘长其、傅长春、邹祖德、张得升，补用都司李孝隆，均请免补都司，并免补游击，以参将尽先补用。张得升、刘长其、李孝隆并请赏给勇号。参将衔两江补用游击、荣勇巴图鲁邓金陵，请免补本班，以参将仍留原省补用，并请赏加副将衔。游击李得胜请免补本班，以参将尽先补用，并请赏给勇号、游击衔。河南补用都司、秀勇巴图鲁苏贵兴请免补都司，并免补游击，以参将留于原省补用，并请赏加副将衔。湖南补用都司彭秀文，两江补用都司胡少亭均请免补本班，以游击留于原省补用，彭秀文并请赏给勇号，胡少亭并请赏加参将衔。蓝翎补用都司周玉堂，请免补都司，以游击尽先补用，并请赏换花翎。都司衔湖南补用守备朱星贵，请免补守备，并免补都司，以游击仍留原省尽先补用。花翎守备赵自新、石成玉、田九福、张登鳌、李双海、王廷栋、田仲魁，蓝翎守备丁添祥，均请免补守备，以都司尽先拔[十八]补、并请赏加游击衔。守备衔千总罗言，王俊邦、胡登花、张果、张广吉、杜锡斌、董天海、苗仲会、何有道，均请免补千总，并免补守备，以都司尽先补用。蓝翎千总熊来仪、范永清、聂青山，均请免补千总，以守备尽先补用，并赏换花翎。补用把总张瑞扬、董占富、赵奉乐、薛成德均请免补本班，以千总尽先补用，并加守备衔。张瑞扬并请赏戴蓝翎。尽先外委夏德华，请免补外委，并免补把总，以千总尽先补用，并请赏戴蓝翎。

运同衔分省补用直隶州知州、优勇巴图鲁武条箴，候选直隶州知州王镇墉〔十九〕留陕前先补用。直隶州知州周汉均请免选补本班，以知府留于陕西，归军功候补班。前补用留陕补用直隶州知州龙锡庆，请以本班改留甘肃，归候补班前先补用，并赏加知府衔。蓝翎山西补用知县吴先熊，请免补本班，以知州仍留原省归军功候补班前先补用，并请赏换花翎。同知衔浙江候补知县袁垚龄请俟补缺后，以同知归军功候补班前先补用。此外实在出力员弁勇丁，容俟汇案保奖，以示激励。其叠次阵亡将弁，均系百战精锐，于缒幽凿险中，力竭捐躯，实堪轸惜，谨另缮清单，伏〔二十〕恳天恩，饬部分别从优议恤，以作士气而慰忠魂。谨合词陈奏。伏乞皇太后、皇上〔二十一〕圣鉴训示，施行。谨奏。〔二十二〕

注释：

[1] 撒拉八工：指循化厅撒拉族所住八个村庄。

[2] 五工：指巴燕戎格厅五个回撒村庄。

[3] 巴燕戎格：厅名，今青海省化隆回族自治县。

校勘记：

〔一〕藉：底本为“籍”，据“首图”本、“国会图”本改。

〔二〕拜：底本为“半”，据“首图”本、“国会图”本改。

〔三〕叠：底本为“垒叠”，据“首图”本、“国会图”本删

"垒"字。

〔四〕子：底本、"首图"本、"国会图"本为"之"，系误字，改。

〔五〕饬：底本阙，据"首图"本、"国会图"本补。

〔六〕适：底本为"遁"，据"首图"本、"国会图"本改。

〔七〕却：底本为"却去"，据"首图"本、"国会图"本删"去"字。

〔八〕各：底本佚，据"首图"本、"国会图"本增。

〔九〕藉：底本、"首图"本、"国会图"本皆误为"籍"，据义改。

〔十〕又：底本阙，据"首图"本、"国会图"本补。

〔十一〕鳌：底本为"凌"，据"首图"本、"国会图"本改。

〔十二〕抵：底本为"撤"，据"首图"本、"国会图"本改。

〔十三〕将：底本为"帅"，据"首图"本、"国会图"本改。

〔十四〕提镇：底本为"提督镇"，据"首图"本、"国会图"本删"督"字。

〔十五〕清：底本为"请"，据"首图"本、"国会图"本改。

〔十六〕达：底本为"远"，据"首图"本、"国会图"本改。

〔十七〕副将：底本为"补用副将"，据"首图"本、"国会图"本删"补用"二字。

〔十八〕拔：底本为"拨"，据"首图"本、"国会图"本改。

〔十九〕墉：底本为"圻"，据"首图"本、"国会图"本改。

〔二十〕伏：底本为"优"，据"首图"本、"国会图"本改。

〔二十一〕皇太后、皇上：底本阙，据"首图"本、"国会图"

本补。

〔二十二〕底本文后原有“丰培按：此折见于《左文襄公奏疏》续编卷四十七，因所奏乃西宁一次重要战役，故重录之。”按“首图”本、“国会图”本皆有本折，故删去吴丰培先生按语。

请颁赏三寺院匾额折〔一〕

同治十二年正月□日

为据情奏闻仰祈圣鉴事：

窃奴才接据西宁管辖住京东科尔寺东科尔呼图克图呈称："西宁所属城乡地方，原有该呼图克图修理讽诵万寿经典寺院三处，均无庙名匾额，恳请转奏大皇帝赏赐匾额三方悬挂，则神人均感，实于寺院得以永护"等情前来。奴才伏查该呼图克图呈请三处寺院，均在西宁属境。近年西宁地方回匪猖獗十年，迭次侵扰，该寺仰赖神庥，地方尚未蹂躏，刹宇各得保全。兹当宁境渐就平靖，该呼图克图恳请颁赏匾额，以答灵感，可否仰邀天恩俯照所请恩赐之处，出自圣主逾格鸿施。理合恭折具奏。伏祈皇太后、皇上圣鉴，训示。谨奏。

奉硃批："该衙门议奏单併发。"

校勘记：

［一］底本原佚本折，据"首图"本、"国会图"本补。

办理后路情形片

再，西宁客土回匪，积年猖獗，未睹兵威，虽屡次乞抚，而旷悍之性，若不趁此兵力既集，痛加惩创，终难望其驯帖。是以陆续经督臣左宗棠调到楚军，均开赴前敌，以期一气联络，俾道员刘锦棠易于呼应。所有后路堵遏窜匪，以及转运大军粮饷军火，准左宗棠咨会，仍由奴才所部各营上下梭护。奴才查自省至碾四百余里，逼近贼巢，口隘极繁，贼情要劫后路粮饷，是其惯技，叠经严饬各营，小心防遏护送。自去秋进兵以来，虽叠次悍党突劫，均经各营随时击退，运路尚无阻滞。惟鸟道崎岖，转运浩繁，颇形艰难。奴才因饬防军开挖牛站大坡山路一百余里，以通车运而利遄行。去腊，左宗棠又虑后路兵力尚单，添拨马队二旗、步队一营，驻扎红城、大通一带，腾出奴才所部右营，开拔来平，合力专顾平、碾一路运事。近月以来，突匪悉已敛迹，其前敌刘锦棠已于去腊二十九日进剿北川一路。一切战事，除仍由左宗棠会报外，所有奴才会商办理后路情形，理合附片奏陈，伏祈皇太后、皇上〔一〕圣鉴。谨奏。

奉朱批："知道了。"

校勘记：

〔一〕皇太后、皇上　底本阙，据"首图"本、"国会图"本补。

官军攻拔大通县向阳堡逆巢获胜折附旨

同治十二年正月二十七日

为官军攻拔大通县向阳堡逆巢，大获胜仗，著名逆酋悉数擒斩，现筹办理情形，恭折仰祈圣鉴事：

窃西宁解围后办理情形，臣等于上年十二月十四日附片具陈在案。查西宁附郡地方，震慑兵威，其求抚者，又经三品卿衔道员刘锦棠推诚相待，群为感动。陕回中如崔伟[1]、毕大才、禹中海，土回中如冶福兴、马福寿即江湖三、杨保元逆[一]目者外，各回目悉矢志输诚，人心渐定。惟大通县地居边徼，未睹军威，向阳堡逆目马进禄，下乱泉逆目韩起寿即半角头，本属叛员马桂源、马本源之腹心，大通营都司马寿尤为狡黠。刘锦棠先饬总兵胡万亨赴大通督收回众所缴赈粮，本形踊跃，马桂源由巴燕戎格，遣人暗勾马寿等纠党戕害领赈难民数十人，抚回崔伟、毕大才、禹中海等愿剿贼自效。刘锦棠派总兵谭慎典率数十骑督同前进。十二月二十六日，遇贼于距通十里之姑姑加庄，败之，毙贼数十，抚回各队，均有伤亡。刘锦棠布置郡防，率队继进。正月初一日，悍贼千余扑崔伟等营盘，崔伟等率马队击走之，追杀十余里，毙贼八九十名，生擒四十余名，夺获战马二十六匹，枪矛百余件。讯出叛弁马寿之侄、贼目马良才斩之。初四日，刘锦棠进兵攻向阳堡，提督吴隆海、陈汝俊、蒋月华等由左路进，提督熊隆名、陈启明继之，提督余虎恩、游击董福祥由右路进，亲率提督席大成进中路，谭慎典率崔伟各队排列河西，前西宁镇总兵黄武贤亦饬游击黄金福率师来会，分道猛进。出巢之贼约二千余，分东、西、南三面正修砌炮台，见官军至，拚死抗拒，官军枪炮齐轰，继以刀矛，立毙悍贼数十，贼始败缩堡中，凭堡放枪掷石。官军于炮石中冒险肉搏而登，伤亡不少。吴隆海、陈汝俊、蒋月华愤甚，麾军毁其堡门，奋跃而入，各军亦攀堞齐登，立将巷战之贼千余悉骈斩之，贼之夺东墙出走者，约尚三四百人。熊隆名、陈启明率马队及郭蟒寺练总陈海马队，追杀净尽，堡中贼均遁入二小堡，登楼上屋，掷石放枪，仍图抗拒。吴隆海、董福祥立破其一，尚余一堡，正派队围攻间，炮楼屋顶之贼，呼号乞命，称为贼目所胁，请官军缓攻，愿尽缚贼目以献。问其姓名，始知马寿、马进禄、韩起寿及河西著名匪徒悉在其中，当令缚献首从四十余人。提马进禄、韩起寿二犯，阵前磔死，余逆概予骈诛，惟留叛弁马寿拘守未诛，饬令飞告县城各回，勒限出城，并捆献为逆者，始免剿洗。其抚回马福寿又于贼众中指认与马桂源兄弟暗相勾结之逆回三十余人，悉讯明斩决，余众千余概行释免。夺获骡马五六百匹，叉子枪二百余枝，刀矛无算，粮料约二十余万觔，军威丕震。各处回众闻风畏惧，怆[二]吁哀鸣，愿缴马械献匪人，求免剿洗，刘锦棠逐加抚谕，令其速缴马匹枪械，勿萌异心，自干诛戮。惟大通营及永安一带回巢，距大通县城二百余里，尚须移军剿办，现正料理拔营也。

臣维西宁地势辽阔，向为回番窟穴，山岭复沓，西北径通关外，西南均接青海、西藏，四十余年，等于绝域，声教久已不行。刘锦棠破贼解围后，回众震于兵威，均各款附[2]。惟土客各回多疑善诈，自知所犯不赦，恐并遭诛戮，其黠者复多方煽惑，暗肆阻挠。此时或操之太蹙，必致人人自危，兵威一加，转得有[三]所藉口，自不得不宣示恩信，坚良回就抚之心，迨安抚渐多，来投者亦请速诛反侧，自明心迹而后因而用之，庶收以回攻回之效。又，此次大通逆目马进禄、韩起寿等，鼓惑叛弁马寿，诡谋煽变，戕害领赈难民，孽由自作，官军急起剿之，逆目无一漏网。恩信无渝，声威更畅，俾诚心就抚者知感，挟诈来投者知畏，其于剿抚兼施机宜，似尚允协。惟马本源兄弟窜踞巴燕戎格，为时已久，虽遍诣各军求抚，而仍巧持两端，暗行勾结，必须迅予歼除。臣宗棠已饬总理营务处前山西按察使陈湜、河州镇沈玉遂率河州太子寺、三甲集各营队伍，由河州前进，令抚回军功马占鳌、马永瑞〔四〕等各率所部，为之前驱。并檄提督刘明灯、总兵敖天印分扼米拉沟要隘，以杜窜越。复调降补参将杨世俊，率马步各营，由扁都口一带移驻大通，冀可速赴戎机。此剿办大通回逆攻克向阳堡逆巢大获胜仗，现筹办理之情形也。

此次血战阵亡之记名提督、效勇巴图鲁朱南英，提督衔记名总兵陈凤源，记名总兵李福星、张大兴、谢东元，总兵衔副将王联升，副将王泰春、颜济胜、易恒升、周忠久，游击黄丰太、成海清〔五〕、彭传陞、杨丕致，都司吴得胜、刘汉成、刘正开，守备吴福永、许得胜、谢春和、黄玉泉、余祥麟、雷春秀、陈凤林、周肇堂、王升祥，千总武载喜、曹福魁、杨远俊、余吉祥、胡瑞成、戴桂林、黄楚湘，把总傅长清、陈德友、邱清发、陈昆志、潘甫池、陈金顺、陈大顺、高占魁、秦满才、姚喜庠、戴树森、王被和、陈意堂、邓东山、陶得胜，军功高发扬、何吉祥、彭楚桂、宋文彬、李有福、陈桂堂，同知衔候选知县张恒丹，五品军功附生吴光燕，合无仰恳天恩，饬部各照官阶，议给恤典，以慰忠魂。谨合词具陈，伏乞皇上〔六〕圣鉴训示，施行。谨奏。

注释：

[1] 崔伟：(1831—1893 年)，陕西凤翔县回族，同治陕西

回民起事首领。1872年投降左宗棠，在收复新疆中建立功业，官至记名提督。

［2］款附：纳款归附，即投诚。

校勘记：

〔一〕逆：底本、“国会图”本佚，据“首图”本补。

〔二〕怆：底本为“抢”，据“首图”本、“国会图”本改。

〔三〕有：底本为“其”，据“首图”本、“国会图”本改。

〔四〕瑞：底本、“首图”本、“国会图”本同误为“遂”，据《平定陕甘新疆回匪方略》改。

〔五〕清：底本为“青”，据“首图”本、“国会图”本改。

〔六〕皇上：底本阙，据“首图”本、“国会图”本补。

附旨：

军机大臣字寄钦差大臣陕甘总督一等恪靖伯左（宗棠）、西宁办事大臣豫（师）〔一〕：同治十二年二月初九日奉上谕：“左宗棠、豫师奏：官军攻拔大通逆巢，左宗棠奏：肃州官军攻破城西贼堡，请将回目马占鳌等奖励各折片，览奏均悉。大通逆目马进禄等蛊惑叛弁马寿，诡谋煽变，经刘锦棠督军进剿，攻破向阳堡逆巢，并将著名逆酋悉数擒斩，剿办尚属得手。所有阵亡之记名提督朱南英，记名总兵陈凤源、李福星、张大兴、谢东元，总兵衔副将王联升，副将王泰春、颜济胜、易恒升、周忠久，游击黄丰太、成海清、彭传陞、杨丕致，都司吴得胜、刘汉成、刘正开，守备吴福永、许得胜、谢春和、黄玉泉、余祥麟、雷春秀、陈凤林、周肇堂、王升祥，千总武载喜、曹福魁、杨远俊、余吉祥、胡瑞成、戴桂林、黄楚湘，把总傅长清、陈德友、邱清发、陈昆志、潘甫池、陈金顺、陈大顺、高占魁、秦满才、姚喜庠、戴树森、王被和、陈意堂、邓东山、陶得胜，军功高发扬、何吉祥、彭楚桂、宋文彬、李有福、陈桂堂，同知衔候选知县张恒丹，五品军功附生吴光燕，均着交部各照官阶，分别议恤。

叛员马本源等久踞巴燕戎格，遍〔二〕诣各军求抚，仍持两端，暗行勾结，必须迅速剿办。左宗棠已派陈湜等军，由河州前进，著即饬令实力攻剿，并严扼米拉沟等处窜路，以期一鼓歼除。大通一带回匪，仍着饬令刘锦棠等乘胜进兵，剿抚兼施，速筹戡定。平番、碾伯一带防剿事宜，著豫师督饬所部，与左宗棠派出各营联络策应，毋稍松懈。肃州城西贼堡，经官军用地雷轰破，城内贼势已蹙，惟回情狡诈，未可轻听乞抚之词，致坠诡计。现在陶生林等军，计已抵肃，兵力较厚，著左宗棠饬令徐占彪激励将士，奋力围剿，迅拔坚城，毋任日久盘踞。回目马占鳌等随同剿贼出力，自应量予奖励，马占鳌著赏给花翎五品顶戴，马永瑞著赏给蓝翎五品顶戴，马悟真著赏给五品顶戴。将此由五百里各谕令知之。钦此。”遵旨，寄信前来。

校勘记：

〔一〕底本为“钦差大臣陕甘总督一等恪靖伯左宗棠、西宁办事大臣豫师”，“首图”本、“国会图”本原无诸人名，故将诸名加括号。

〔二〕遍：底本为“偏”，据“首图”本、“国会图”本改。

克复巴燕戎格城擒获叛逆并筹办善后折

同治十二年二月二十九日

为官军克复巴燕戎格城擒获叛逆，并筹办善后情形，恭折驰陈，仰祈圣鉴事：

窃臣宗棠先饬前山西臬司陈湜，河州镇沈玉遂率各营，由河州前进情形，业于正月二十七日驰陈在案。

马本源兄弟窜踞巴燕戎格城，自知罪在不赦，意图负隅。闻刘锦棠进剿大通，复纠股窜札巴城[1]，冀袭后路。臣宗棠先檄饬提督刘明灯、总兵敖天印扼屯险隘，该逆惧不敢前，而陈湜、沈玉遂已率河州各军，于正月二十六日抵大河家[2]，侦知该逆眷属均在戎城[1]。因商派提督张仲春、陈广发，总兵杨芳桂、戴定邦，率五品花翎马占鳌及马仲有、马良义等分起衔夜疾趋。查大河家赴戎之路，一由循化，一由米拉三沟，两路稍平而较远。乃议取道番地，翻山直捣戎城，攻其不备。连日大雪迷漫，各军冲寒度险，二十九日抵端庄，距巴城二十里，回目马永福等率众迎降，询知马桂源兄弟带其死党数百骑，甫赴札巴，正图挈眷他窜。陈湜等立饬马占鳌率马如蛟、马德等急进，沈玉遂等督轻骑继之。驰至戎城，叛逆业经西窜，余党正络绎奔赴。官军急分队入城，一面蹑追十余里，及贼后队，贼仍返旗抗拒，官军奋勇冲杀，毙悍贼七八十名，夺马八十余匹，截获逆眷六口，及其姻党十余名。二月初一日，刘明灯、敖天印率所部由米拉沟来会，分驻城关，置所获马本源、马桢源妻子于狱，时大雪不止，知该逆未遽远飏也。刘明灯、沈玉遂饬弁带回勇杨生魁、周世祥、蒋来成、马仲魁、马永昌、马伏清等深入贼中，谕以胁[一]从罔治之意，回众争缴马械乞抚。叛逆马桂源兄弟见人心已离，惶惧益甚，阴遣死党求救于军功马占鳌，马占鳌饬其尽缴马械，初四日齐赴城外东山乞抚，一面禀知沈玉遂。沈玉遂密派马步队环伏东山要隘，比该逆至，遂俯首就缚。陈湜赴巴燕戎[二]厅，先提其死党马主麻、海乙什、马肖个、麻个子三十余犯斩之，下马桂源、马本源、马桢源于狱，连日搜拿余匪，并勒限外五工撒拉各头目，悉缴马械，并拨各营扼要驻扎，拟俟办理循化一律就绪，乃可班师。先派两营，将马桂源兄弟眷口押解赴省讯办，盖遵臣宗棠前檄也。

臣维巴燕戎格回番杂处，山谷幽险，与循化厅境紧接。叛逆马桂源等，本循化回族，其由西宁遁入巴燕戎格也，盖图广行勾结，为西窜之谋。幸陈湜筹策精审，沈玉遂及各营将士戮力一心，其始不露声色，以缓其谋，其继解散党羽，以孤其势，遂令狡猾凶竖，自入网罗，不致重烦兵力。又河湟表里，互为声应，荒服[4]阔绝，用兵至艰，就河湟而言，非先定河州，剿抚兼施，湟中亦难措手。

此次收复巴燕戎格厅员弁勇丁，均皆平定河州著绩之人，应请汇入一案保奖，以昭激劝。花翎布政使衔前山西按察使、著勇巴图鲁陈湜，谋虑周详，才能济变，在事出力最久，应请赏换清字勇号存记录用。河州镇总兵、喀尔莽阿巴图鲁沈玉遂，静定果毅，谋勇兼优，应请以提督存记、请旨简放。头品顶戴记名提督、刚安巴图鲁陈广发，应请旨交部从优议叙。头品顶戴、记名提督博启巴图鲁、三等军功加一级张仲春，提督衔浙江处州镇总兵、勤勇巴图鲁杨芳桂，遇缺题奏。提督前福建台湾镇总兵、斐凌阿巴图鲁刘明灯，记名总兵、振勇巴图鲁敖天印，均应请旨交部议叙。提督衔补用总兵、策勇巴图鲁戴定邦，应请旨以提督补用。其余出力将士，可否由臣宗棠汇案请奖之处，出自鸿施，谨合词具陈，伏乞皇上〔二〕圣鉴训示，施行。谨奏。

注释：

[1] 札巴城：今写为扎巴城，位于今青海化隆回族自治县城东六十里，今扎巴乡东扎巴旧城。

[2] 大河家：甘肃积石山保安族东乡族撒拉族自治县南侧小镇，邻近青海循化撒拉族自治县。

[3] 戎城：指巴燕戎格厅城，即今青海化隆县巴燕镇。

[4] 荒服：边远之地。出自古五服说，以王都五百里内为甸服，其外，五百里称侯服，又五百里称绥服，再五百里称要服，最外五百里称荒服。

校勘记：

〔一〕胁：底本为“协”字，据“首图”本、“国会图”本改。

〔二〕巴燕戎：底本阙“戎”字，据“首图”本、“国会图”本补。

〔三〕皇上：底本阙，据“首图”本、“国会图”本补。

收复大通县城擒斩逆目及筹办迁徙安插事宜折附旨

同治十二年二月二十九日

为官军收复大通县城，擒斩逆目及筹办迁徙安插事宜，恭折驰陈，仰祈圣鉴事：

窃三品卿衔道员刘锦棠攻拔向阳堡情形，已于正月二十七日驰报，正月初六七两日，刘锦棠进规大通，察看一路堡寨林立，若节节攻取，必滞戎机，而悬军深入，又恐后路多梗。乃留六营择要驻扎，一面整队速进。初八日，抚回冶复兴、马福寿由通城驰至，禀知城关回众约三千余，惟叛弁马寿之党千长马长忠、韩喜文、王成宗，伪军师袁满拉等及其死党仍誓死抗拒，余皆畏惧兵威，并无固志。刘锦棠饬游击董福祥留守向阳堡，亲率各营，缚马寿以行。甫抵城边，据城之贼炮石纷下，刘锦棠麾军环攻，令冶复兴、马福寿绕城而呼，献城迎降者免死，擒贼者重赏。忽见回众数百，开西门奔出，罗拜马前。刘锦棠整队入城，逆贼嗾众下城巷战，各营乘势猱腾而上，立克县城。刘锦棠下令抚谕降众，饬令导引官军，觅擒逆目，当获二百余名斩之。分饬各营分屯城关，查点城内汉民，据供向有三千余人，逆弁马寿自小峡败归，戕其丁壮，现仅留老弱妇女六百余口，号哭之声，惨不忍闻，刘锦棠遂提叛弁马寿磔于市，汉民争摘其心肝啖之立尽，并擒其死党马长忠等一百八十余名骈戮之。河东、西及近城庄堡各头目，踵营纳款，均请尽缴马械，捆献匪党，求免进剿。西宁道郭襄之委留陕补用知县黄仁治署大通县篆。初十日至城，刘锦棠饬办善后，迁城关回民于河东、西，另招城西北逊布、马厂、利顺、张家寺各汉堡难民实之，路旁回堡亦量与汉民更易。十一二日，降回纷至大通营及永安一带，回目望风款附，共缴马六百余匹，叉子枪四百余枝。该处距城已在二百里外矣。十四五六等日，各庄捆献匪党一百五十余名，悉斩以徇，人心大定。十九日，刘锦棠率队仍旋西宁。此刘锦棠一军克服大通县城，擒斩匪首筹办善后之实在情形也。

陕回在西宁丁壮老弱妇女，统计尚二万有奇。崔伟、禹得彦、毕大才等倾心向化，刘锦棠挑其精壮，立为旌善马队，向阳堡之役，助剿尤力。惟白彦虎一起，狡黠异常，闻大通蒇事，自知罪孽重大，虑不为官军所容，虽亦伪词乞抚，而责其呈缴马械，则迁延支展，观望不前，崔伟等阴告刘锦棠预为之备。刘锦棠时在大通，飞饬抚回冶复兴率队驻水峡一带扼之。十四五等日两战皆捷。十六日深追遇伏，所部亡失甚多，冶复兴被贼生擒，不屈死之。白彦虎旋率眷属党羽约二千余溃出，由永安南山草滩一带狂窜。刘锦棠以方迁徙陕回各巨股老少，不遑追截，各陕回均俯伏哀鸣，听候安插。当分为三起，约二万人，派队押赴平凉、秦安、清水等县，择地安插。臣据报即分檄营县，妥为照料，一如化平厅故事[1]，并给新抚民每户示谕一纸、刊发良民门牌，俾其遵守。惟羸弱困踣，行走迟滞，现已分起押解，给以行粮，并发车驮，载其妇稚辎重，以遄其行。西宁境内，自此无客回羼杂之患，此迁徙西宁客回另筹安插之实在情形也。

臣维西宁地方遭回逆蹂躏，久已名存实亡，据土民云不睹天日者四十三年矣。刘锦棠解西宁围后，痛剿大通悍贼，一面收抚，足使输诚者怀德，挟诈者畏威，俾糜烂至极，不可收拾之区，倏臻底定。惟白逆乘隙狂窜，侦知经过铁卖沟等处，冒雪奔驰，途中冻僵者不少。臣宗棠前檄降补参将杨世俊，率所部马步各队，及甘、凉、肃各军，准备截击。现据禀报，已各有擒斩，尚未收队，容缓陈明，以清眉目，而各军探禀所报，贼数多寡不同，或者该逆途中多所迫胁，亦未可知也。其禹得彦、崔伟、毕大才等，由西宁、碾伯、平番过省点验，行走安静，当经遴员护解平凉、清水、秦安、化平各厅县，妥筹安插。西宁各属善后事宜，亦分饬斟酌妥办〔一〕，冀一劳永逸，毖后患而竟前功。所有官军克复大通县城西宁迁出客回各情形，谨据实驰陈。

再，此次统领将士，艰苦转战，底定湟中，肃清边徼，实属劳绩卓著，合无仰恳天恩，容臣汇入前次各保案请奖，以示鼓励，伏乞皇上〔二〕圣鉴训示，施行，谨奏。

注释：

[1] 化平厅故事：指清同治十一年，在今宁夏泾源设化平厅，以安置投降陕西回军。

校勘记：

〔一〕办：底本为“力”，据“首图”本、“国会图”本改。

〔二〕皇上：底本阙，据“首图”本、“国会图”本补。

附旨：

军机大臣字寄钦差大臣陕甘总督一等恪靖伯左（宗棠）、西宁办事大臣豫（师）〔一〕：同治十二年三月十一日奉上谕：“左宗棠、豫师奏：官军收复大通县城，擒斩逆目一折，览奏均悉。大通县城为逆回所踞，堡寨林立。刘锦棠访知其中死党无多，余皆畏惧兵威，因势利导，遂克县城，并将叛弁马寿等擒斩，办理甚合机宜。即著左宗棠等饬令刘锦棠将善后事宜，妥为筹办，以期一劳永逸。白彦虎乘隙狂窜，左宗棠等当饬在事各军，认真追捕务获，毋令日久稽诛。此次出力文武员弁，著准汇入前次各保案奏请奖励。另折奏，攻克巴燕戎格城情形，已明降谕旨，将出力人员照所请奖励矣。将此由六百里各谕令知之。钦此。”遵旨，寄信前来。

校勘记：

〔一〕底本为“钦差大臣陕甘总督一等恪靖伯左宗棠、西宁办事大臣豫师”，“首图”本、“国会图”无诸人名，谨将诸名加以括号，以方便阅读。

克复巴燕戎格城后剿办逆回进规循化获胜折附旨

同治十二年四月十一日

为官军克服巴燕戎格城后剿办逆回，进规循化获胜情形，恭折具陈，仰祈圣鉴事：

窃前山西臬司陈湜自二月二十一日将叛员马桂源兄弟眷属解省，当即发交司道监禁，会讯录供讯办，另案陈奏。陈湜传饬巴燕戎格城乡呈缴马械，准其自新。数日之间，陆续缴到叉子枪约二千杆、马约一千三四百匹。巴燕戎格界连循化，地分八工，均系撒拉回族，每工约户口数千，其五工惟木胡隆[1]一工，马械较多。各庄尚知畏威呈缴，独距城六十里之青科庄[2]回族，虽自称限期呈缴，然暗中牵连〔一〕藏匿，屡催罔应。陈湜稔其为撒拉悍回，平时即远出扰掠商旅，素称剧盗凶横尤甚者，不乘威创之，终贻后患。二十八日整旅前进，道员刘锦棠亦率队来会，青科悍回竟敢空庄出拒，守隘放枪，官军突前，擒斩数名，贼始翻山而逃，遂进兵驻扎青科。次日陈湜传饬各工各庄回族，不准容留青科一回，并声言将青科田屋给各良回。该回闻之，乃于三月初二日归庄投诚，听候察办，陈湜当将著名回匪马乙麻、马米力、治主麻等五十六名就庄骈戮，枭首以徇。初三日派提督张仲春、都司马占鳌勒缴该处附近各庄马械，拆毁各庄炮楼，宥其驯者，安业如故，青科一庄遂平，乃接办卡勒冈[二]工十三庄抚事。

查卡勒十三庄内，惟三庄驯顺，其十庄隐匿枪械，各回目亦屡传不到。初四日杨芳桂往查，该十庄鸣枪抗拒。又大胡、卡勒两工交界之东山内，亦多藏匿马械。初五早，张仲春同所部仁营营官总兵刘厚福往查，刘厚福率弁勇数十人，独出一路，途中被伏贼暗枪中伤，殒于阵前，并亡弁勇数名。初七早，陈湜派提督刘明灯前往助剿，马占鳌亦率队入山穷搜，该逆抗拒如故。陈湜以该逆怙恶逞凶，亟[三]应痛剿，即商派河州镇总兵沈玉遂、提督陈广发、总兵邓荣佳等带后路队伍，分支急追。其驯顺三庄，给以良民旗，令植门首，禁止官军不得擅入，专攻十庄。五日，已破其六庄，斩悍贼三百余名，带伤者不计其数。然每破一庄，贼拚死抗拒，官军中枪伤亡者，共数十人，马占鳌所带回勇，伤亡[四]三十余人，余四庄遂哀恳求抚。卡勒东为甘都工[3]，自陈不敢助逆。卡勒、甘都之河对岸，旧为循化上四工撒拉回族所居，上四工素怀反侧，与下四工仇隙本深，至是遂暗煽卡勒、甘都中匪回，并挟制良回，希图蠢动。军功马永瑞自循化下四工来称，上四工内除叉[五]家工[4]外，均议纠众滋扰，下四工则愿剿贼自效。陈湜连日调度进剿。十五日，上四工内街子、苏治、河沿三工回众已渡河者，果耀队于卡勒工地。十六日，复分三路图犯官军营垒，沈玉遂等饬各营列队山头，自率数十骑诱贼，饬后路各营偃旗潜伏山沟待之。贼果纠众来扑，沈玉遂左膊被枪子洞穿，仍裹创诱敌。贼以官军势单，翻山涌进，忽伏兵扬旗突起，四面冲截，贼遂大败，官军追奔十余里，立毙悍贼百余名，并夺其叉子枪，贼之带伤者无算，均滚沟四散。是日，下四工头目韩老大[六]攻街子等工巢穴，亦有擒斩。十七至二十一二等日，刘锦棠遣西宁镇总兵何作霖，率湘军四营及抚回崔伟马队二百骑，到戎助破卡勒余庄，搜诛凶逆，余回哀恳免剿，并将马械缴尽，街子等工头目，亦乞先缴叉枪刀矛各一千五百件，容俟缚献丑类，尽缴马械。陈湜现驻甘都工河岸，俟诸事妥毕，再过河赴循化次第办理。

臣维该处回族，均撒拉一种，生性旷野，儿时即操习叉子枪技，最为精练。平时较猎，能于百步之外射取飞鸟，百不失一。所居依山濒河[七]，地势险恶。乾隆中檄调随征金川番族[5]及石峰堡逆回[6]，官兵倚为军〔八〕锋，猛鸷可想。嗣仍屡次扰边，官军叠次进剿，皆未能痛加创艾，率于巴燕戎〔九〕、循化边界耀兵而还。该回族自恃地险众悍，时与汉番构衅弄兵，益无畏忌。官军至则诡词求抚，旋复杀掠如故，为陇省边患者近百年矣。兹乘河湟底定后，深入其阻，大加搜薙，冀可潜销隐匿，一靖边陲。陈湜等办理此事，于回庄中，稍明顺逆者，曲加抚慰，并严禁弁丁，毋令稍有扰累；其桀骜者，则必痛加剿办，俾识兵威。总期恪遵谕旨，分别剿抚，以规永久。臣宗棠函饬陈湜、沈玉遂等苦心分明，毋枉毋纵〔十〕，以持情法之平，此时多费一分心力，将来即免一分衅端，不敢草率从事，致烦圣廑也。现在诸回震慑，相率归诚，或无难悉就安谧。此次阵亡之记名总兵刘厚福，营规整肃，朴勇善战，以深入贼伏，中枪殒命，实堪悼惜之至，应请旨饬部从优议恤，余俟查明汇奏。

所有克服巴燕戎城后，进规循化获胜情形，谨合词具陈。伏乞皇上圣鉴训示。谨奏。

注释：

[1] 木胡隆：今化隆县德恒隆乡。

[2] 青科庄：今化隆县群科乡。

[3] 甘都工：今为化隆县甘都镇，在化隆县东六十里，黄河

北岸。

［4］叉家工：今循化县查家工。

［5］征金川番族：今四川阿坝州东南清朝时有大、小二金川土司，大金川土司莎罗奔欲吞并小金川土司，并进攻周围其他土司。乾隆十二年（1747年）清廷调大军入川征剿，屡屡失利，直到十四年，才由大学士傅恒与将军岳钟琪率兵连克其碉卡，迫使莎罗奔求降，清廷赦免其罪，仍以其为土司。乾隆三十六年（1771年）大金川土司索诺木杀死革布什扎土司，小金川土司僧桑格进攻鄂克什及明正土司，并与赴援的清军交战。清廷派兵征讨，数换大将，屡次败北，总共以七八万兵力、帑银七千万，费五年时间才压服了只余两千多人的金川。

［6］石峰堡逆回：乾隆四十六年（1781年）循化苏四十三起事被镇压后，清朝大肆捕杀新教群众，将新教清真寺全部摧毁。由此，引起乾隆四十九年（1784年）爆发于盐茶厅（今宁夏海原）田五领导的新教群众起事，并迅速扩大至甘宁十数县山区。清廷以福康安为将军最终在石峰堡（今属甘肃通渭）将起事镇压。

校勘记：

〔一〕连：底本为“运”，据“首图”本、“国会图”本改。

〔二〕冈：底本为“罔”，据“首图”本、“国会图”本改。

〔三〕亟：底本为“丞”，据“首图”本、“国会图”本改。

〔四〕伤亡：底本为“亡伤”，“首图”本、“国会图”本为“亡伤亡”，据《平定陕甘新疆回匪方略》删前一“亡”字。

〔五〕叉：底本、“首图”本、“国会图”本为“义”，据

《平定陕甘回匪方略》改。

〔六〕老大：底本为“大老”，据“首图”本、“国会图”本改。

〔七〕河：底本为“水”，据“首图”本、“国会图”本改。

〔八〕军：底本为“先”，据“首图”本、“国会图”本改。

〔九〕底本为“巴燕戎格”，据“首图”本、“国会图”本删“格”字。

〔十〕纵：底本为“踪”，据“首图”本、“国会图”本改。

附旨：

军机大臣字寄钦差大臣陕甘总督一等恪靖伯左（宗棠）、西宁办事大臣豫（师）〔一〕：同治十二年四月二十一日奉上谕：“左宗棠、豫师奏：官军克复巴燕戎格城后剿办逆回，进规循化，左宗棠奏：追剿窜回并肃州叠获胜仗情形各一折。巴燕戎〔二〕城克复后，陈湜饬令该处回族呈缴马械，并将青科庄悍回惩创，以次戡定卡勒等庄，现驻甘都工河岸，俟循化上四工回族缚献丑类，尽缴马械，诸事办妥，再赴循化次第办理。即著左宗棠等督饬陈湜认真筹划，摄以兵威，抚其驯顺，以期一劳永逸，绥靖边陲。阵亡之总兵刘厚福，著交部从优议恤，以慰忠魂。白彦虎等逆由西宁出窜，图援肃州，经杨世俊等军探踪截击，叠挫贼锋，该逆复与肃城〔三〕踞贼夹扑围城营垒，经徐占彪等督军击退，并袭破塔尔湾贼巢，贼胆益寒，纷纷溃窜。现在白彦虎已被枪伤，亟应乘此机势，迅速歼除，其散窜南山各岔口者，左宗棠已饬甘州各防营搜缉，并咨商宋庆，饬令分驻各营，就近捕斩，想可净绝根株。至窜向大草滩、黑山峡之贼，人数虽不甚多，亦应一律追捕。仍著该督饬派官军探踪剿击，悉数歼擒，毋留余孽。肃贼无援，必形穷蹙，左宗棠当饬[四]徐占彪等尽力攻剿，速拔孤城，不得久稽时日。将此由六百里各谕令知之。钦此。”遵旨，寄信前来。

校勘记：

〔一〕底本为“钦差大臣陕甘总督一等恪靖伯左宗棠、西宁办事大臣豫师”，“首图”本、“国会图”无诸人名，谨将诸名加以括号，以方便阅读。

〔二〕巴燕戎：底本衍一“格”，据“首图”本、“国会图”本删。

〔三〕城：底本为“州”，据“首图”本、“国会图”本改。

〔四〕饬：底本衍一“令”，据“首图”本、“国会图”本删。

请发青海王公欠俸及西宁经费折

同治十二年□月□日

为据情恳请，饬催积欠青海王公俸饷，并西宁经费银两，以恤蒙番，仰祈圣鉴事：

窃奴才叠次接据青海蒙古各王公等联衔呈称，频年被贼扰害，牧所生计日蹙，每岁应支俸银，停积十年未得支领，伊等实在窘困万状，难以聊生。请由奴才奏恳天恩，赏发伊等积年俸银，藉资存活等情前来。

奴才伏查青海各蒙古王公等所呈，应支俸饷多年未领，并频年被扰，苦累不堪，均系实在情形。奴才前于同治九年接任后，检查接管卷内，有原任玉通奏奉谕旨，由山西省指拨筹解王公俸饷，并西宁经费银两一款，曾经奏恳饬催，并由奴才派员提解。该省虽经陆续报解，总未全数清完，以致各该王公俸银，仅发至同治三年分止。兹据各该王公等亲身前来奴才衙门，泣诉苦情，恳请转奏，理合据情吁恳天恩，俯[一]念该蒙古王公窘苦下情，饬下山西抚臣督饬藩司，迅将奉拨欠解之王公俸饷，并经费银共计七万六千四百两，扫数筹解来宁，俾济要需〔二〕。

所有据情奏恳，饬催积欠王公俸饷，并西宁经费银两缘由，理合缮折，由驿驰陈，伏祈皇上〔三〕圣鉴，训示。谨奏。

奉朱批："已谕知鲍源深，照数拨解矣。"

校勘记：

〔一〕俯：底本为"伏"，据"首图"本、"国会图"本改。

〔二〕需：底本为"须"，据"首图"本、"国会图"本改。

〔三〕皇上：底本阙，据"首图"本、"国会图"本补。

请裁撤驻威人员并停止抽收担头钱片

再，原任玉通曾于同治八年奏明，派委本衙门主事笔帖式轮驻西宁所属之威远堡地方，察收商贩担头钱文，留支该处所驻官兵团勇口食，并理民间微细〔一〕词讼一案。嗣至八年十二月间玉通出缺，奴才接任，因军务吃紧，曾饬停缓，俟后察看情形，再行核办。查现在西宁地方渐就肃清，道路通畅，该处一切词讼事务，自可赴地方官衙门具控，无须再派本衙门司员驻威接讯，以符定制。其担头钱文一项，原系一时权宜之局，刻下人民甫经苏息，正宜招徕商贾，以期生聚，未便稍事苦累，亦应一律停止。

除由奴才咨会督臣，并出示晓谕外，所有裁撤驻威人员，并停止抽收担头钱文缘由，理合附片奏明。伏祈圣鉴训示。谨奏。

奉朱批："知道了。"

校勘记：

〔一〕 微细 底本为"细微"，据"首图"本、"国会图"本改。

收复循化西南边地肃清并筹办善后情形折附旨

同治十二年六月十一日

为官军收复循化厅城，并办理一切情形，恭折具陈，仰祈圣鉴事：

窃三月二十二日以前，前山西按察使陈湜督军剿办逆回，进规循化，获胜情形，业于四月十一日详晰陈明。三月二十六日剿抚卡勒工事竣，陈湜移军甘都工，查访该工回民，当河南三工逆回渡河抗拒官军时，多系裹胁而来，甘心从乱者，不过数人。此次闻风逃匿，当饬代理巴燕戎[一]厅通判乔金镛拿获乩善拜、排壹、五八、迭巴子等八犯戮之。甘都地与循化仅一河之隔，循化八工撒拉大小头目，先后款营请命。其下四工为孟打工、章哈工、奈慢工、清水工，上四工为街子工、叉[二]家工、大寺工、苏治工，外有沿河四庄，盖附丽于街子工者。陈湜以下四工上年曾堵御马桂源，本年复攻街子逆回巢穴，尚知顺逆，即上四工内之叉[三]家工，亦实未渡河抗拒，因饬令收齐枪械，俟官军至循城时呈缴。其街子、大寺、苏治三工，则勒限先缴叉子枪一千五百杆到营，并备办船筏[1]，接渡官军，开城以待，方准收抚。数日间均各如命办理，无敢刻延。

四月初四、五、六等日，陈湜酌留数营驻甘都后路，亲率各军耀队河干[2]，成列以济。先派五品军功回目马占鳌、马永瑞，率左右两旗〔四〕登岸而垒，各军分扎循城内外。方渡河时，自河岸至近城居民，扶老携幼，焚香跪迎者，相属于道。城中民房无几，官廨荒废殆尽，而城堞尤多坍圮，当派各营先修城垣，两日毕事。回目乡约及老民，纷纷扶杖求见，伏地涕泣，号呼乞恩。陈湜剀切开导，晓以大义，令亟缚献逆目，呈缴马械，运送军粮，毁平各庄炮台碉楼，赔修衙署、庙宇，数者有一违误，即予剿办。诸回闻命，感激叩头。不两旬，上四工缚送最称枭悍之积年匪首，并此次倡乱渡河之马八十、马玉连、沈五十七、韩麻亥、买绽、八十九、马亥必、保查山、白住麻等二十〔五〕余名。下四工亦解到数贼，骈戮以徇。总计回民约三千户，先后缴枪四千余杆，大炮、劈山炮十六尊，凡彼中所称金花、银花装饰珊瑚、松绿，极精利各枪，概经追缴。并出具不存一马一枪甘结。惟番民以逐猎为业，熟番〔六〕枪械，令交千户长、百户长收管，其生番逐居水草，毡帐时移，应准稍为存留，以防猛兽而护牛羊。该处专恃地险枪利，不习马战，故马不多畜，然亦缴过二三百匹。连日运送军粮，男妇荷载，络绎不绝，各军驻循十四营旗，不惟足资饱腾，且有存粮。遍勘各庄炮台碉楼，平毁已尽，其沈家、韩巴两堡，墙坚厚而炮台尤多，询系明代所筑，亦均拆废。厅城衙署庙宇，各回联名具呈，恳准缴赔修银一万二千九百两，陈湜当饬代理循化厅同知汪声元经收办理。凡所指示各回，无不奔走争先，惟惧少延晷刻。诸事既定，陈湜商西宁镇总兵何作霖，所带老湘军五营，及回目崔伟马队，仍回西宁，令循城文武各员到任视事，并规划巴燕戎格、循化地势全局，分营择要扼扎，俾与西宁、碾伯、河州声息相通，互为联络，庶新定之地，足资镇压。陈湜率亲军回兰州。

臣等窃维循化凭山阻河，沟岔纷歧，地势奥险，与巴燕戎格无异，而八工撒回，向所称大撒拉者，习俗犷鸷，枪械精利，则较五工撒拉为尤甚。陈湜初渡河时，决计大张挞伐，痛挫其凶焰。乃自卡勒工 战，贼负创而归，又见官军能战不扰，威信彰明，各处就抚番回，均释其疑惧之心，遂各俯首帖耳，惕息效顺，此固始愿所不及也。

臣等现[七]饬地方有司，招来赈抚，清厘地亩，严行保甲，兴建义学，及举办一切善后事宜，妥筹次第经理，冀得长治久安，永纾边患。现署河州知州潘效苏禀，收辑难民四万余名口，署狄道州知州喻光容禀，收辑难民万余口，汉回相庇以安，猜忿顿释。而巴燕戎、循化、河州各境汉、回、番、撒大小渠目百余，赴兰州叩谒，臣左宗棠亲加抚谕，饬其安分守法，宣布朝廷剿抚兼施之意，察其情词，尚能领悟，均以复同平民为至幸也。

所有收复循化城池，西南边地肃清，并筹办善后情形，谨合词具奏，伏乞皇上〔八〕圣鉴训示。谨奏。

注释：

[1] 筏：指黄河上游古老的水上运输工具——牛羊皮筏。

[2] 河干：河边、河岸。

校勘记：

〔一〕巴燕戎：底本衍一“格”字，据“首图”本、“国会图”本删。

〔二〕叉：底本、“首图”本、“国会图”本皆为“义”，误，据实改。

〔三〕叉：底本、“首图”本、“国会图”本皆为“义”，误，据实改。

〔四〕旗：底本为“旅”，据“首图”本、“国会图”本改。

〔五〕二十：底本为“三十”，据“首图”本、“国会图”本改。

〔六〕番：底本为“习”，据“首图”本、“国会图”本改。

〔七〕现：底本为“观”，据“首图”本、“国会图”本改。

〔八〕皇上：底本阙，据“首图”本、“国会图”本补。

附旨：

军机大臣字寄钦差大臣陕甘总督一等恪靖伯左（宗棠）、前乌里雅苏台将军金（顺）、西宁办事大臣豫（师）[一]：同治十二[二]年六月二十日奉上谕：“左宗棠、豫师奏：收复循化厅城，筹办善后事宜，左宗棠奏：围攻肃城踞逆获胜，并金顺全军未能迅速出关情形各折，览奏均悉。循化厅城，既经收复，惟收辑难民甚多，一切善后事宜，亟应次第兴办。著左宗棠、豫师饬令该地方官认真经理，妥为抚绥，以期一劳永逸。左宗棠所奏三、四、五月间，官军围攻肃州踞匪，迭获胜仗，与金顺前奏情形大略相同。现在宋庆所部提督蒋东才等营，亦已行抵肃州，逼城筑垒，各营锁围严密，贼胆已寒，第穷极思窜，亦在意中。著左宗棠饬令徐占彪、宋庆督率各营，实力围剿，务将此股贼匪，就地歼除，毋得纵令他窜，致贻后患。

“至关外用兵粮石车驼，自应豫为筹画，方可师行无阻。自肃州一带，被贼蹂躏以后，筹办一切，均属不易，此种情形，朝廷亦所深悉，但以西路军情紧要，未便置为后图，且景廉现已率队进抵古城，后路尤须有军策应，方可联络声势，节节进规。是以迭次严谕金顺，克期出关，以期迅赴戎机。兹据左宗棠奏称：‘现在新谷未收，军粮缺乏，骆驼亦值歇厂怯热之时，不能负重，若展迟两月，于八月间拔队西行，局势似较稳慎’等语。所筹亦系实情。惟白彦虎贼股，现又窜扰关外安、敦、玉等处，情形紧急，盼兵尤切，金顺仍当赶紧部署，统军出关，相机剿办，如一时实因粮运车驼未能应用，或派拨数营，先行进发，以资接应之处，著金顺酌度情形，妥筹办理。金顺需用粮石车驼等项，仍著左宗棠饬令该地方官速为豫备，勿稍延误。将此由五百里各谕令知之。钦此。”遵旨，寄信前来。

校勘记：

〔一〕底本为“钦差大臣陕甘总督一等恪靖伯左宗棠、前乌里雅苏台将军金顺、西宁办事大臣豫师”，“首图”本、“国会图”无诸人名，谨将诸名加以括号，以方便阅读。

〔二〕十二：底本为“二十”，据“首图”本、“国会图”本改。

加派汉蒙官兵护送赴藏迎接哲布尊丹巴呼图克图呼毕勒罕之库伦蒙古官员折〔一〕

同治十二年七月七日

为循旧加派汉蒙官兵护送赴藏迎接哲布尊丹巴呼图克图呼毕勒罕之库伦蒙古官员，以昭慎重缘由，恭折具奏，仰祈圣鉴事：

窃查每遇库伦[1]蒙古官员人等赴藏迎接哲布尊丹巴呼图克图[2]之呼毕勒罕[3]，经过青海地方，向例派拨西宁镇营官兵二十名，由西宁县备供盐粮马驼等项，护送进藏。并即查照道光二十三年奏定章程，在于青海各旗，按照库伦所来人数，每百名派拨青海蒙古兵三十名，由奴才豫师衙门给发口食银两，将库伦蒙古人等护送至柴达木界外在案。前于道光二十七年办理此案，经前任大臣哈勒吉那会商前督臣布彦泰，因向派官兵二十名为数过单，加派官兵二十名，共兵四十名护送进藏。当因库伦蒙古人等在于青海地方住牧牲畜被番抢劫，复行加派西宁镇营官兵二百名，并青海各旗族蒙番兵二百名，选派扎萨克台吉，责成管带，均经奏明，统由西宁县备供口食驮脚等项，将库伦蒙古人等护送至柴达木界外，交玉树番族接替护送。嗣于咸丰四年因甘省库款支绌，又值办理此差，旋经前任大臣吴必淳会商前督臣易棠，所有例派加派镇兵四十名护送进藏，加派青海各蒙番兵二百名，均各遵照成案办理。其所加派镇营官兵二百名，驮脚口食需款甚巨，遂行奏请，改派察汉[二]托洛亥驻防官兵二百名。因该兵自有口粮，仅由西宁县供支驮脚，用费较减，即令驻防副将陈智和自行管带，协同所派青海蒙番各兵护送至柴达木界外，交玉树番族派兵转送前进各在案。

本年正月间，接理藩院行知，奏请钦派大臣并库伦蒙古官员人等赴藏迎接哲布尊丹巴呼图克图之呼毕勒罕，经过西宁地方，诚恐附近回匪盘踞，道路梗阻，务须多派官兵，妥为护送等因，并准库伦大臣咨行前来。当经奴才豫师查照分饬遵办外，查此次钦派大臣及库伦蒙古官员人等赴藏，既经饬令多派官兵，妥为保护，自应遵照办理。所有青海地极辽阔，向有番贼出没，刻下干戈甫定，余氛更宜预防，且该库伦蒙古人等所赶牲畜，颇甚繁重，行至青海地方，必须歇缓牧养，设使贼匪垂涎，一有抢劫，所关匪轻，臣等往返咨商，自应遵照上届成案办理。惟查咸丰四年，改派察汉托洛亥驻防官兵二百名，现在该兵早已裁撤，无可指派。只有仍照道光二十七年成案，加派西宁镇营官兵二百名，并加派青海各蒙番兵二百名，选委妥干札萨克台吉二员管带，并又加派咸丰九年新附八族等番兵数百名，一并在于库伦蒙古人等牧畜处所，协同照料防护。俟其起程时，即令该官兵等将该库伦蒙古护送至青海柴达木界外，交玉树番族派出番兵六百名，同例加派护送进藏之营兵四十名，接替保护前进。至例派蒙兵并八族等番数百名，业已由奴才豫师衙门分别酌给口食赏耗，其所拟加派镇兵及加派蒙兵口食等项银两，应仍一律由西宁县照依上届办过成案备供。惟此次护牧，为日较长，而地方甫复，诸物昂贵，所有供支各款，应行酌增之处，臣等业经奏明在案。

除俟明岁该呼毕勒罕由藏启行回归库伦时，再由臣等届期体察情形，另行会商酌办外，所有本年钦派大臣及库伦蒙古官员人等赴藏迎接哲布尊丹巴呼图克图之新呼毕勒罕，查照上届酌派汉蒙番各兵，一体照料护送各缘由，是否有当，谨合词恭折具奏，伏祈皇上〔三〕圣鉴训示，遵行。谨奏。

奉朱批："知道了。"

注释：

[1] 库伦：今蒙古国乌兰巴托，清朝在当地设立钦差库伦办

事大臣管理各项事务。

[2] 哲布尊丹巴呼图克图：外蒙古藏传佛教最大的活佛世系，属格鲁派，于17世纪初形成，与内蒙古的章嘉呼图克图并称为蒙古两大活佛。是与达赖喇嘛、班禅额尔德尼、章嘉呼图克图齐名的藏传佛教的四大活佛之一。八世哲布尊丹巴·阿旺罗布藏吹机呢玛丹增旺楚克，于同治十年（1871年）十二月经金瓶掣出，1924年圆寂。

[3] 呼毕勒罕：又写作呼弼勒罕，蒙语xubilgan音译，意为转世或化身。指藏传佛教中活佛转世再生，亦指活佛传位的制度。

校勘记：

〔一〕本折“首图”本缺收。

〔二〕察汉：底本为“汉察”，据“国会图”本改。

〔三〕皇上：底本阙，据“国会图”本补。

请催赴藏迎接新呼毕勒罕之官员迅速前行折附旨

同治十二年八月□日

为请旨饬催赴藏迎接新呼毕勒罕之钦派大臣暨库伦贝勒，迅速前行，以免延误，仰祈圣鉴事：

窃臣等会商循旧加派汉蒙官兵护送赴藏迎接哲布尊丹巴呼图克图呼毕勒罕之库伦蒙古人等各缘由，已于七月初七日奏报在案。

伏查历年赴藏迎接呼毕勒罕官员人等，向因边地一交冬令，风雪过大，难以行走，故均于七月内，全行由牧所起程前进。此次赴藏迎接之库伦堪布喇嘛等一千三十余人，随带骑驮牲畜四千四百余头，早于前六月初五日由宁出口，赴青海草地住牧，已阅三月之久。所有钦派大臣，并第四次改派库伦车臣罕部落贝勒车林桑都布，尚无文报入甘消息，该堪布喇嘛等盼望綦切。其派往海疆驻牧防护汉蒙番众等兵，在牧护守，为日已久。边外早寒，均已况〔一〕瘁不堪，据称若再迟延，交冬风雪大作，不但汉蒙各兵疲惫，口食经费糜[二]耗，且恐牲畜冻毙，驮载维艰，长途难以行走等情，恳催前来。

臣等伏查该员等所称，皆系实在情形，现在时已中秋，该大臣等尚无入甘消息，莫名焦灼。合无仰恳天恩，饬下沿途地方官，查明迎接呼毕勒罕之大臣库伦贝勒等，现已行抵何处，催令迅速前来，与先到之库伦堪布喇嘛人等，一同起程赴藏，而免延误，出自鸿慈逾格。谨合词恭折，由驿驰陈。伏祈皇上[三]圣鉴训示。谨奏。

奉朱批："另有旨。"

校勘记：

〔一〕况：底本为"疲"，据"首图"本、"国会图"本改。

〔二〕糜：底本、"首图"本、"国会图"本皆为"縻"，误，改正。

〔三〕皇上：底本阙，据"首图"本、"国会图"本补。

附旨：

军机大臣字寄钦差大臣陕甘总督一等恪靖伯左（宗棠）、西宁办事大臣豫（师）、库伦办事大臣张（廷岳）、阿（尔塔什达）[一]：同治十二年八月二十一日奉上谕："左宗棠、豫师奏：请饬催赴藏迎接呼毕勒罕之大臣等迅速前行一折。此次赴藏迎接哲布尊丹巴呼毕勒罕之库伦堪布喇嘛等，早由西宁出口，赴青海草地驻牧。所有改派库伦车臣罕部落贝勒车林桑都布，尚无入甘消息，该堪布等一千余人，守候三月之久，若再迁延，转瞬天气严寒，长途难以行走，情形更属苦累甚。著张廷岳、阿尔塔什达，查明该贝勒现在行抵何处，催令迅速前进，与先到之堪布人等一同起程赴藏，以免耽延。前派宝琦赴藏迎接呼毕勒罕，因中途患病，准其开缺回旗，改派恩麟。俟承继到任，交卸藏务后，就近护送起程赴库，本日复寄谕该前驻藏大臣，遵照办理矣。将此由五百里各谕令知之。钦此。”遵旨，寄信前来。

校勘记：

〔一〕底本为“钦差大臣陕甘总督一等恪靖伯左宗棠、西宁办事大臣豫师、库伦办事大臣张廷岳、阿尔塔什达”，“首图”本、“国会图”本原无诸人名，故将诸名加括号，以利阅读。

西宁军务艰窘用款纷歧恳免分晰造报折

同治十二年十月□日

为西宁军务艰窘，用款纷歧，恳免分晰造报，恭折具陈，仰祈圣鉴事：

窃奴才于同治九年三月十九日奏奉谕旨：募立五营，办理西宁军务，应需饷粮军实，由山东、河南、两淮三省每月奉拨专款二万五千两，撙节支用。四年以来，仰赖天威，办理尚无贻误。现在宁郡底定，关内军务一律肃清，所有奴才支用军需各款，自应遵照部章，逐款造册报部核销，以符定例。惟西宁军务情形，较他处军事异常掣肘，所有采运粮石、制造军实等款，多与常行定例不符，实有碍难清造者，不得不为我皇上详陈之。

伏查西宁本属穷僻边隅，离乱十年，一望榛莽，村舍悉成瓦砾，采办军粮，远在僻山残堡，扒越鸟道，零星斗合，攒凑而来，价值高低相悬，而以银易钱，各处又无市估定数，纷歧互异，不能一致。其由凉州、兰州采办者，股数虽较整齐，而长途绕越，輓运阻贼、阻雨、阻河、阻候，护解阻候，驮脚动辄停滞，运费亦节节不同、时时各异，此难于清造者一也。军装器械等物，系由川陕秦州、兰州及平、碾各处凑买制造，股项既属零碎，近处价值奇昂，远处转解停耗。此外又有开立新军时，暂由他军借拨军装，立经发营应急，仅止兑给正数，而无原造细款，此难于清造者二也。各营分扼，袤长数百里，因贼踪肆突，东逐西驰，防剿不时，其支领裹带口粮，率多仓猝从事，相隔窎远，前支后扣，轇轕[1]纷繁，此难于清造者三也。每月请拨专饷二万五千两，自九年四月奉拨之日起，截至本年九月底止，各省仅据解到银四十三万一千两，又由左营垫解过银五万三千两，统共实解到营银四十八万四千两，各省计尚欠解银六十六万九千两，按每月拨定数目，尚未及半，除办粮办运以及制造军实等项，均需实银，势不可缓者，已属巨款。所有各营员弁勇丁，应支月饷仅足[一]前后牵发，稍资盐菜，若一经结算，各营必致纷纷找领欠款，为数过多，办理转更掣肘，此难于清造者四也。是宁军艰窘情形，在在实与他军不同。彼时正值危急之秋，奴才只得体察时势，量为变通，力求节省，未敢拘泥旧章，以期军事无误。

总之，此项西宁军饷，每月指拨二万五千两，原系奉部核实，而各省拨解寥寥，尚未及半。以西宁艰局，支用各款，有节欠而无虚耗，自在圣明洞鉴之中。然军饷关系重要〔二〕，若不早为划截分别请销，日久更难清理。合无吁恳皇上，特恩俯念西宁窘困情形，支用拮据，准将西宁月饷截至本年九月底为止，所有以前用款，免其分晰造报，由奴才开具收支各款总数，送部查核。至此后饷款，地方渐次平静，自当遵照部章造报，以符定例，出自逾格鸿施。

所有西宁军需用款，恳请划截，免其分晰造报缘由，理合缮折，由驿驰陈，伏祈皇上〔三〕圣鉴训示。谨奏。

奉朱批："著照所请，该部知道。"

注释：

[1] 轇轕：亦作"轇輵""轇葛"。交错，杂乱。

校勘记：

〔一〕仅足：底本后有"□□"，意为有阙文，据"首图"本、"国会图"本删二方格。

〔二〕关系重要：底本为"关重"，据"首图"本、"国会图"本增二字。

〔三〕皇上：底本阙，据"首图"本、"国会图"本补。

奖励西征将士并速出关驰剿旨

同治十二年十月二十九日

同治十二年十月二十九日内阁奉上谕："前据左宗棠奏：肃州克复，关内一律肃清。先后降旨，将左宗棠等及在事出力各员，优加奖励。因思该省各路统兵大员，或扼要设防，或相机雕剿，同心协力，共奏肤功，允宜一体施恩，以彰劳勚〔一〕。将军金顺助攻肃州，已加恩开复革职处分，著再赏还黄马褂、花翎、清字勇号，以示鼓励。穆图善前署陕甘总督，统兵剿贼，懋著勤劳，此次移札泾州[1]，扼贼纷窜，亦属得力，著赏给云骑尉世职。提督宋庆，驻军陕西边境，屡挫贼氛，迨调赴甘肃，合攻肃州，尤为奋勇；张曜扼札甘肃宁夏郡城，剿办王家疃等处踞匪，地方得以安谧，近由凉州驰赴肃州，勇往可嘉。宋庆、张曜均著赏戴花翎。副都统衔、西宁办事大臣豫师会同左宗棠办理西宁招抚事，复在平番防剿得力，著赏给头品顶戴。其办理西征粮台之三品顶戴詹事府詹事袁保恒，筹解军〔二〕饷，始终无误，亦著赏给头品顶戴。

现在关内肃清，亟应乘此声威，将关外各处窜匪次弟扫除。著金顺率所部迅赴古城，会同景廉进剿。穆图善著即派队赴安西[2]、敦煌、玉门一带扼扎，妥筹防剿，以壮声援。哈密尚未解围，张曜著与宋庆统带所部，一同驰往哈密，与文麟明春会同剿贼，以厚兵力。该将军等务当奋迅图功，殄除丑类，用副委任。所有出关各军转运粮饷，关系紧要，著左宗棠认真督办，源源接济，毋任缺乏。钦此。”遵旨，寄信前来。

注释：

[1] 泾州：今甘肃泾川县。

[2] 安西：今甘肃瓜州县。

校勘记：

〔一〕勦：底本为“勋”，据“首图”本、“国会图”本改。

〔二〕军：底本为“粮”，据“首图”本、“国会图”本改。

筹议西征速即出兵旨

同治十二年十月二十九日

军机大臣字寄钦差大臣协办大学士陕甘总督一等恪靖伯左（宗棠）、宁夏将军穆（图善）、前乌里雅苏台将军金（顺）、乌鲁木齐都统景（廉）、西宁办事大臣豫（师）、哈密办事大臣文（麟）、帮办大臣明（春）[一]，传谕广东提督张曜、湖南提督宋庆：

同治十二年十月二十九日奉上谕："前因肃州克复，加恩以左宗棠协办大学士，并赏给一等轻车都尉世职，本日复明降谕旨将穆图善等分别加恩奖叙，以示论功行赏，用彰劳勚[二]。

"现在关内肃清，陇右大兵云集，自应乘此声威，分路西征。景廉驻扎古城，兵力单薄，亟应添派劲旅，以图进取。金顺所部尚有二十营，若与景廉合在一处，则兵威较壮。景廉本有请饬金顺前赴古城之奏，即著统率各营，克日驰赴古城，相机进剿，以期规复乌鲁木齐。景廉于金顺到后，将各队如何分拨前进之处，即著和衷商办，不得稍涉意见。其额尔庆额马队，即著左宗棠饬令随同金顺西进，听候调遣。哈密虽获胜仗，现在是否解围，未据文麟等续报。张曜、宋庆所部兵力较厚，该提督等久历戎行，办事奋勇，朕所素知。著即督率所部，驰往哈密驻扎，会同文麟、明春等相机防剿，遇有军情缓急，均准会衔奏事。穆图善所部马步各队，久驻泾州，徒置无用之地，著即饬令该统领等分起前赴安、敦、玉[1]一带驻扎，以为诸军后继。该将军现在奏请陛见，著将各队分派起程后，再行来见，面授机宜。以上各军，经朕酌量分派后，该将军等接奉此旨，即行奋迅前进，不得托词耽延。倘有玩泄从事，朕必当按律惩办，决不宽贷！至各该军驰赴关外粮饷一切及转运事宜，责任綦重，必须先事豫筹，并督饬地方官悉心经理，带兵大员，其势难于兼顾。左宗棠身任兼圻，责无旁贷，著即统筹各军所需粮饷军火等项，每月应用若干，宽为预备，陆续转输，毋令稍有缺乏。如果各该军逗留不进，则罪在主将，倘因粮饷不继，致误戎机，朕惟左宗棠是问。

“关外情形，究竟若何，粮运道路若何，镇、迪[2]以东，俱总督统辖之地，著即详细查明，绘图呈览。河州、狄道回情是否安贴；该大臣督办粮运，自应驻扎肃州，兰州省城，只有藩、臬[3]驻扎，是否足恃；西宁安插各回众，能否不滋事端，并著左宗棠、豫师据实具奏。左宗棠所部各队，久在边陲，其中疲乏者，谅亦不少，自应分别遣撤，将得力之师分扎各要害，以资弹压，值此饷项支绌之时，尤宜汰弱留强，以节糜〔三〕费。将此由六百里谕知左宗棠、穆图善、金顺、景廉、豫师、文麟、明春，并传谕张曜、宋庆知之。钦此。”遵旨，寄信前来。

注释：

[1] 安、敦、玉：指安西（今瓜州）、敦煌、玉门。

[2] 镇、迪：镇西府（今新疆巴里坤）、迪化（今新疆乌鲁木齐）。

[3] 藩、臬：指藩司，即承宣布政使司，掌管一省财赋、民政；臬司，即提刑按察使司，掌管一省司法、监察以及驿传事务。

校勘记：

〔一〕钦差大臣协办大学士陕甘总督一等恪靖伯左（宗棠）、宁夏将军穆（图善）、前乌里雅苏台将军金（顺）、乌鲁木齐都统景（廉）、西宁办事大臣豫（师）、哈密办事大臣文（麟）、帮办大臣明（春）：底本同，按“首图”本、“国会图”本皆只有诸人姓而无名，现为阅读方面，保留底本将人名用括号括住。

〔二〕勚：底本为“勋”，据“首图”本、“国会图”本改。

〔三〕糜：底本及“首图”本、“国会图”本皆为“縻”，误，改正。

西宁军务肃清请奖运饷出力员弁折

同治十二年十一月十一日

为西宁军务肃清，在事出力员弁，恳恩俯准，择尤保奖，以示鼓励，恭折具奏，仰祈圣鉴事：

窃自去岁秋间，大兵进剿西宁逆叛，奴才接准督臣左宗棠咨商，以派来湘军等营，悉令开赴前敌，合力攻剿，以期一气联络。奴才所部各营，堵遏后路贼党抄劫，并上下梭护，转运前敌粮饷军火，曾经奏明在案。

查自省西至西宁之大峡口军营，途长数百里，山径崎岖，沟岔纷杂，榛莽掩映，处处能通，时时可劫。前敌诸军林立，转运粮饷军实，络绎星飞，而抄截后路，最为贼党惯技，其逼近运道之米拉沟，亦有伏匿陕匪，尚繁有徙〔一〕，尤为可虑。非分别护运、堵隘、巡哨三项责成，难期稳妥。乃诸军自派拨以来，懔遵任事，探前防后，全力注之。叠次大伙悍党，分道冲突，此斗彼劫，狡变百出，经各营随时奋击，阵斩追擒，未致兔〔二〕脱[1]。

其伏莽零寇，亦经巡哨搜剿净尽，运道因之畅行，始终得保无虞。时当交冬之际，严寒风雪，昼夜奔驰，足穿指裂，轮转梭传，未敢少懈，其吃力较之征军为尤甚，实属异常艰苦，著有劳绩。至承办台局转运各员，或冒险轻生，长途曳运，或任劳耐苦，漏夜摒挡，均能赶办无误。在事已历两年有余，亦属著有微劳。现当西宁全境一律肃清，自宜量予奖勱〔三〕，以示观感。

合无吁恳天恩，俯念全湟底定，准将在事，实在出力员弁，由奴才择尤酌保，以示激劝，出自圣主逾格鸿施。

所有宁境军务肃清，恳将出力员弁，择优保奖缘由，谨缮折由驿驰陈。伏祈皇上〔四〕圣鉴训示。谨奏。

奉朱批："著准其择尤酌保，毋许冒滥。"

注释：

[1] 兔脱：突然逃跑。

校勘记：

〔一〕徙：底本及"首图"本为"徒"，据"国会图"本改。

〔二〕兔：底本为"免"，据"首图"本、"国会图"本改。

〔三〕勱：底本为"励"，据"首图"本、"国会图"本改。

〔四〕皇上：底本阙，据"首图"本、"国会图"本补。

积劳成疾请开缺调养片

再，奴才生长南方，体气素弱，然幸精神尚足，平昔遇事，恒废寝食，未赏少惫。自同治元年，随前署督臣沈兆霖戎幕后，陕匪接连入甘，四路响应。维时承平日久，官弁率不知兵，遂以奴才前在军营，滥竽任事。无兵无饷，烽火亘野，或率孤军于数十万豺狼之薮，或筹糈务于千余里瓦砾之场，沐血眠沙，饮冰〔一〕茹草，其间屡濒于危者，不可计数。因而受伤过重，精力枯竭。至六年在巩秦阶道[1]任内，就地筹办大军百数营之粮饷军实及一切运事兼防后路窜贼。适当地方凋敝，供应浩繁，捐办万分掣肘，焦煎撑拄〔二〕，神气愈觉颓败。逮七年克复狄城[2]后，骤得心疾，时复昏晕，然势难歇手，各路奔驰，相随药鼎。撑至七月，沈疴愈亟。署督臣穆图善察知情实，委令交卸赴川，变卖米石，藉就医药，冀可速痊。乃奴才抵川数月，粜事甫结，穆图善又因交卸督篆，催令回甘清理经手报销。奴才于严冬带病驰回。未一月，督臣左宗棠咨令护理[3]西宁办事大臣篆务，奴才当即飞陈，病躯孱弱，难任艰巨各节，嗣奉恩旨，补授斯〔三〕缺，奴才跪聆之下，战栗忧惧，感愧交并。

伏查西宁僻在边隅，为回撒老巢之区，素称不靖，自回逆变乱，逋〔四〕逃窝聚，凶焰愈张，兼之酋首马本源等领镇守郡，把持城池，软困官民，十年以来，屠毒四境，赤地千里。前办事大臣玉通在任时，力虽不能钳制，该逆等尚以奸计可售，而徐图完固也。及玉通出缺，料难自免。以碾伯县城与威远堡两处，为官兵入宁住脚之地，分党急攻之。并勾结米拉窝贼，直薄平番城，彼时左军大兵围金积未下，省东隔绝，会垣[4]戒严，势甚岌岌。奴才若再以微躯久病，顾惜残喘，不但奏请往返需时，大局将不可问，且上无以答高厚之恩，下无以对倒悬之庶，其何生为！是以不揣祷昧，缕陈机势，奏立五营，先扎平番，击游寇、截援贼，以孤其势；次由僻道剪榛凿险，使前军暗趋碾、威，以为进兵根本，第逼之太骤，必将屠宁走险也。遂诱致马桂源来营，羁縻数月，纵之还，贼懈备，宁郡官民始稍稍得食。十年七月，左宗棠攻剿河州，奏请饬下奴才所部，兼御河州窜股，以防西路。查自省西至宁四百余里，乱山沟岔，处处通透，以五营之众，本过单薄。然奴才力任不辞者，盖不欲以添军挠左宗棠之力，而重朝廷西顾之忧也。及奉回批，有豫师未可以屡挫贼锋，稍存大意之谕。是奴才孤军竭蹶，已在圣明洞鉴之中矣。奴才身任其艰，虽胆裂心碎，而未敢稍形于外。直至次年五月初十日三更时，忽然昏厥倒地，疾复大作，此时军事万紧，不但不敢请假，势亦不能少待，遂以峻补汤剂，早晚数进，仍令左右挟之而趋，以徇于军。至八月少瘥，适左宗棠派湘军图宁[5]咨商，以全力进取，以奴才所部熟习〔五〕地势，堵御贼党后路抄截，护持大军粮饷军实。适间，运事则轮转梭飞，劫寇则狼奔豕突，极力撑支，何暇顾及病体，事后追忆，魄动魂飞，幸仰赖圣主洪福，事出侥幸，实非奴才始愿之所能及也。

现在宁境粗平，善后事宜，经地方官办理，渐已就绪，此后自易为力，惟奴才病体迄今一年有余，服药千裹，总未复元，精神时觉不支。据医家云，气血久虚，若不静心调养，再加西宁寒瘴风沙，一旦举发，断难救治等语。奴才再四思维，与其恋栈而效力之日短，何如请疾而图报之日长也。是以沥情吁恳皇上天恩，俯念奴才在甘军营十有三年，体气久亏，现当地方平定，准其开缺回旗调理，俾得安心静摄，冀就痊可，则重苏之蚁命，悉出再造之鸿慈。奴才自维年未五旬，气血当易生复，一半年内，病体复元，谨当泥首宫门，求赏差使，万不敢苟耽安逸，自外生成也。

所有奴才因病恳请开缺回旗调理缘由，理合附片具奏，伏祈皇上〔六〕圣鉴，训示。不胜悚惶待命之至。谨奏。

奉朱批："豫师著赏假两个月，毋庸开缺。"

注释：

[1] 巩秦阶道：管辖巩昌府（今甘肃陇西）、秦州（今甘肃天

水)、阶州（今甘肃武都）的道员。

[2] 狄城：此处指狄道城，即今甘肃临洮。

[3] 护理：代理，非正式任命。

[4] 会垣：省城，此处指兰州城。

[5] 图宁：谋划进击西宁。

校勘记：

〔一〕冰：底本为“水”，据“首图”本、“国会图”本改。

〔二〕拄：底本为“肘”，据“首图”本、“国会图”本改。

〔三〕斯：底本为“实”，“国会图”本为“期”，据“首图”本改。

〔四〕逋：底本为“捕”，据“首图”本、“国会图”本改。

〔五〕习：底本为“悉”，据“首图”本、“国会图”本改。

〔六〕皇上：底本阙，据“首图”本、“国会图”本补。

蒙赏头品顶戴谢恩折

同治十二年十一月□日

为恭折叩谢天恩，仰祈圣鉴事：

窃奴才在平番营次，准兵部递到同治十二年十月二十九日，内阁奉上谕："前据左宗棠奏：肃州克复，关内一律肃清，先后降旨，将左宗棠等及在事出力各员，优加奖励。因思该省各路统兵大员，或扼要设防，或相机雕剿，同心协力，共奏肤功，允宜一体施恩，以彰劳勩〔一〕。副都统衔、西宁办事大臣豫师，会同左宗棠办理西宁招抚事，复在平番防剿得力，著赏给头品顶戴等因，钦此。"奴才闻命自天，衔恩无地，当即恭设香案，望阙叩头讫。

伏念奴才三韩下士，一介儒生，忝领偏师，愧疏将略。仗皇威之震慑，幸陇右之肃清，未效涓埃，正深悚惕。迺竟荣叨上赏，宠耀头衔，顾名思义，亟励品之弗遑，甄叙推恩，愈戴德之靡既，心铭刻骨，顶感沦肌。奴才惟有勉期建白，力矢寅丹，以冀仰答高厚生成于万一。

所有奴才感激下忱，理合缮折叩谢天恩。伏祈皇上〔二〕圣鉴。谨奏。

奉朱批：“知道了。”

校勘记：

〔一〕勖：底本为“勋”，据“首图”本、“国会图”本改。

〔二〕皇上：底本阙，据“首图”本、“国会图”本补。

查明出力员弁团绅请奖折

同治十三年正月二十一日

为遵旨查明出力员弁团绅，恳恩俯准奖励，联衔恭折，仰祈圣鉴事：

窃臣等于同治十年七月初八日会衔具奏：贼匪大股窜扑碾伯县城，官军连日迎剿获胜一折，于八月二十五日承准军机大臣字寄："同治十年八月初一日奉上谕：'左宗棠、穆图善、豫师奏：碾伯剿匪获胜，南川被匪窜扰，左宗棠、穆图善奏：堵击西宁贼匪各折片，览奏均悉。陕匪崔三等窜扰碾伯之胜番沟等处，并扑碾城，经官军连日进剿，将贼击退，平戎一带肃清，剿办尚为得手。在事尤为出力各员，著左宗棠等查明保奏等因。钦此。'遵旨，寄信前来。"

钦遵之下，臣等当即转饬代理碾伯县知县童永基、管带利建中营副将李春海等会同确实查明出力员弁团绅，开单去后。嗣据该员等遵开请奖清单，臣等因其人数过多，恐涉冒滥，遂经驳饬核汰，以昭慎重。兹复据该员等开具核汰清折，请保前来。臣等覆加查核，均悉实在尤为出力，尚无冒滥。谨缮清单，加具切实考语，恭呈御览。其请拔千把外委，并请给翎枝各弁勇，饬造花名清册，咨送兵部查核。仅于清单后，声叙总数，统祈天恩俯准，分别给奖，饬部注册，俾资感奋。

除饬取各员弁团绅履历，另行咨部外，所有遵旨查明保奏缘由，理合联衔缮折，由驿驰陈。伏祈皇上〔一〕圣鉴，训示。

再，穆图善前已开赴东路，现在入都陛见，未经列衔，合并声明。谨奏。

奉朱批："另有旨。"

校勘记：

〔一〕皇上：底本阙，据"首图"本、"国会图"本补。

安插西宁回民片

再，奴才豫师，于同治十二年十一月初十日承准军机大臣字寄同治十二年十月二十九日奉上谕："西宁安插各回众，能否不滋事端，并著左宗棠、豫师据实具奏等因。钦此。"奴才跪读之下，仰见圣主廑念边陲之至意，曷胜钦佩。

查西宁为回、撒老巢，丑类聚处之区，在承平时，以办教为名，久作不靖。自回逆变乱以来，十载于兹，回目马尕三即马文义〔一〕并马桂源、马本源等相继倡首，潜煽陕回及本省各路败党，先后逋逃窝聚焚掠，西宁属境之汉民庄堡、番族寺院，率成焦土。迨后马尕三于大兵进剿以前，即伏冥〔二〕诛[1]，而马桂源等，经官军痛加剿洗，仰赖天威震慑，马桂源、马本源等及其家属均被生擒，分别枭戮[2]。遣办其土著宁回悍党，除各军陆续擒斩外，而小峡口及向阳堡两处阵斩，已及八千余众，其余投诚土著各回，虽经刘锦棠收抚勒缴马械，然亦孤弱无能为役矣。

惟循、巴等处撒回，性素犷悍，地处番边，本无生业，久以剽掠为事。此次闻西宁军威大振，心胆已寒，及臬司陈湜带兵到境，相率倒戈，自未便一律骈诛。当经陈湜禀请督臣左宗棠，准予自新，安分生理。其陕回及本省各路窜党，最为大股，除接仗歼夷并白彦虎一股远窜外，其余三万余人，已悉数分起迁出宁境，由督臣分别饬交各处地方官安插讫。至碾伯县属之米拉沟等处，尚有客回数千，刻下正在迁徙，是宁境客回既尽迁徙出境，所遗仅只残败土回，势孤力穷，又兼大受惩创，元恶悍党，悉被诛夷，以现在情形而论，尚属安帖。

第查西宁为海藏[3]咽喉，回番杂处边地，昔年原设有镇协营汛重兵弹压，现今扰乱十年，汉民寥落，绿营兵额久旷，旧制一时难复，自宜仍需营勇分驻，以镇慑之，俟绿营复其旧制，再行陆续裁撤防勇，以期久安而弭后患也。

再，西宁通透关外草地，奴才昨准督臣左宗棠咨会，饬刘锦棠择于要隘修筑堡寨，调拨兵勇，扼驻盘诘，绝关外相通蹊径，则关外匪党不至内窜，而〔三〕宁地更可无虞。合并陈明。

所有遵旨据实具奏西宁情形，理合附片驰陈，伏祈皇上〔四〕圣鉴。谨奏。

奉朱批："知道了。"

注释：

[1] 冥诛：此处指病死。

[2] 马桂源、马本源等及其家属均被生擒分别枭戮：同治十二年（1873年）二月初四日，马桂源兄弟及家属在巴燕戎格厅被俘后，即被送省城兰州。三月十三日马桂源、马本源被凌迟枭示，其弟马桢源被斩决，妻妇被锢遣，马桂源子马鉊格，马本源子马九儿、马希儿等未成年孩子都交内务府阉割，发往新疆给官兵为奴。

[3] 海藏：青海、西藏。

校勘记：

〔一〕即马文义：底本为"(即马文义)"，据"首图"本、"国会图"本改。

〔二〕冥：底本为"宴"，据"首图"本、"国会图"本改。

〔三〕而：底本为"西"，据"首图"本、"国会图"本改。

〔四〕皇上：底本阙，据“首图”本、“国会图”本补。

拟进驻碾伯片

再，奴才豫师前饬各营改修驿路大道，掘井盖店，商旅通行，流民亦渐有归来者，平番地面较前已觉兴复。现当关内肃清，督臣业已旋省，后路无虞。因与督臣左宗棠商拟，俟米拉沟等处迁徙客回，交由平番县择地安插完毕，约二月间即带员弁亲兵，并驻防连城大寺地方之利建右营开拔前赴碾伯，相机驻扎。所有平番、新站、河桥驿、冰沟四处，扼扎奴才所部各营，现当新开站道数百里，人烟寥落，土匪逃勇最易伏匿，应仍暂饬驻扎，以安行旅，而护运事。

查碾伯距平，计程三站，距西宁府城，计程一站。奴才进扎碾伯，凡平番、新站一带驻防各营，相离不甚遥远，调度尚易，而于奴才衙门日行公事，办理较更便捷。除俟奴才开扎到碾之日，再行奏报外，理合将会商开拔缘由，先行附片陈明，伏祈皇上〔一〕圣鉴。谨奏。

奉朱批：“知道了。”

校勘记：

〔一〕皇上：底本阙，据“首图”本、“国会图”本补。

由平番开拔进扎碾伯折

同治十三年二月二十七日

为由平番开拔进扎碾伯日期，恭折陈报，仰祈圣鉴事：

窃奴才前因关内肃清，后路无虞，与督臣左宗棠会商，开拔驻碾各缘由，已于本年正月二十一日附片奏明在案。

查米拉沟等处应行迁徙客回精壮男丁，现在先为迁出，由平番县择地安插，俾可修造庐舍，栖止得所。然后再将该家属次第迁徙，以期稳妥。奴才因迎接之新呼弼勒罕不日由藏前来，所有一切迎护事宜，亟应早为办理，遂于本月十六日率带员弁亲兵，并驻防连城、大寺之利建右营，自平番开拔，现于二十日进至碾伯驻扎讫。沿途察看情形，率皆触目荒凉，田〔一〕原茂草间，有零星各残堡逃回难民，或数家或十数〔二〕家不等，苦无生计，殊堪悯恻。幸目今雪泽霑渥，奴才当即酌量发给籽种牛只，俾可耕作，以期生聚。其平番、新站、河桥驿、冰沟四处，分扎奴才所部各营，仍饬暂驻原所，以安行旅而护运事。

所有奴才自平开扎到碾日期，理合缮折，由驿奏陈。伏祈皇上〔三〕圣鉴。谨奏。

校勘记：

〔一〕田：底本、“国会图”本为“田”，“首图”本为“由平”，不改。

〔二〕十数：底本为“数十”，据“首图”本、“国会图”本改。

〔三〕皇上：底本阙，据“首图”本、“国会图”本补。

病愈销假片

再，去冬奴才因病体久未复元，附片沥情吁恳天恩，俯准开缺回旗调理。于十二月十三日钦奉朱批：“豫师著赏假两个月，毋庸开缺。钦此。”奴才跪聆之下，仰见圣主鸿慈逾格，泥首涕零，感悚无地。

惟查奴才积劳夙疾，气体久亏，势非一时调养所能复元。幸自入春，天气和暖，比之去冬，已觉稍胜。现在假期已满，而迎护新呼弼勒罕要差，为日又迫，例须亲为带兵在于边口照料，以昭慎重，曷敢再事延缓，致滋贻误。当经开扎碾伯，赶紧料理出口事宜，以期勉效驰驱。惟愿嗣后仰托圣主福庇，病躯日渐生复，交秋得□□发〔一〕，自当竭力撑持，断不敢苟耽安逸，有负高厚生成也。

所有奴才销假日期，并应出口缘由，谨附片奏陈。伏祈皇太后、皇上〔二〕圣鉴。谨奏。

奉朱批：“知道了。”

校勘记：

〔一〕得□□发：底本无空格，然“首图”本、“国会图”本皆有两空格，故补此两空格。

〔二〕皇太后、皇上：底本阙，据“国会图”本补。

请颁新铸关防片

再，奴才前于同治九年五月初一日奏明刊刻木质关防一颗，在于行营钤用，原系权宜之计。现在西宁军务平定，奴才抵署，自应仍用部颁总理西海番子等事务之关防，以符定制。

惟查前任大臣玉通在任时，老病昏沉〔一〕，比时同城镇府，正系马本源、马桂源把持用事，难保无疏漏情弊。玉通故后，遂将关防存寄道库。现在镇府印信，均经督臣请另铸换在案。合无仰恳天恩，饬下部臣，另铸奴才衙门总理西海番子等事务之关防一颗颁发，俾得开用，而昭信守。其西宁道库所存旧颁关防，一俟奉到新铸关防后，再由奴才送部收销。理合附片具奏，是否有当，伏祈皇太后、皇上〔二〕圣鉴训示。谨奏。

奉朱批：“礼部知道。”

校勘记：

〔一〕沉：底本为“沈”，据“首图”本、“国会图”本改。

〔二〕皇太后、皇上：底本阙，据“国会图”本改。

请为署陕甘督臣沈兆霖立祠片附旨〔一〕

再，已故前署陕甘督臣沈兆霖，矢志忠贞，持躬谨慎，有古名臣风度。同治元年间，亲督兵勇，在碾伯剿办撒匪，奴才曾从其幕，见其事无巨细，靡不漏夜筹维，虽微末员弁禀牍，亦必亲笔答复，周至详尽，动至数千言。在军半载有余，衣不解带，食不终箸[1],焦劳成疾，犹无懈容。迨后收抚，凡回目来见者，皆亲为开导，剖晰大义，回目率皆涕泣以去，每夜漏至三四下，公务毕后，仍不即寝，恒与奴才议论时势艰难，忧〔二〕廑之色，恻人胸臆。尝谓奴才曰：西宁回族杂处，性极犷悍，本欲大加惩创，然后抚之以恩，庶可久安。奈饷项枯竭，陕疆又复蠢动，所以作速了结，非我初志，只好俟诸异日矣。然此次回变各处响应，戕官踞城，肆无顾忌。独西宁巨股十年以来，犹依傍昔年抚事，而未敢公然据地以叛者，未非不因沈兆霖开诚剀谕之力也。是年七月间〔三〕,凯撤回省，正值秋霖暴注，山路冲决，虽牧竖小贩，不敢遄行。督臣沈兆霖乃以大兵多驻一日,糜〔四〕费不赀，遂冒险兼程，渡河跋岭，屡经颠危。不料行至平番小沙〔五〕沟，果遇山水暴发，冲泊数里。夫以疆吏之重，苟不养尊处优，而留心时务则贤矣。若沈兆霖之急国事，惜公帑，轻肢体，而及于难者，真可谓之能致其身者欤。

奴才此次进扎，复履其地，回忆往事，不禁神伤泪落，缅想高风。因思军兴以来，凡军营大臣死事惨烈者，无不仰邀圣恩，建立专祠，以妥忠魂。已故户部尚书、署陕甘总督沈兆霖死事最惨，与军营阵亡同一忠烈，可否吁恳天恩，饬下陕甘总督，在于平番县地面，建立沈兆霖专祠，并将事实宣付史馆[2]之处，出自逾格鸿施。

奴才为表彰忠廑起见，谨附片陈请，是否有当，伏祈皇上〔六〕圣鉴训示。谨奏。

奉朱批："另有旨。"

注释：

[1] 箸：筷子的古称。

[2] 宣付史馆：即下旨国史馆，为沈兆霖作传。

校勘记：

〔一〕附旨：诸本皆缺，校注者据《清穆宗实录》补。

〔二〕优：底本为"尤"，据"首图"本、"国会图"本改。

〔三〕七月间：底本、"国会图"本如此，"首图"本无"间"字，不改。

〔四〕廑：底本、"首图"本、"国会图"皆为"廑"，误，改正。

〔五〕沙：底本为“河”，据“首图”本、“国会图”本改。

〔六〕皇上：底本阙，据“首图”本、“国会图”本补。

附旨[1]：

同治十三年三月甲寅，予故户部尚书署陕甘总督沈兆霖于甘肃平番县建立专祠。

注释：

[1] 本谕旨，系据《清穆宗实录》卷三百六十四，同治十三年三月十二日（甲寅）文增补。

查明出力员弁请奖折附旨

同治十三年六月十三日

为遵旨查明出力员弁，恳恩俯准奖励，恭折仰祈圣鉴事：

窃奴才于同治十二年十一月十一日具奏西宁军务肃清，在事出力员弁，恳恩俯准择尤保奖一折，于十二月十三日钦奉朱批："著准其择尤酌保，毋许冒滥。钦此。"钦遵之下，当即转饬将各营在事出力将士员弁，以及各台局出力人员，查明开单去后。

兹据办理营务处玉昌开具衔名，请保前来。奴才覆加核汰，择其尤为出力者，谨缮清单，加具切实考语，恭呈御览。其请拔千把外委，并请给翎枝各弁勇，饬造花名清册，咨送兵部查核。仅于清单后声叙总数，统祈天恩俯准，分别给奖，饬部注册，俾资感奋。

除饬取各员弁履历另行咨部外，所有遵旨查明保奏缘由，理合缮折，由驿驰陈。伏祈皇上[一]圣鉴训示。谨奏。

奉朱批："另有旨。"

校勘记：

〔一〕皇上：底本阙，据“首图”本、“国会图”本补。

请开复湖北补用知县左逢泰原职片

再，查已革花翎同知衔湖北补用知县左逢泰，于同治十一年冬间，来奴才军营投效。据禀称该员系于同治十年十二月经湖广督臣李瀚章等以心地糊涂，举止轻浮，奏参革职在案。因甘肃军务孔殷，该员自顾年力强壮，不甘废弃，恳请留营效力自赎。彼时奴才军营正在差遣需员，察看该员人尚勇敢，亟欲振拔。奴才因思用功不如用过，当经留营差用。嗣后饬派督同各营分路剿贼，该员希盖前愆，临事奋不顾身，冲冒锋镝，叠著〔一〕战功，且遇交派营务，倍〔二〕加谨慎，经理裕如。兹当地方肃清，合无吁恳天恩，准将已革花翎同知衔湖北补用知县左逢泰开复原衔原官翎枝，分省补用，并免缴捐复银两，出自鸿慈逾格。谨附片具陈，伏祈皇上〔三〕圣鉴训示。谨奏。

奉朱批：“该部议奏。”

校勘记：

〔一〕叠著：底本为“著叠”，据“首图”本、“国会图”本改。

〔二〕倍：底本为“信”，据“首图”本、“国会图”本改。

〔三〕皇上：底本阙，据“首图”本、“国会图”本补。

连城土官鲁如皋防剿出力请奖片

再，查平番县连城地方土官指挥使鲁如皋，自军兴以来，节经奉派在于省城七里河、红马、海石湾等处，带兵防剿，一切口粮军械，均系自备。嗣复捐供驻防平番连城营勇及剿办米拉沟河州官兵面觔，出赀甚巨。连城地近米拉回巢，时有贼踪侵扰，该土官绥内攘外，悉臻周妥。前大臣玉通曾将该土官鲁如皋拟请破格奖励，未及出奏，而玉通病故。及奴才接任，又复派令带同该管员弁土兵堵击窜匪，保守城池。此次大兵进剿，取道连城，并饬其搭桥储刍，接济运事，该土官等始终勤奋，实为异常出力。又前……（缺文）〔一〕秀、松岫〔二〕均请以主事用，先换顶戴，谨附片具陈。

伏祈皇上〔三〕圣鉴，恩准训示。谨奏。

奉朱批："另有旨。"

校勘记：

〔一〕缺文：底本如此，"首图"本、"国会图"本同，分析此文上下，实应为两篇附片，皆为请奖事。谨以《清穆宗实录》中相应谕旨附下（附旨），以予补充。

〔二〕岫：底本为"岫松"，据"首图"本、"国会图"本删。

〔三〕皇上：底本阙，据"首图"本、"国会图"本补。

附旨：

同治十三年七月戊辰，以甘肃西宁府城解围，及克复大通县城出力，赏提督李桂香、黄万鹏、周春生、谢明月、彭连升、欧阳通、萧万和、李添顺、方泗高、张永辉、宁仁备、席大成、尹兴茂、谭和义、李协和、赵宝林、廖得胜、彭祯祥、邱俊凤、张振寿、刘得善、贺长发、汤秀斋、葛致清、刘国斌、雷贵才、余虎恩、谭上连，总兵官易荣华、张辅文、陈庆泰、彭秋扬、张添习、何西就、陈得贵、秦品贵、郭庆才、沈福堂、黄新元，副将钱宝钟正一品封典。提督吴隆海黄马褂。提督姜镜成、彭荣复、张敦益，总兵官柳秀春、邓兴隆、杨万几、曾名声、李云珥、张得荣、贺益升、周嘉宾、彭如胜、谭致广、吴长胜、王俊高、吴朝万、贺开元，副将李兰芝、彭和吉、刘晓山、唐有义、曾义良、涂连升、庞少清、陈云廷、曾福堂、王恒发、左得胜、方南英、周桂清、万福泰、张玉辉、汤德明、李绍仁、周万和、张继桃、郭玉和、丁连科、熊南香、马隆湘、黎秀棠、程玉修、卢有升、曹茂松、丁玉和、马清隆、刘泰昌、萧南桂、马伯铭、陈添元、李赞仪、刘星胜、袁有光、张鹏翥、饶玉兴、陶宪榜、王德清、萧得荣、参将帅荣华、邹永茂、孙仕尚、邓洪发、张忠义、朱文质、刘遐龄、陈胜发、吕桂清、孙国乾、胡洪秀、武华清、陈考祥、梁清和、戴连臣、蒋文德、谭蔚斋、罗长胜、程荣佳、李大秋，游击李奉魁、张叙文、何友才、许毓莲、唐得益、李长胜、姚得章、曾凤翔、谢长清、董福祥、李双梁、朱克存、周仕发、娄德光、朱光耀、黄金福，都司舒昭履、岳朝珍，守备蒋义全、梁禄、鲁如皋巴图鲁名号。知府陈道济等花翎。通判谭上珍等蓝翎。余加衔升叙有差。

加派汉蒙官员迎接哲布尊丹巴呼图克图呼弼勒罕折

同治十三年□月□日

为循案加派汉蒙官兵前赴通天河迎护哲布尊丹巴呼图克图呼弼勒罕，以昭慎重缘由，恭折具陈，仰祈圣鉴事：

窃查向遇哲布尊丹巴呼图克图呼弼勒罕由藏赴库，经过青海地界，均系循照成案，派拨官兵驰往接护。道光二十八年，呼弼勒罕系于二月由藏起身，五月下旬行抵西宁。时因海疆不靖，经前大臣哈勒吉那会商前督臣布彦泰，奏派西、河二镇官兵八百名，青海蒙兵二百名，饬令凉州镇杨录之并札萨克台吉分起管带，迎至柴达木界。咸丰五年，呼弼勒罕亦系二月自藏起程，因钦派大臣侍顺由藏具奏，请饬酌拟变通。前大臣萨勒杭阿会商前督臣易棠，改派察汉城防兵三百名，丹噶尔防兵三百名，饬令副将陈智和管带，计期驰往通天河驻候迎护，各在案。

此次迎接之呼弼勒罕，臣等接准前驻藏大臣恩麟咨称，择于四月十九日由藏护送起程等因前来。臣等往返咨商，除应派青海蒙兵仍按去岁例派加派成案，共派三百二十名，照例仍由西宁县与奴才豫师衙门分别发给口食银两，并仍加派玉树番兵六百名，新附八族及阿里克族番兵五百名，统由奴才豫师衙门分别发给赏耗，饬令协同官兵齐赴通天河迎接。

惟查上次所派察汉城及丹噶尔两处防兵，早经裁撤，无从指派。而西宁、河州地方，均系新复标兵，尚未募补有数，势难照旧派拨。当亦照去年派送库伦人众兵数，饬派西宁镇标官兵二百名，派令西宁镇标右〔一〕营游击师建荣管带。照依成案，仍由西宁县备供驮载口粮，于六月十六日起程驰赴通天河一带，妥为迎护去讫。

第海疆地极辽阔，时〔二〕下又值草木畅茂，虽经多派汉蒙番兵，合力保卫，然当此干戈甫定，自应慎益加慎。奴才豫师拟俟探得该呼弼勒罕行近边口，选带营队前赴边口，亲为照护，以期更昭慎重，免致疏虞。

所有此次迎接呼弼勒罕，臣等查照成案，加派汉、蒙、番兵，并奴才豫师亲带营队出口照护缘由，谨合词恭折具陈。伏祈皇上〔三〕圣鉴训示。谨奏。

奉朱批："知道了。"

校勘记：

〔一〕右：底本为“左”，据“首图”本、“国会图”本改。

〔二〕时：底本为“辰”，据“首图”本、“国会图”本改。

〔三〕皇上：底本阙，据“首图”本、“国会图”本改。

派员赴玉树番族会盟折

同治十三年□月□日

为循例派员前赴玉树番族办理会盟事竣缘由，恭折具陈，仰祈圣鉴事：

窃查奴才衙门所管玉树等番三十九族，向例每届三年，派令章京前去会盟一次，办理各族事宜。去岁五月，因该番族呈请会盟，奴才派令笔帖式多祥，署守备何连胜循照向章，随带西宁镇标兵丁二十名，并书识通丁[1]人等前往，曾经奏明在案。兹据该署守备何连胜等差旋呈称：伊等奉派前赴玉树会盟，系于去年十二月驰抵玉树之宁塘地方，设立公所，传集各族番目，即将历年积案，以及寻常讼件，逐一公平办理完结，并即宣示天恩，赏给筵宴、缎匹、小刀、荷包等物。该番族千户、百户以及百长人等俱皆欢呼顶感，望阙叩头，各归原族讫。至应祭鄂敦他拉、黄河源、阿拉克诺尔、玛沁雪山等处，亦已遵照旧例，诚心念经，敬意祝赞。

惟笔帖式多祥由该处差旋，陡染沉疴，于本年六月十一日在途身故等情，据此奴才覆查无异，理合将派赴玉树办理会盟事竣，并笔帖式多祥病故缘由，缮折具陈。伏祈皇上〔一〕圣鉴。谨奏。

奉朱批：“知道了。”

注释：

[1] 通丁：翻译人员。

校勘记：

〔一〕皇上：底本阙，据“首图”本、“国会图”本补。

收得马贡银两拨发蒙古王公俸银片

再，玉树等番三十九族，每年应缴贡马银两，系于会盟之年，呈交会盟委员代解回宁，造具清折，咨交西宁道库备拨动用，由道转咨甘肃布政司衙门，再行报部，历经遵办在案。

去岁奴才派令笔帖式多祥、署守备何连胜等赴玉树会盟，兹据该员差旋禀称，收获各该番族贡马银五千二十五两三钱三分，如数解交前来。当经据原报年分，开册备文，咨交西宁道衙门转报，以符成案。

惟查青海各旗蒙古王公，自遭兵燹〔一〕以来，窘困万状，叠向奴才行营请发积欠俸饷。虽经奴才节次催提山西欠解拨款发至同治五年止，而前欠已发，后俸仍欠，计自六年至今，尚欠发八年之俸，该蒙古王公[二]等窘苦日久，莫能聊生。本年又派蒙兵迎护呼弼勒罕要差，更滋[三]需费，复又呈恳发领欠俸，情词迫切。奴才察其情形，实为可悯，筹思再三，自当移缓救急，将前项马贡银五千二十五两三钱三分，动拨添发各该蒙古王公应领俸钱，俾资贴补，稍济艰困。

除分行各衙门外，所有此次会盟委员收获马贡项两，拨发蒙古俸银缘由，谨附片奏明。伏祈皇上[四]圣鉴。谨奏。

奉朱批："知道了。"

校勘记：

〔一〕燹：底本为"灾"，据"首图"本、"国会图"本改。

〔二〕王公：底本、"国会图"本阙，据"首图"本补。

〔三〕滋：底本为"兹"，据"首图"本、"国会图"本改。

〔四〕皇上：底本阙，据"首图"本、"国会图"本补。

遵照部议另核请奖折

同治十三年十月□日

为遵照部文另核请奖缘由，恭折具陈，伏祈圣鉴事：

窃奴才前于本年六月十三日遵旨奏保西宁军务肃清在事尤为出力员弁一折，于同治十三年六月二十六日钦奉上谕，恩准给奖在案。嗣于十月初四日接准吏部抄单咨行前案，奏请仍以同知留陕归候补班尽先前补用，并换花翎之蓝翎选用同知增辉请开缺，以知县改留陕西归候补班。前先补用并戴蓝翎之奏明调营差遣，广西安平土州州判徐光兴请仍以知府留陕。遇缺前先补用之花翎道衔选用知府谌端模请免选本班，以知县留陕。前先补用并加同知衔之蓝翎选用县丞王焕章请以县丞留陕。前先补用并加布理问衔之蓝翎选用从九品段起昌请以本班留陕。归军功班前尽先补用，并戴蓝翎之选用从九品陈宗舜请以从九品留陕。补用并戴蓝翎之俊秀、罗长庚查照章程，无论何项劳绩，概不准援引筹饷例内指省名目，今该员等系属指省名目，均应令另核奏明请奖，于二十五日具奏，奉旨：“依议，钦此。”等因前来。

查增辉等七员所著劳绩，奴才前于原保清单内，曾经出具切实考语。兹准前因，奴才遵照部议，增辉改请仍以同知留甘归候补班尽先前补用，并赏换花翎。徐光兴改请以知县仍留广西原省归候补班前先补用，并赏戴蓝翎。谌端模改请仍以知府留于甘肃，遇缺前先补用。王焕章改请免选本班，以知县分发省分前先补用，并赏加同知衔。段起昌改请以县丞分发省分前先补用，并赏加布理问衔。陈宗舜改请以本班分发省分，归军功班前先补用，并赏戴蓝翎。罗长庚改请以从九品分发省分补用，并赏戴蓝翎。

所有奴才遵照部文，另核请奖缘由，理合缮折，奏恳天恩，俯准核奖，俾资感奋。伏祈皇上〔一〕圣鉴训示。谨奏。

奉朱批：“吏部议奏。”

校勘记：

〔一〕皇上：底本阙，据“首图”本、“国会图”本补。

仍请奖给邓承伟二品顶戴片

再，奴才前于西宁军务肃清案内，所保之花翎盐运使衔以道员尽先补用，甘肃西宁府知府邓承伟，请赏给二品顶戴。于同治十三年六月二十六日钦奉上谕，恩准在案。

嗣于十月初四日接准吏部抄单咨行，查照章程："在外从四品以下各官，均不得加本管上司衔。"邓承伟所请给二品顶戴，系本管上司衔，应令另核奏明请奖，于同治十三年八月二十五日具奏，奉旨："依议，钦此。"等因前来。奴才自应遵照部议，另核奏奖。

惟查该员自承办局务数年以来，筹款筹运，设法顾济，始终其事，备历艰辛，全军赖以饱腾，得赴戎机，实籍该员之力居多。奴才前于奏保时，因该员现在职官，无可加保，是以请给顶戴，兹准部臣咨以格于不应加本管上司之衔例，议令另核请奖。奴才覆查，邓承伟现系尽先补用道员，究与升用虚阶不同，而所请顶戴，亦似与指明布政使衔稍有区别。该员现已无可加保，奴才再四思维，惟有吁恳天恩，仍将奴才前案请给邓承伟二品顶戴特旨准奖，以示激劝之处，出自鸿慈逾格。谨附片具陈，伏祈皇上〔一〕圣鉴训示。谨奏。

奉朱批："邓承伟著赏给二品顶戴，该部知道。"

校勘记：

〔一〕皇上：底本阙，据"首图"本、"国会图"本补。

吁恳圣躬节哀折〔一〕

同治十三年十二月□日

为叩泣沥诚吁恳圣躬[1]节哀保卫，仰祈圣鉴事：

窃奴才于本月接准部文咨行，钦奉上谕，痛悉同治十三年十二月初五日大行皇帝[2]龙驭上宾[3]。伏地呼号，五中摧裂，当即举哀成服，并转行所管地方一体遵照讫。

惟大行皇帝建极[4]以来，宵旰忧勤，神功炳烁。正当海内一律肃清，亿兆同登衽席，不意圣体偶以不豫，遽致龙驭升遐。凡有血气之伦，罔不椎心泣血。伏念我皇上至性仁孝，哀怆自必逾恒。惟思皇上仰荷付托至重，缵承大统。伏祈勉节哀思，以释两宫皇太后[5]之深痛，下以慰薄海臣民之仰望，实深恳祷！

奴才汉军世仆，渥沐殊恩，自应匍匐阙廷，叩谒梓宫，并觐天颜。因有钦奉不必奏请来京之旨，未敢擅离职守，而犬马微忱，不胜哀痛迫切屏营之至！为此，叩泣恭折具奏，伏祈皇上圣鉴。谨奏。

军机大臣奉旨："览。钦此。"

注释：

［1］圣躬：指皇帝本人，此处指刚继位的光绪皇帝，为宣宗第七子醇亲王奕譞之子。1871年六月生，四岁继位，由两宫皇太后垂帘听政。

［2］大行皇帝：古代尚未安葬、未有谥号的皇帝称大行皇帝。此处指刚去世的同治皇帝。同治帝名载淳，1856年十月出生，1861年七月继位，年号同治，1874年十二月去世，终年十九岁，谥号毅皇帝，庙号穆宗，无子。时人称其统治时期为"同治中兴"。

［3］龙驭上宾：特指皇帝去世。

［4］建极：指新皇帝登位。

［5］两宫皇太后：指慈安皇太后和慈禧皇太后。

校勘记：

〔一〕本折底本阙，据"首图"本、"国会图"本增补。

循例祀祭海神并传集蒙古会盟折

光绪元年三月十七日

为循例举行祀典致祭海神，并传集蒙古会盟缘由，恭折具陈，仰祈圣鉴事：

窃查奴才前于同治九年十一月因带兵驻扎平番，办理防剿，筹布各路军务，势难分身，兼之西宁地方未靖，路多阻隔，曾将每岁出口致祭海神，暨传集蒙古会盟事宜，奏请暂行停止，并声明俟宁属军务稍松，查看情形，再行奏请举办。钦奉谕旨，允准在案。

兹奴才查自停祭之日起，迄今已及六载，刻下湟中军务大定，海[一]疆安谧，所有应祭海神及蒙古会盟，自应一并举行，以重祀典，而符成案。奴才现拟于本年秋间循例出口，敬谨致祭，并预期知会督臣，派委大员前往陪祀，至应传各蒙古王公、台吉等，依期会盟，颁发筵赏及查办一切事件，亦拟早为传知，备办齐全，免致临期有误。

除分别咨行外，理合将奴才循例举行祀典及传会蒙古缘由，恭折具奏，伏祈皇太后、皇上〔二〕圣鉴训示。谨奏。

军机大臣奉旨：“知道了。钦此。”

校勘记：

〔一〕海：底本为“悔”，据“首图”本、“国会图”本改。

〔二〕皇太后、皇上：底本阙，据“首图”本、“国会图”本补。

筹布碾伯情形暨移驻西宁折

光绪元年五月□日 [1]

为筹布碾伯地方情形暨移驻西宁缘由，恭折具陈，仰祈圣鉴事：

窃奴才于去岁二月二十日由平番开拔，进扎碾伯，业经奏明在案。当查得碾伯县城，系入西宁咽喉要隘，南连米拉三沟，西通八工撒巢，最为紧要，必须妥为布置，以固藩篱。除将各营分隘扼扎外，并勘得碾城狭小，居民寥落，所有商民贸易，均在东关聚处。向有关城一道，因被河水冲塌，多年无存，一遇有警，商民失所凭依，动致惊扰。现当民凋物敝，地方举办维艰，奴才察看情形，势难稍缓，遂在各营抽拨[一]勇丁四百名，于去岁夏间动工开渠泻水、砌堤御涨，按照旧址，筑关城，三面环抱内城，三门出入，共计长六百一十四丈零。靠河添筑炮台一座，以资守御。内城亦加修整完固，应用砖瓦木植，俱系由营筹款捐办。去冬城工甫毕，突有河州之警[2]，居民藉以无恐。又查碾境向属水地，素称产粮，前因贼氛扰乱十余年，农业久废，水渠无存，奴才复饬驻营就近分拨，由碾伯三十里铺至平番河桥驿，凡水渠可以引灌田原者，均令一律修齐，农民渐次复业。此外庙宇、书院，有关地方祀典士〔二〕风者，亦皆趁手一并兴建，扫除瓦砾，栽种树株。迩来时雨调匀，禾稼畅茂，颇有生聚之象，足以仰慰圣廑。

现在诸务就绪，地方平静。因本年秋间循例出口致祭海神并蒙古会盟，一切应办事宜，亟应早为办理，拟于六月初一日率带员弁亲兵人等，由碾伯移驻西宁衙门，以期办公捷便。所有新站、河桥驿、冰沟、高庙、碾伯各要隘，分扎奴才所部各营，仍饬照旧驻防，以缉〔三〕游匪，而护运事。

又，奴才所部左营，原扎平番县城，因去冬河州军务，西宁防军进剿，准左宗棠咨会奴才兼顾宁郡，已于去岁十二月初七日移扎西宁矣。合并声明。

除分行知照外，理合将奴才布置碾境情形暨移驻宁郡缘由，缮折由驿驰陈，伏祈皇太后、皇上〔四〕圣鉴。谨奏。

军机大臣奉旨："知道了。钦此。"

注释：

［1］《清德宗实录》卷十一将此折系于光绪元年六月己卯

(十四日)。

[2] 河州之警：同治十三年（1874年）十一月，河州投诚回军首领闵殿臣复反叛，夜袭宁河军垒，并伏击河州镇总兵沈玉遂，终被刘锦棠等镇压。

校勘记：

〔一〕拨：底本为“拔”，据“首图”本、“国会图”本改。

〔二〕士：底本为“土”，据“首图”本、“国会图”本改。

〔三〕缉：底本为“辑”，据“首图”本、“国会图”本改。

〔四〕皇太后、皇上：底本阙，据“首图”本、“国会图”本补。

致祭海神并会盟暨查办情形折附旨

光绪元年八月□日[1]

为循例致祭海神并会盟暨查办情形缘由，恭折具陈，仰祈圣鉴事：

窃奴才前于本年三月十七日奏明，循例举行秋祀，暨会盟事宜，钦奉谕〔一〕旨在案。奴才遵即分别预传蒙古王公、札〔二〕萨克、台吉等，先期齐集盟所，并准督臣左宗棠例委陪祀官、西宁府知府邓承伟随同前往致祭。当定期于七月十八日，选带马步营队千名，自宁起身出口，至察汉托洛亥[2]地方。于二十一日寅刻敬谨致祭海神。次日齐集各蒙古王公、札萨克、台吉等会盟，俱各按品入筵，将承办绌〔三〕缎、袍褂、衣料、翎顶、小刀、鞦辔等物，分别赏给，其各族番目，亦均从优给赏。该王公、札萨克、台吉等，均欢呼顶感，望阙叩谢天恩讫。其应祭鄂敦他拉、阿拉克诺尔等处，奴才查照向例，派令就近住坐之札萨克台吉琫达什[3]前往代祭，奴才即于是日折回，仍由旧路旋署。

再，查青海为蒙番游牧之所，绵亘数千里，地面辽阔。前当内地军兴，道路阻遏，海疆久未得睹兵威，抢[四]杀相寻，十余年来莫可究稽。嗣内地军务就平，蒙番等先前积案，亦比照内地善后章程，不追既往，以期仰副皇仁而予自新。此次会盟，是以多带营队，由丹噶尔出口，度日月山时，已冰雪弥空[五]，一望泬寥，乃令士卒尽着冬衣，直抵海隅，以示兵威，并酌与常例，从优给赏。引令罗坐毳帐中，面为剀切晓喻大义，嘱各安静住坐，奉公守法，毋相寻衅。该蒙番等均能知怀知畏，感激涕零。濒行，再三饬令回牧，该蒙番复随从进口，依依而不忍去，是海东一带，蒙番可期安帖。

惟柴达木地方，蒙番相离十数站，声息太远，尚有沿习故智，寻仇劫掠之事，鞭长莫及，殊觉费手。奴才已派委县丞温怀璋、笔帖式国仁泰随带通丁人等，并马队三十名，自带裹粮赏项前往宣谕，仰托天威远被，或可咸知怀畏，永靖边氛也。

所有奴才循例举行祀典，并传会蒙古暨查办情形缘由，理合缮折，由驿具陈。伏祈皇太后、皇上[六]圣鉴训示。谨奏。

军机大臣奉旨："知道了。钦此。"

注释：

[1]《清德宗实录》卷十六将附片《请补发蒙古王公多年欠俸片》系于八月己丑日（十日）。

[2]察汉托洛亥：亦写作察罕托罗海，地名，在日月山与青海湖之间，倒淌河近青海湖段北侧，今青海共和县东北，古为东西交通要冲，清代蒙古诸部会盟之地。

[3]琫达什：蒙古人名，为青海札萨克台吉。

校勘记：

〔一〕谕：底本及“首图”本、“国会图”本皆为“俞”，据意改。

〔二〕札：底本为“扎”，据“首图”本、“国会图”本改。

〔三〕䌷：底本为“绸”，据“首图”本、“国会图”本改。

〔四〕抢：底本为“枪”，据“首图”本、“国会图”本改。

〔五〕空：底本为“穹”，据“首图”本、“国会图”本改。

〔六〕皇太后、皇上：底本阙，据“首图”本、“国会图”本补。

请补发蒙古王公多年欠俸片

再，青海住牧各旗蒙古郡王、贝勒、贝子、公、台吉等，岁蒙恩赏俸银九千一百两，向由甘肃藩库拨解，按年清发。自甘省军兴，藩库无款可拨。前经玉通奏奉恩旨，将自同治元年起至六年止，应支俸银五万四千六百两，由山西省筹款拨解。前任玉通及奴才任内，节次解到俸银五万三千二百两，除出缺蒙古照例扣发外，所有应发各王公等俸银，先后发至同治六年分止，均经分起造册，咨由甘藩司[1]照例详报在案。其自七年至今，应发俸银复积欠七万二千八百两之多，此次奴才出口会盟，各该蒙古前来盟所者，均皆伏地恳发欠俸，情词哀切。声称承平之日，伊等全靠孳生牧畜贩卖为务。自内地兵燹十年，叠被抢害，蒙民流离失所，又兼应领俸银积欠未发，生计日蹙。虽目下平定，正可牧养，争奈资本全无，实有不能存活之势。奴才查其情形窘迫已极，若不赡其身命，何能期其安静住坐？现在甘省正办关外军务，藩库仍前空匮，俸银无可拨解。合无吁恳天恩，饬下部臣，仍照前案，由山西省先行筹拨欠发蒙古自同治七年起至十一年止，共五年俸银四万五千五百两，迅速解宁，俾资散发，以济涸鲋，而顺藩情，出自圣主鸿慈逾格。谨附片具陈，伏祈圣鉴训示。谨奏。

军机大臣奉旨："户部议奏。钦此。"

注释：

[1] 甘藩司：甘肃布政使司衙门，专管全省的民政、财政、田土、户籍、钱粮、官员考核、沟通督抚与各府县。

附旨：

军机大臣字寄山西巡抚鲍（源深）、西宁办事大臣豫（师）〔一〕：光绪元年九月十五日奉上谕："前据豫师奏青海各旗蒙古王公应支俸银，援案请由山西省筹拨，当交户部议奏。兹据奏称：'该蒙古王公等，自同治七年起至十一年止，应支俸银，尚未发给，未便久悬，请饬山西巡抚照案筹拨'等语，著鲍源深饬令藩司迅筹银四万五千五百两，派员解交豫师，俾资散放。并著该办事大臣即将同治三年以后支给该王公等俸银，按年造册，咨由甘肃藩司详报该督题销，以重款项。将此由四百里各谕令知之。钦此。"遵旨，寄信前来。

校勘记：

〔一〕底本为"山西巡抚鲍（源深）、西宁办事大臣豫（师）""首图"本、"国会图"无诸人名，谨将诸名加以括号，以方便阅读。

拿获柴达木抢杀番目人犯讯明正法折

光绪元年八月□日 [1]

为拿获柴达木抢杀番目人犯，讯明办理缘由，恭折具陈，仰祈圣鉴事：

窃奴才前因柴达木地方相距穹远，未睹兵威，尚沿寻仇抢杀故习。正拟派员前往宣示，间适番目索洛传报：探得近有台吉达什多布吉旗下蒙古，杀毙汪什代克族千户，并抢多赃情事，虽两造并未递到呈词，莫悉虚实，然恐酿出事端。即日派令县丞温怀璋、笔帖式国仁泰随带通丁人等，并副将张武第管带马队三十名驰往，会同左右翼正副盟长暨刚咱族千户等赴柴达木地方，公同查办去后。

旋据两翼正副盟长与汪什代克族总管千户才科先后各具〔一〕呈词报案，奴才复经行饬派去各员查讯的实情形，妥为办理。该员温怀璋等会同右翼副盟长贝勒拉旺多布吉，并右翼正盟长差派章京达化尖木错，左翼正盟长差派图萨拉克齐索南木，多布吉郡王差派章京达尔吉，刚咱族千户拉麻拉夫炭前往查访。系右翼台吉旗下蒙古合立〔二〕得为，纠约左翼台吉图布登色尔札勒旗下蒙古，因找寻遗失马匹，将汪什代克族番人加科之骆驼十四只抢来，被千户达科不依，勒要罚服过多。合立〔三〕得为出首攒集本旗蒙古，并暗约台吉图布登色尔札勒旗下蒙古二百余人，于五月初二日夜间前往，将达科杀毙，并杀毙番人四命、蒙古二命，抢得银两牲畜衣物多赃。并闻汪什代克族正在念经放咒，攒集千余人，思图报复。该员与贝勒、章京、番目等查得的情〔四〕[2]，一面遴派通丁，驰往汪什代克族晓谕大义，不准擅动；一面赶紧趱行，于七月初三日同至台吉达什多布吉牧所，于接见之际，立将正凶合立〔五〕得为，从凶端住、布那拉亥、屯古拉格共四名拿获收管。该合立〔六〕得为于被拿时，尚敢腰间抽出利刃，大呼党众，时有该同伙蒙马数百匹扑至，经贝勒拉旺多布吉出帐喝退。次日，刚咱族千户拉麻拉夫炭亦带番众多人，与汪什代克事主一同赶到。连日再四开导，晓以利害，众始帖息。取具正从凶犯供单，追获赃银元宝六十七锭，暨牧畜衣物多件，发交达科家属加科格洛认领，取具两造缴领结状。该员随同盟长、番目等将两造暨首从各犯，押解来宁。奴才接见右翼副盟长与两翼正盟长差派章京等，复加查询，并据各递查办情形，禀[七]呈大略相同，堂讯首从各犯，认供不讳，取具手模存案。

奴才窃维海疆蒙番，抢杀相寻，十余年来，久成锢习。现当内地军务甫平，奴才叠经宣示青海各旗族蒙番安静住坐，一洗故智。此次台吉达什多布吉旗下蒙古合立[八] 得为仍敢出首攒众，杀毙千户达科七命，并抢多赃，确有证据，罪无可逭。现值用兵之际，若不立正军法，其何以彰国威而靖众志？奴才于审明后，即将该首犯合立[九]得为在营前正法，并传首海疆示众。其从犯端住、布那拉亥、屯古拉格三名，讯系误为纠约，情罪较轻，又据两翼正副盟长及各番目公同具保，恳免处死。奴才因查番案[十]情形与内地不同，自应稍顺番情办理，即分别鞭责，交该旗本管严为管束，以广皇仁。尚有短交赃物，据该盟长等呈称：公同评议，由台吉达什多布吉、台吉图布登色尔札勒各补交马五十匹，牛五十只，银五百两，两造各具甘结完案。海疆蒙番，经此次严惩，嗣后仰托天威，或可各相安处，不至寻衅滋端，永靖边氛也。

至此案台吉达什多布吉虽有失察之咎，惟海疆久因兵燹[十一]，蒙民流离，迫而为盗。该台吉困苦不堪，一时诚有难于约束之势，合无仰恳天恩，免其议处，出自鸿慈逾格。

所有拿获抢杀番目人犯，讯明办理缘由，理合缮折，由驿具陈。伏祈皇太后、皇上[十二]圣鉴训示。谨奏。

军机大臣奉旨：“知道了。台吉达什多布吉著免其议处，仍著豫师随时稽查，妥为抚驭。并饬该台吉认真约束，毋任再滋事端。钦此。”

注释：

[1]《清德宗实录》卷十七将此事及旨系于九月庚子（七日）。

[2]的情：准确情况。

校勘记：

〔一〕各具：底本为“具各”，据“首图”本、“国会图”本改。

〔二〕立：底本为“力”，据“首图”本、“国会图”本改。

〔三〕立：底本为“力”，据“首图”本、“国会图”本改。

〔四〕的情：底本为“的情形”，据“首图”本、“国会图”本删“形”字。

〔五〕立：底本为“力”，据“首图”本、“国会图”本改。

〔六〕立：底本为“力”，据“首图”本、“国会图”本改。

〔七〕稟：底本为“蒙”，据“首图”本、“国会图”本改。

〔八〕立：底本为“力”，据“首图”本、“国会图”本改。

〔九〕立：底本为“力”，据“首图”本、“国会图”本改。

〔十〕案：底本为“地”，据“首图”本、“国会图”本改。

〔十一〕燹：底本为“灾”，据“首图”本、“国会图”本改。

〔十二〕皇太后、皇上：底本阙，据“首图”本、“国会图”本补。

代阿嘉呼图克图之呼弼〔一〕勒罕贡物折

光绪元年□月 □日

为转奏叩谢天恩事：

窃奴才据阿嘉呼图克图呼弼〔二〕勒罕之徒弟得木奇巴札尔噶布楚等呈称：前经喇嘛印务处接奉理藩院饬知，由院具奏大皇帝恩施格外，在于雍和宫金瓶内掣出贺勒加族番子格布娘莫吉特之子巴特玛车塄〔三〕作为我们师傅阿嘉呼图克图呼弼〔四〕勒罕等因，由喇嘛印务处转饬前来。我们徒弟等谨遵实在顶感不尽。理应将我们师傅阿嘉呼图克图呼弼〔五〕勒罕，由贺勒加族迎请至塔尔寺居住学经，但前被回匪将塔尔寺房屋焚烧，现在无处居住，因此我们徒弟等将师傅呼弼〔六〕勒罕迎请前往多伦诺尔喇嘛庙居住学经。今我们师傅呼弼〔七〕勒罕巴特玛车塄〔八〕叩谢天恩，呈进哈达三方、佛一尊，恳祈转奏呈递，并给发路照等情呈请前来。

奴才即照该徒弟得木奇巴札尔噶布楚等所呈给发路

照，于本年八月二十二日由寺起身，前赴多伦诺尔喇嘛庙居住学经外，该呼弼[九]勒罕巴特玛车塄[十]所递哈达三方、佛一尊，谨照成案，另装护匣随折一并呈进。为此奏闻。

军机大臣奉旨："知道了。钦此。"

校勘记：

〔一〕弼：底本为"毕"，据"首图"本、"国会图"本改。

〔二〕弼：底本为"毕"，据"首图"本、"国会图"本改。

〔三〕塄：底本为"楞"，据"首图"本、"国会图"本改。

〔四〕弼：底本为"毕"，据"首图"本、"国会图"本改。

〔五〕弼：底本为"毕"，据"首图"本、"国会图"本改。

〔六〕弼：底本为"毕"，据"首图"本、"国会图"本改。

〔七〕弼：底本为"毕"，据"首图"本、"国会图"本改。

〔八〕塄：底本为"楞"，据"首图"本、"国会图"本改。

〔九〕弼：底本为"毕"，据"首图"本、"国会图"本改。

〔十〕塄：底本为"楞"，据"首图"本、"国会图"本改。

查明前藏贡使帮同团练力战阵亡情形请奖折

光绪二年□月□日

为遵旨查明保奖出力前藏贡使，以示鼓励，联衔恭折具奏，仰祈圣鉴事：

窃臣等于光绪元年十二月二十五日承准军机大臣字寄光绪十二月初九日奉上谕：“该囊素呈称，前在丹噶尔地方，帮同团练，力战阵亡之藏番顿主策忍等二十五名，著左宗棠、豫师，速即查明奏请奖恤等因。钦此。”遵旨，寄信前来。臣等跪读之下，仰见朝廷怀柔远人之至意。

遵查前在丹噶尔地方帮同团勇剿贼阵亡之藏番顿主策忍等二十五名，于同治十二年六月间，据贡使囊素沙克嘉降巴禀呈前来。臣等因该藏番等乃系护送年班奉进贡物之人，时因正值内地军兴，道路梗阻，久羁丹噶尔厅地方，经囊素沙克嘉降巴督率帮同团勇防剿，力战阵亡，深堪悯恻。当由臣宗棠饬令甘肃军需局，将阵亡僧俗藏番顿主策忍等二十五名，各照军营阵亡绿营步守兵丁之例，每名给恤赏银五十两，按照甘肃支发恤银折扣定章，共实发恤赏现银八百二十二两五钱，已于同治十二年十二月二十三日，如数发交署〔一〕丹噶尔同知蒋顺章，转给该囊素承领带回奖恤在案。

兹奉谕旨，臣等覆查该囊素以贡使久羁丹城，复能亲冒矢石，不辞危险，督率藏番，帮同剿贼，实为忠顺。其阵亡藏番，业经查明给恤，该囊素尚未奏请奖叙，合无吁恳天恩，将该囊素沙克嘉降巴赏给达喇嘛职衔，以示奖励，出自鸿慈逾格。

所有查明保奖出力前藏贡使缘由，理合联衔缮折，由驿具陈。伏祈皇太后、皇上〔二〕圣鉴训示。谨奏。

军机大臣奉旨："该衙门议奏，片并发。钦此。"

校勘记：

〔一〕署：底本阙，据"首图"本、"国会图"本补。

〔二〕皇太后、皇上：底本阙，据"首图"本、"国会图"本补。

择尤保奖积年出力青海蒙番折

光绪二年四月十六日

为请旨择尤保奖积年出力青海蒙番以示鼓励，恭折具陈，仰祈圣鉴事：

窃查青海地处边荒，极为辽阔，处处通透内地。自军兴以后，回匪不时纠股，犯扰海疆，大肆抢杀。各旗蒙古王公、贝勒、贝子、台吉等暨新附刚咱等族番目，均能攒集蒙番各兵，随时堵击，力挫贼锋。前大臣玉通任内，因西宁各属凶焰孔炽，叠经调派各该旗族蒙番兵丁，在于丹噶尔厅城、塔尔寺、康缠、镇海堡、申中、喇课等处地方，援应协剿，斩馘甚多，阵伤蒙番兵丁，亦属不少，均据呈报有案。迨同治十一年秋间，官军大举进剿，奴才深恐受创败匪潜由边地窜逸通行，飞饬各该蒙番严密防御，免滋边患。嗣于十二年二月，据统带湘军道员刘锦棠咨会，探得陕回白彦虎、伍钧和、余小虎三逆，震慑兵威，率其逆眷及能战悍党，由草地逃窜，请饬青海蒙番，一体防堵截剿等因，复经分饬实力防剿。

旋据台吉噶拉布札、纳木楚克旗梅塄〔一〕章京达科及阿里克族番目等呈报：二月二十二日，陕回四百余人，窜向该处，当即堵击追剿，杀毙悍贼三十余名，夺获器械、骡马、锅帐、什物在案。其玉树族番，地处极边，距宁二千余里之遥，频年被业亥隆、纳哈运等番扰害，该管巴燕昂谦族千户观木却克拉尔加立督率属番随时防范维持，获保瓦全〔二〕。上年奴才派员前往会盟，曾据该番呈诉积劳情形，并将各该番族积欠应纳贡马银两，亦曾补交五千二十五两三钱三分，其向化愚忱，殊为恭谨。至内地属番，前当军务吃紧时，亦多会合练勇，叠次剿贼出力，并承办官军购买粮草，以资腾饱〔三〕，均属著有微劳。现当大乱削平，各该蒙番望泽孔殷，可否吁恳朝廷，特恩准由奴才将积年出力青海蒙番择尤保奖，以示鼓励，出自鸿慈逾格。

奴才为抚绥边远起见，是否有当，理合缮折，由驿具陈。伏祈皇太后、皇上〔四〕圣鉴训示。谨奏。

军机大臣奉旨："准其择尤保奖，毋许冒滥。钦此。"

校勘记：

〔一〕塄：底本为"楞"，据"首图"本、"国会图"本改。

〔二〕瓦全：底本阙，据"首图"本、"国会图"本增补。

〔三〕腾饱：底本为"腾饲"，据"首图"本、"国会图"本改。

〔四〕皇太后、皇上：底本阙，据"首图"本、"国会图"本补。

柳家转僧奋义捐资防剿窜匪请奖恤片

再，据碾伯县属羊官寺柳家转僧暨僧俗番众头目人等禀称：自同治元年贼匪扰乱，该转僧捐赀[一]倡办团练，叠次堵击窜匪，保守地方，援救邻近庄堡。先后接仗阵亡番汉僧俗勇丁一百五十三名，共捐用过银八千七百三十九两七钱七分七厘，粮九十七石七斗三升，开据细数清折，恳请查核办理等情。臣等当饬西宁府查访明确，分别详办。旋据[二]西宁府知府邓承伟查得羊官寺柳家转僧捐赀[三]办团，节次与贼接仗，阵亡番汉僧俗练勇一百五十三名，并先后捐过银粮数目，均属的实，尚非捏冒。所有折开阵亡练勇阿南格塄[四]等一百五十三名，或因保守本境，力战捐躯，或因援应邻堡，被贼戕折，均堪悯恻。维甘省自军兴以来，各处阵亡练勇甚多，势难逐名遍请给恤，应请将此案阵亡练勇阿南格塄[五]等一百五十三名，建立总牌，附祀该县昭忠祠，以彰忠烈。其办团出力之番汉僧俗头目李朝英等一十四名，应请给予外奖。至该柳家转僧倡率办团击贼，历时既久，捐输银粮，为数又巨，可否奏请赏给顶戴，未敢擅议，分别开折具详前来，臣等复查无异。

除将番、汉僧俗头目李朝英等一十四名，分别酌给外奖外，其阵亡番、汉僧俗练勇阿南格塄[六]等一百五十三名，仰祈恩准，一并附祀碾伯县昭忠祠，以慰忠魂。该柳家转僧奋义捐赀，积著勤劳，合无吁恳天恩，赏给二品顶戴，以示优异，出自鸿慈逾格。是否有当，理合附片具陈，伏祈圣鉴训示。谨奏。

军机大臣奉旨：“览。钦此。”

校勘记：

〔一〕赀：底本为“资”，据“首图”本、“国会图”本改。

〔二〕据：底本为“具”，据“首图”本、“国会图”本改。

〔三〕赀：底本为“资”，据“首图”本、“国会图”本改。

〔四〕塄：底本为“楞”，据“首图”本、“国会图”本改。

〔五〕塄：底本为“楞”，据“首图”本、“国会图”本改。

〔六〕塄：底本为“楞”，据“首图”本、“国会图”本改。

藏差于托托水被抢咨行查办折附旨

光绪二年六月□日

为西藏专差中途被抢咨行查办缘由，恭折具奏，仰祈圣鉴事：

窃奴才于本年三月十四日，接准驻藏大臣来文：札什伦布札萨克喇嘛罗布藏萨木丹前经奏，蒙允准，专差古竹巴汪堆前往附京安定门外黄寺地方，采办缎匹哈达，随带僧俗人等一十二名，氆氇〔一〕、药料、骆驼、骡马，并随带行李、口粮、锅帐、护身器械等项，造具清册，咨行查照前来。奴才当即依历办成案，饬行丹噶尔厅营，俟该古竹巴汪堆等行近边口，先期禀请派员遵照定章，在于边卡逐一查点去后。

兹于六月十五日据署丹噶尔同知蒋顺章、署镇海协营副将刘得喜会禀“本年六月初八日据该古竹巴汪堆禀称，奉差赴京办买缎匹等物，由藏起身，本年三月初七日，行至过纳曲卡十五站之托托水地方，突遇果洛克番贼四五十人，骑马持械扑至，抢去氆氇一百六十六包，药料三十一包，马骡十四匹头，骆驼六十只及锅帐行李等物，带伤藏番二名，恳请转禀查办。再我们被抢下剩包驮无几，现在乏食，若候委验，实难久待，请速查点进口。”等情。

奴才当以藏差既被番贼中途抢劫，若必拘定向章，派员前往查点，致令藏差久羁卡外，殊不足以示体恤。随即饬令该厅营，就近先行查点进口，好为抚慰。

惟查四川果洛克番匪，节次在于边野草地，拦截行抢，久成惯技。此次藏差行抵托托水地方，该果洛克番匪又肆抢劫，实属愍不畏法。

除已由奴才咨行四川督臣、成都将军严饬松藩镇厅实力查拿惩办以靖边圉〔二〕而利行旅外，所有藏差中途被抢，咨行查办缘由，理合恭折，由驿具陈。伏祈皇太后、皇上〔三〕圣鉴。谨奏。

军机大臣奉旨：“另有旨。钦此。”

校勘记：

〔一〕氆氇：底本为“氇氆”，据“首图”本、“国会图”本改。

〔二〕圉：底本为“围”，据“首图”本、“国会图”本改。

〔三〕皇太后、皇上：底本阙，据“首图”本、“国会图”本补。

附旨：

军机大臣字寄成都将军魁（玉）、护理四川总督云南巡抚文（格）、西宁办事大臣豫（师）〔一〕，光绪二年七月二十日奉上谕："豫师奏藏差被劫，咨行查办，暨前次堪布罗桑粗瓶被抢，遵旨缉匪各折片，览奏均悉。本年六月间，西藏专差古竹巴汪堆行至托托水地方，突遇果洛克番贼四五十人抢去包驮物件。其堪布罗桑粗瓶前于同治十三年间行抵曲那麻被抢，至今赃贼未获，现复有抢劫之案，殊属不成事体。着魁玉、文格严饬松藩镇厅，实力查拿，务获惩办。并著豫师督饬官兵，一体设法防范，以靖地方。将此由四百里各谕令知之。钦此。"遵旨，寄信前来。

校勘记：

〔一〕成都将军魁（玉）、护理四川总督云南巡抚文（格）、西宁办事大臣豫（师） 底本如此。"首图"本、"国会图"本各人仅有姓，无名，为便于阅读，保留用括号明诸人名。

循例致祭海神并会盟又改由南川行走搜山捕获番匪折

光绪三年八月□日

为循例致祭海神并会盟缘由，恭折具陈，仰祈圣鉴事：

窃查每岁秋季，奴才应循例举行祀典，并传会青海蒙古历经遵办在案。本年秋祀届期，奴才遵即分别预传蒙古王公、札萨克台吉等先期齐集盟所，并准督臣左宗棠例委陪祀官、甘肃西宁镇总兵何作霖随同前往致祭。于七月十九日选带马步营队，自宁起身出口，至察汉托洛亥地方，于二十三日寅刻敬谨致祭海神。次日齐集各蒙古王公、札萨克台吉等会盟，俱各按品入筵，将承办紬〔一〕缎、袍褂、衣料、翎顶、小刀、茶封[1]等物分别赏给，其各族千百户番目，亦均从优给赏。该王公、札萨克台吉等，均欢呼顶感，望阙叩谢天恩讫。其应祭鄂敦他拉、阿拉克诺尔等处，奴才察照向例，派令就近住坐之札萨克台吉琫〔二〕达什前往代祭，奴才即于是日折回，由丹噶尔一路旋署。

再，查西宁南川地方辽阔，山高峡险，通透海面草地，向无行旅往来，为零星番匪藏匿之所，每乘间出窃民间牲畜，如鼠如蜮，捕捉颇难施力。近来地方平靖，百姓牲畜远牧荒野，往往被窃。昨经奴才会商左宗棠、刘典，将奴才所部驻防碾伯县一营，抽调移扎南川，以资防范。犹虑该处丛山杂沓，一营未能一时穷搜，是以奴才此次祭海，改道由南川一路行走。十九日由郡起程，绕寻口卡，计一百四十余里。至大峡地方，见山路陡险，共通透口外山峡三处，曰青石峡[三]，曰门担峡，曰大峡。峡穹八、九、十里不等，统汇道于分水岭。次日奴才派令随带队伍，分路搜山并进。及奴才抵分水岭，据管带左营总兵蔡正和面禀：该营由青石峡进至红帽尔盘道地方，于幽崖下，搜见伏贼六名，当即饬勇擒拿。该匪窜岩逾涧，四路狂奔，旋经追捕，擒获三名，夺获马四匹，带鞍骑牛一头，番刀叉枪三件，搜其腰缠，并无银钱食物，显系番匪无疑。惟询其言语支吾，不肯承招。除发交丹噶尔厅讯办外，理合将奴才循例举行秋祀会盟，并改由南川行走，搜山拿获番匪情形，谨缮折由驿具陈。伏祈皇太后、皇上[四]圣鉴。谨奏。

军机大臣奉旨："知道了。钦此。"

注释：

[1] 茶封：砖茶，该茶叶压紧为块状，外加纸皮为封，故称茶封。

校勘记：

〔一〕绌:底本为“绸”，据“首图”本、“国会图”本改。

〔二〕琫:底本为“捧”，据“首图”本、“国会图”本改。

〔三〕青石峡:底本为“石青峡”，据“首图”本、“国会图”本改。

〔四〕皇太后、皇上:底本阙，据“首图”本、“国会图”本补。

请修海神庙片

再，查西宁地方，山高土厚，每当春夏之时，雨泽往往苦少。奴才抵任后，以青海为西疆众流汇归，总司水部之神，夙昭灵显，率同官民遥望青海，虔诚祷祝，辄见云气自西南起，甘霖大沛。数年以来，每遇亢旱，屡祷屡应，岁得丰稔。

因查西宁郡城，向无海神庙宇，奴才遂经捐廉[1]，在于城西负郭建修海神庙一座，内供青海之神牌位，以为官民祷雨之所。

伏思郡城既建有青海神庙，必得由地方官岁时致祭，方足以答神庥。除每岁秋间奴才遵照部颁典礼，前赴察汉托洛亥地方敬谨致祭外，吁恳〔一〕天恩，准将郡城新建青海神庙，饬部察例定议祭品典礼，行知陕甘总督转饬西宁地方官，遵照春秋致祭，以崇祀典而伸赞祝。是否有当，理合附片陈请。伏祈皇太后、皇上〔二〕圣鉴，训示。谨奏。

军机大臣奉旨：“礼部议奏。钦此。”

注释：

[1] 捐廉：捐出养廉银。廉，指清朝雍正元年（1723年）开始实行的给官员发给的养廉银，依官品和地区不同，多少不等。光绪《清会典事例》记载：每年养廉银，总督为13 000至20 000两不等，巡抚为10 000至15 000两不等，布政使为5 000至9 000两不等，按察使为3 000至8 444两不等。

校勘记：

〔一〕天恩：底本如此，“首图”本此处加九个圆点末书为“缺文”，“国会图”本此处空一行，知“吁恳”二字或为整理者吴丰培先生所加，原文当不止“吁恳”二字。

〔二〕皇太后、皇上：底本阙，据“首图”本、“国会图”本补。

请颁海神匾额片附旨

再，奴才于七月二十三日在于察汉托洛亥盟所，接据青海左翼正盟长贝勒纲增却克多布、右翼正盟长郡王集克默特纳木加立多尔吉、副盟长贝勒拉旺多布吉，会同左翼郡王一员、贝子一员、公三员、台吉六员，右翼贝子二员、公一员、台吉七员，联名呈称："我们蒙古众王公、台吉，住牧青海地面，辈辈身受大皇帝重恩，平安住坐，但我们蒙古百姓与内地农民不同，全靠牧养牲畜为生。我们地方海神，自从前蒙大皇帝敕封灵显神号，又每年遣官致祭，我们均叨人畜平安，水草畅茂，皆赖神灵保护。恳祈转奏大皇帝与我们海神赏赐匾额，并加封号"等情前来。

当经传询各该王公等面称：从前回匪变乱时，每到海面滋抢，辄有大雾弥漫，风雨骤至，伊等多免毒害，藉能瓦全，实赖海神护佑，历述灵迹[一]，咸深感戴。

奴才伏查青海之神，久著灵异。前于雍正四年钦奉特旨，敕封灵显神号在案。今该王公等联名呈请匾、额封号，查其情词，系为庇佑蒙疆起见，可否俯顺众情，赏赐匾额，并加封神[二]号之处，出自逾格鸿施，理合附片具陈。伏祈圣鉴，训示。谨奏。

军机大臣奉旨："另有旨。钦此。"

校勘记：

〔一〕迹（繁体为"蹟"）底本为"绩"，据"首图"本、"国会图"本改。

〔一〕神：底本阙，据"首图"本、"国会图"本补。

附旨：

光绪三年八月二十日内阁奉上谕："豫师奏神灵显应，请颁匾额，并加封号等语。西宁青海地方，前有回匪滋扰，仰赖海神护佑，得保安全，实深寅感。著南书房翰林恭书匾额一方，交豫师祇领，敬谨悬挂，以答神庥。所有请加封号之处，著礼部议奏。钦此。"

光绪三年九月十三日准兵部火票递到钦赐海神匾额"威靖河湟"。

觅得察汉诺们罕之呼弼勒罕二孩请旨掣定折

光绪三年□月□日

为请旨事：

窃奴才据代理札萨克喇嘛、察汉诺们罕旗印务之青海右翼副盟长、札萨克多罗贝勒拉旺多布吉呈称："察汉诺们罕旗协理台吉观吹札并众章京等呈称：我们师傅察汉诺们罕[1]，于同治十一年间圆寂，以后我们不时前往就近蒙古番子地方，查找得吹布藏寺所属番子多尔吉车塄[一]之子拉布坦，现年五岁；本旗百姓夏木扎勒之子索纳木，现年六岁，看似我们师傅呼弼勒罕。我们同往二子家内，将先世需用念珠、铃杵什物，并寻常喇嘛需用念珠、铃杵什物二分，一并摆放，令这二子认识。俱将先世需用什物，全行明白识出。我们一旗僧俗百姓等，同为情愿将这二子作为呼弼勒罕，因此我们呈报盟长，转呈具奏、求定"等情，呈请前来。

奴才查得察汉诺们罕，系青海大喇嘛，有管理民人、办理旗务之任，每圆寂后，应遵旨照例寻找岁数相符二子，由西藏大臣并达赖喇嘛同视入于大昭〔二〕金瓶内，供献掣签〔三〕，指示在案。今该协理台吉等呈请将这二子名字入于金瓶内，掣定呼弼勒罕，可否之处，奴才未敢擅便，为此谨奏请旨。

军机大臣奉旨："该衙门议奏。钦此。"

注释：

[1] 察汉诺们罕：汉语称"白佛"，藏语为夏茸尕布，又称拉莫活佛、阿齐图诺门汗。青海地区较大的藏传佛教转世活佛。青海省尖扎县拉莫德钦寺（德千寺）寺主。清雍正三年（1725 年）青海蒙古划旗定界，夏茸尕布所属部落单独划为察汉诺们罕旗，成为贵南、同德西部、贵德南部、尖扎、泽库、化隆西部以及海北海晏地区的政教首领。六世夏茸尕布阿旺却珠丹贝坚赞，圆寂于藏历十五饶迥水猴年（同治十一年，1872 年）阴历十二月，享年 41 岁。七世夏茸尕布根敦丹增诺尔布（1873—1927 年），于藏历水鸡年（1873 年）诞生在确藏拉洛塘地方，八岁坐床。

校勘记：

〔一〕塄：底本为"楞"，据"首图"本、"国会图"本改。

〔二〕大昭：底本为"大昭（寺）"，据"首图"本、"国会图"本删改。

〔三〕签：底本为"藏"，据"首图"本、"国会图"本改。

请饬禁四川私贩黄茶折附旨

光绪三年八月□日

为请旨饬禁四川私贩黄茶[1]，以箝番服而靖海疆，会衔恭折具陈，仰祈圣鉴事：

窃查蒙番夙性肉食为粮，牧畜蕃[一]滋，取资甚便，然不饮茶，则膨滞生疾，又必搀食炒面，始能果腹，是粮、茶二物，为蒙番仰给内地要需。海疆荒寒[二]辽阔，番族类杂群分，良莠不齐，动事窃掠，施以惠而莫餍贪心，纠以法而相率逃匿，是以禁止粮、茶，为制番命要策。溯查青海历次办过番案，皆有奏定章程，蒙番进口易买粮、茶，均须由奴才衙门按季请领照票，注明粮、茶、人、畜数目，以凭口卡弁兵查验出入放行，久经照办在案。

乃自军兴十余年来，旧章废弛，蒙番率皆私入内地，任便到处办买口粮，漫无稽查。甚至番族有偷进口卡，在偏僻处所，百十成群，私相交易，难保无奸匪混迹，乘间行窃情事，此制番以粮之道失矣。茶则又有四川私贩，暗由松潘、茂州[2]一带，载运黄茶，潜入青海地面售卖，价廉物广，蒙番得以居积，无所借资内地，不但甘商官茶难销，而制番以茶之道又失矣。粮、茶之道两失，番族无可箝制，所以每遇番案追究查拿，诸多费手，病实坐此。

现在内地军务已平，亟应整顿边陲，重申禁令。除已由臣等通饬青海各旗族蒙番，照旧请票，沿边口卡认真查验外。惟查[三]禁止四川黄茶，必须责成川省，臣等曾经叠次咨行四川总督，转饬严禁，该管地方官总未实力奉行，率以界口窎远，难以巡缉为词。殊不知黄茶乃系大行，必在城市，而驮载动以数千计，亦易觉察。若该管地方官能禁书役贿纵，认真稽查，行店商贾必不能从中兴贩，是巡于口卡则远而难，禁于行商则近而易也。

合无仰恳天恩，饬下成都将军、四川总督，转行沿边管有黄茶行商各州县，一律严禁私贩，串越海疆。并请旨饬部明定地方官缉私不力处分，庶该管地方官，顾惜考成，实力查禁，而私茶可期杜绝也。

臣等为箝制番服，以靖海疆起见，谨合词缮折，由驿具陈。是否有当，伏祈皇太后、皇上[四]圣鉴训示。谨奏。

军机大臣奉旨："另有旨。钦此。"

注释：

[1] 黄茶：一种发酵茶，以茶汤黄色而得名。黄茶按鲜叶的嫩度和芽叶大小，分为黄芽茶、黄小茶和黄大茶三类。黄大茶要求有一芽四五叶新梢，其余的黄茶都要求芽叶“细嫩、新鲜、匀齐、纯净”。黄茶是沤茶，含大量消化酶，对消化不良、食欲不振、懒动肥胖，都可饮而化之。蒙藏民族所饮用多为黄大茶。

[2] 松潘、茂州：松潘，清厅名，在今四川阿坝藏族自治州；茂州，在今四川茂县。

校勘记：

〔一〕蕃：底本为“藩”，据“首图”本、“国会图”本改。

〔二〕寒：底本为“塞”，据“首图”本、“国会图”本改。

〔三〕查：底本及“首图”本阙，据“国会图”本补。

〔四〕皇太后、皇上：底本阙，据“首图”本、“国会图”本补。

参革总兵李大成片

再，奴才本营随员花翎提督衔遇缺简放总兵李大成，前于同治九年十月间，前来奴才军营投效，察其年力正强、颇有胆气，遂即留营差用。该员到营后，随军出力，尚称勇往。迨后日渐骄盈，每多不驯之处。奴才因念其从军有年，未忍遽弃，叠经严饬，冀其自知悛改。讵该员近更不守营规，屡误差遣。昨复在笔帖式呈麟寓所，酗酒滋闹，经呈麟禀控前来。实为始终不知自爱，若不从严参惩，殊不足以肃军伍而昭炯戒。相应请旨，将花翎提督衔遇缺简放总兵李大成革职，由奴才发交地方官，解回该员湖北江夏县原籍，交该县管束，以示惩儆。理合附片具陈，伏祈圣鉴，谨奏。

军机大臣奉旨：“李大成著即革职，解回原籍，严加管束，该部知道。钦此。”

附旨：

军机大臣字寄钦差大臣督办新疆军务大臣〔一〕、大学士、陕甘总督、一等恪靖伯左（宗棠），成都将军恒（训），前成都将军魁（玉），四川总督丁（宝祯），帮办陕甘军务太仆寺卿刘（典），西宁办事大臣豫（师）〔二〕，光绪三年九月初九日奉上谕：“左宗棠等奏，四川私贩蒙番黄茶，请饬严禁一折。蒙番进口易买粮、茶，向须请领照票，注明数目，以凭口卡查验出入放行。乃近来旧章废弛，蒙番率皆私入内地，办买口粮，且有偷进口卡，在偏僻处所，私相交易情事。四川兼有私贩黄茶，暗由松潘、茂州一带，潜入青海地面售卖，漫无稽查，实属不成事体，亟应力求整顿，以申禁令。著左宗棠、刘典、豫师通饬青海各旗族蒙番，照章请领照票，并饬令沿边口卡认真查验，毋〔三〕稍疏虞。著恒训、魁玉、丁宝祯，饬令沿边管有黄茶行商各州县，一律严禁私贩串越海疆，如查〔四〕有书役贿纵等情，即行从严惩办，并著该部明定地方官缉私不力〔五〕处分，咨行遵照办理。将此由四百里各谕令知之。钦此。”遵旨，寄信前来。

校勘记：

〔一〕大臣：底本“国会图”本均阙，据“首图”本补。

〔二〕大学士、陕甘总督、一等恪靖伯左（宗棠），成都将军恒（训），前成都将军魁（玉），四川总督丁（宝祯），帮办陕甘军务太仆寺卿刘（典），西宁办事大臣豫（师）：底本如此，“首图”本、“国会图”本原皆无诸人名，现保留底本之诸人名，以利阅读。

〔三〕毋：底本为“母”，据“首图”本、“国会图”本改。

〔四〕查：底本阙，据“首图”本、“国会图”本补。

〔五〕底本为“立”，据“首图”本、“国会图”本改。

贵德野番拒捕派兵剿办完案折

光绪三年十月□日

……〔一〕兵兴十年，回匪被野，人民离逷，番贼无所窥掠，得以稍息。近来内地平定，牲畜蕃滋，番贼因而垂涎，故智复萌，乃于本年六月二十七日及七月十三日两次偷进口卡，在西宁上新、朱家二庄，抢去马骡共八十七匹，经该民人呈报前来。

奴才伏查西宁地方，前经大兵剿定，奸宄敛迹。而海面野番，尚未得睹兵威，罔知顾惜〔二〕，蒙地多有抢案。虽经奴才随时差弁追赃结案，然以内地防务关重，莫能一加惩办，此风总未少息。兹复胆敢偷入内地行抢，实属瞀〔三〕[1]不畏法。现当防务稍松，自应乘此兵力惩创，以期一劳永逸。当经差查得踪〔四〕，并据上新庄乡保等呈报，此起抢案，确系贵德厅口外地方野番拉安族加当纠众所抢，并见出售赃畜等情。

奴才因思野番族类繁多，若遽加兵，恐生疑虑，随于七月二十六日，先派营官尽先守备何得彪带弁勇二十名，密往口外该族掩捕。讵甫擒一贼，加当惊觉，啸众拒抗，经弁勇歼毙数名，始行稍退。何得彪因见彼众我寡，遂割取首级，于八月初七日回营禀报前情〔五〕。奴才正在核办间，又据署贵德厅同知甘时化飞禀，探闻该番众布散谣言，声称聚众滋事等语。似此刁悍披猖，若再姑容，必致养成巨患。当于防军内抽调左、右、众正三营马步四成队伍，派总理营务花翎以知州即用留甘补用知县玉昌，于八月初八日督带驰往贵德口外拉安地方，分别剿办。

去后嗣据玉昌叠次禀报，官军于十一日驰至贵德厅城迤南九十里之铁门限地方，探知拉安族加当纠合塔尔迭族、隆哇族、查乃亥族各番麕聚〔六〕备敌，并有番贼二百余众，把守峡口。玉昌当即分队由峡口〔七〕两山攀越而上，枪炮齐施，阵斩悍番十余名，右营周兴禄矛刺番目一名，贼势不支，登时狂窜。玉昌督饬队伍，直捣其巢，夺获军械牲畜无算。是夜，即驻军拉安地方。次日黎明，番贼竟敢扑营，复经官军击败，追逐过山十余里收队。十六、十七两日，玉昌督带队伍，四出搜剿，遇贼接仗，均有斩馘，贼遂穷蹙，逃入雪山之脑。玉昌乃密派熟悉地方路径番民通丁，侦探山道，计抵贼所，约有二百里之谱。即饬令右营营官尽先副将周兴禄一军守营，遂亲带左营营官记名总兵蔡正和、众正营营官尽先守备何得彪，各率队伍、裹粮，于二十日星夜疾驰，至二十一日早间，直至贼所。贼众因防护眷口，凭高据险，抵死力抗，枪子如雨，官军当即冲冒烟火，分两路攀援直上。营官何得彪左胁中枪，战马亦被击毙，何得彪步行跃上山头，立将塔尔迭族贼目蔡塔尔奔歼毙，割取首级，贼众大哗。时左营蔡正和带队亦由左路抄上，合力奋击，登时杀毙悍贼五六十名，生擒贼番完舟格晒尔一名，滚沟落涧者，不计其数，贼众遂纷纷负创四窜，我军直追过雪山地方，自辰至未，始行收队。查点我军阵亡队长弁勇十四名，受伤弁勇十六名。先是，各族野番闻听官军连日接仗声势，相率胆落，陆续来营投诚，缴献分得抢案原赃马匹。至是，河南管理十族都受鲁仓族千户本科率领番众三百余名，来营拉马投诚，并带随同拉安加当拒敌之拉安百户几哈先木、百长尖麦乞抚，恳请给予拉安原地。其加当身受重创，仅率败残余户远窜无踪。经玉昌将拉安百户几哈先木、百长尖麦，面加开导，该百户、百长感激涕零，呈具永不为匪甘结，并由都受鲁仓族千户本科出具保状。此次河南野番计都受鲁仓族本科所管十族，又新派归本科兼管拉安七族，东车千户加洛所管野番三族，铁瓦寺喇嘛老寿所管四族，统共野番二十四族，一律投诚，追缴原赃马骡八十七匹，齐全发交西宁县，传主认领讫，禀请结案。

奴才查河南各族野番，犷悍性成，罔知法律，偷渡河北行抢，成为惯技，而雪山穷荒之地，艰于行兵，番匪遂得据为藏身之固，肆无畏忌。经此次官军直越雪山，痛加惩办，以致河南二十四族野番，帖耳来归，洵足以伸国法而靖人心。营队已于十月初一日凯撤回防，玉昌带领投诚番目本科等六名来见，并押解生擒正犯完舟格晒尔前来。奴才当将该犯讯明正法，枭示行抢地方，以昭炯戒。

再，此次官弁勇丁，出口剿办番贼，斩馘歼渠，冲冒霜雪，历经两月，河南番地悉就安帖，尚属著有微劳。所有在事尤为出力员弁，由奴才查明，随后汇案请旨保奖。

惟阵亡五品军功外委队长马万邦，当身被数枪倒地，其队勇前往救护，犹力叱击贼，并自刎以绝众念。其余阵亡五品军功蓝翎外委张玉发等十三名，皆属久经战阵，奋勇敢死之士，此次捐躯域外，殊堪悯恻。合无仰恳天恩，饬部照例议恤，以慰忠魂。除开具阵亡弁勇花名送部外，理合将拒捕野番，派兵剿办完案情形，缮折由驿驰陈。伏祈皇太后、皇上〔八〕圣鉴训示。谨奏。

军机大臣奉旨："览奏已悉，马万邦等均著交部照例议恤。钦此。"

注释：

［1］ 睯（读 mǐn）：强横，顽悍。

校勘记：

〔一〕…… 底本、“首图”本、“国会图”本本折前段皆阙，故用删节号表示。

〔二〕 慴：底本为“慑”，据“首图”本、“国会图”本改。

〔三〕 睯：底本为“愍”，据“首图”本、“国会图”本改。

〔四〕 踪：底本、“首图”本为“踪”，“国会图”本为“迹”，皆可。

〔五〕 情：底本为“来”，据“首图”本、“国会图”本改。

〔六〕 聚：底本为“众”，据“首图”本、“国会图”本改。

〔七〕 口：底本阙，据“首图”本、“国会图”本补。

〔八〕 皇太后、皇上：底本阙，据“首图”本、“国会图”本补。

关外军务告竣预筹减营节饷并请饬拨欠饷折附旨

光绪四年二月初二日

为关外军务将次告竣，预筹减汰防营，以节饷需，恭折具陈，仰祈圣鉴事：

窃奴才于本年正月二十八日接准督臣左宗棠咨会“上年秋后，官军西进，师行迅利，自克复喀喇沙尔等四城后，又于冬月再举连复叶尔羌等城，南疆刻期底定”等语，奴才接阅之下，莫名庆幸。

窃查奴才所部防军五营，前因大兵出关，所有左宗棠驻防西宁营队，大半抽调西行。而西宁海疆柴达木一带草地，多与关外辟展等处接连，一片空旷，贼匪回窜[一]，在在堪虞，是以奴才部营虽当饷源奇涸，未敢遽议裁撤。无如往年月饷报解，本不过十之[二]三四。去年河南荒歉，竟至停缓，分毫无望，各营欠饷过巨。现在关外军务既将告竣，若不预为筹计，一旦撤防，不但无遣归需费，而积欠正饷，尤为无出。彼时多迟一日则多耗一日之帑，奴才再四思维，只得随时先为酌汰，以期后来易于遣撤，而省巨款。

惟刻值各路军饷支绌，奴才亦断不敢另请遣费，除河南系因荒歉无款筹解外，其山东、两淮有地丁盐课可拨，合无仰恳天恩，饬下山东抚臣、两江督臣，于该省历年积欠奴才军营月饷内，无论如何为难，各实筹拨银四五万两，迅速起解，俾作遣赀，庶临时不至坐待，致滋迟误。

所有奴才预筹减汰防营缘由，理合缮折，由驿驰陈。伏祈皇太后、皇上〔三〕圣鉴训示。谨奏。

军机大臣奉旨："另有旨。钦此。"

校勘记：

〔一〕贼匪回窜：底本为"贼匪四窜"，"国会图"本为"贼回匪窜"，据"首图"本。

〔二〕之：底本为"元"，据"首图"本、"国会图"本改。

〔三〕皇太后、皇上：底本阙，据"首图"本、"国会图"本补。

奉旨缉拿果洛克抢贼片

再，奴才前承准军机大臣字寄，光绪二年五月初四日奉上谕："魁玉、文格奏，查明西藏堪布罗桑粗瓶被抢情形一折，即著魁玉、文格督饬松潘镇厅等，实力严拿，并著豫师檄令所属汉、番官兵，就近一体访缉，务获勿任漏网〔一〕等因。钦此。"奴才钦遵之下，当查果洛克番贼，系属四川辖境野番，犷悍性成，节年四出雕抢，历任虽经叠次咨行缉办，该野番总未敛迹。此次仰蒙恩旨，饬令魁玉等督饬松潘文武严缉，诚虑该番畏避逃入青海一带。奴才遵即檄饬青海两翼盟长、柴达木住牧各札萨克等，各带所部兵丁，实力访缉，如遇有逃来果洛克番贼，严拿务获。并行饬西宁镇总兵通饬沿边营汛，一体派兵严缉，勿任漏网。

除俟缉拿如获，再行奏报外，谨将遵旨饬缉缘由，附片具陈。伏祈皇太后、皇上〔二〕圣鉴。谨奏。

军机大臣奉旨："另有旨。钦此。"

校勘记：

〔一〕网：底本为"纲"，据"首图"本、"国会图"本改。

〔二〕皇太后、皇上：底本阙，据"首图"本、"国会图"本补。

将历年出力员弁汇案保奖片

再，奴才前于同治十三年六月十八日准督臣左宗棠咨会："以肃州克复，关陇全境肃清，凡在事各军将士，暨各省关筹解协饷各项差使人员，均属著有劳绩，业经奏奉谕旨，出力人员准汇案保奖，所有奴才所部各营出力员弁，咨由奴才自行奏保，以归简便"等因前来。

奴才因查彼时关内地方甫定，搜匪缉奸防务，正当关〔一〕要，诚恐日久人心懈弛，用将左宗棠奏准肃清保案，宣示各营，留以有待，而责后效。嗣后大军进征关外，西宁防营，大半陆续抽调出关。边防辽阔，各营将士均能耐苦任劳，昼夜防巡，余孽顿熄，地方得臻安谧，讫今又历四年有余。去岁秋间，剿办贵德口外番匪，踊跃用命，陟[二]险冲锋，斩擒悍党，得能迅速蒇事。海疆以靖，实为积[三]著劳绩，前经奏明归并请奖在案。其承办台局转运各员，当饷源枯竭，设法罗掘，飞解顾济，亦经四年有余，始终勤奋，不无微劳。现当关外将次底定，内地撤防在即，自应汇案保奖。合无吁恳天恩，俯念关陇肃清，准将积年在事实在出力员弁，由奴才查明汇案保奖，以示鼓励，出自圣主逾格鸿施。理合附片具陈。伏祈圣鉴训示。谨奏。

军机大臣奉旨："准其汇案保奖，毋许冒滥。钦此。"

校勘记：

〔一〕关：底本、"国会图"本同，"首图"本为"紧"，皆可，未改。

〔二〕陟：底本为"陡"，据"首图"本、"国会图"本改。

〔三〕积：底本为"卓"，据"首图"本、"国会图"本改。

附旨：

军机大臣字寄两江总督沈（葆祯）、山东巡抚文（格）、署乌鲁木齐都统[1] 西宁办事大臣豫（师）[一]，光绪四年二月十九日奉上谕："豫师奏豫筹减汰防营，请饬拨欠饷一折。近据左宗棠等奏报，克复南[二]路各城，回疆一律肃清。是关外军务即可告竣，所有西宁防军[三]五营，自宜全行裁撤，以节糜费。据奏该营欠饷甚巨，必须豫筹资遣之需，方不至临时迟误，自属实在情形。著沈葆祯、文格于各该省积欠月饷内，无论如何为难，各筹拨银四五万两，迅速解赴西宁，俾资应用。豫师前已有旨，令其署理乌鲁木齐都统，着俟接署有人，即行赴任。将此由四百里各谕令知之。钦此。”遵旨，寄信前来。

注释：

[1] 署乌鲁木齐都统：任命豫师为署乌鲁木齐都统在光绪四年(1878年)正月十二日，此谕于二月十九日发出，故有此官称。

校勘记：

〔一〕两江总督沈(葆祯)、山东巡抚文(格)、署乌鲁木齐都统西宁办事大臣豫(师)：底本如此，据“首图”本、“国会图”本原无诸人名，为方便阅读，保留用括号注诸人之名。

〔二〕南：底本为“西”，据“首图”本、“国会图”本改。

〔三〕军：底本为“营”，据“首图”本、“国会图”本改。

署理乌鲁木齐都统谢恩折

光绪四年二月初十日

为恭折叩谢天恩，仰祈圣鉴事：

窃奴才于光绪四年二月初九日，准兵部咨行，钦奉清字上谕一道，恭译汉文："光绪四年正月十二日由内阁抄出，十二日奉旨：乌鲁木齐都统事务著豫师署理，由彼驰驿前往。未到任以前，著派金运昌暂行照料护理。钦此。"当即恭设香案，望阙叩头谢恩讫。

窃念奴才三韩下士，一介儒生，由壬子恩科文进士，历升今职。自同治九年履任，九载于兹，未报涓埃，正深悚惕。兹复仰承恩命，署理乌鲁木齐都统，凡此宠荣之逾分，实非梦想所能期。伏查乌鲁木齐为关外新复之区，现在正当办理善后事宜，抚绥弹压，诸关紧要。奴才梼昧，深惧弗克胜任，惟有勉竭愚衷，以期仰答鸿慈高厚于万一。

所[一]有感悚下忱，理合缮折，专弁驰呈，叩谢天恩。伏祈皇太后、皇上[二]圣鉴。谨奏。

军机大臣奉旨："知道了。钦此。"

校勘记：

〔一〕所：底本为"新"，据"首图"本、"国会图"本改。

〔二〕皇太后、皇上：底本阙，据"首图"本、"国会图"本补。

西宁撤防筹布事宜折

光绪四年三月□日

为西宁撤防筹商布置地方事宜，以期周妥，而资保卫，恭折具陈，仰祈圣鉴事：

窃奴才于本年二月初九日钦奉恩命，署理乌鲁木齐都统事务，当即恭设香案，望阙叩头，并缮折专弁恭赍[一]入都，叩谢天恩讫。

奴才伏思自同治九年履任以来，九载于兹，幸仰赖圣主鸿福，地方得臻安靖，涓埃未报，悚惕正深，行将出关赴乌鲁木齐署任。所有西宁地方如何布置情形，连次接准督臣左宗棠文函询问前来。奴才因查西宁地属边陬，向驻重兵，在承平时绿营兵丁足额，尚有番匪不时出没，抢案层见叠出。自去秋贵德口外番案，经派兵痛加惩创以后，各处番族，稍知敛迹。现当关外肃清，所有奴才防军，自应一律裁撤，而绿营兵额，一时尚难复旧，边守空虚，难保无番匪窃发之虞。再再筹维，奴才前有托由上海采运局代购普国[1]十二镑后腔开花洋炮一尊，配带开花炮子、洋药等件，用以守城，可抵数营之力。物良价巨，未便轻置，应移交后任留镇城防，以壮声威。惟施放修理，非夙娴习之人，不能得力，拟将旧管施放修理员弁，及护炮队勇二百名，一并留交接管差用。其员弁粮饷、军装等项，每年需银一万两，势不可少。应请旨仍准饬由前解奴才军饷之山东省每年拨银一万两，搭随甘饷，解交督臣左宗棠转交应用，以昭简便，则城防可期周妥，遇有口外番案差遣，亦可应手。此外，通透边防要卡，地面尚觉空旷，与同城镇道熟商，分别添设汛兵，以资防范，事关地方营制，应令由镇道禀请督臣酌核情形办理。奴才曾将筹布事宜，与左宗棠往返函商，意见相同。是否有当，理合缮折，由驿驰陈。伏祈皇太后、皇上〔二〕圣鉴训示。谨奏。

军机大臣奉旨："知道了。著豫师咨行山东巡抚，每年拨〔三〕银一万两，解交左宗棠转解西宁，以资应用。户部知道。钦此。"

注释：

[1] 普国：普鲁士，今德国。

校勘记：

〔一〕赍：底本为"斋"，据"首图"本、"国会图"本改。

〔二〕皇太后、皇上：底本阙，据“首图”本、“国会图”本补。

〔三〕拨：底本阙，据“首图”本、“国会图”本补。

部颁关防领到俟撤营事竣将木质关防缴销片

再，奴才前于同治十三年二月二十七日，因前大臣玉通在任时，久病昏沉，正值马本源、马桂源把持用事，所用关防，恐有疏漏情弊，曾经奏请天恩，饬下部臣，另铸奴才衙门关防颁发开用。嗣准兵部由驿颁到礼部，另铸“总理西海番子等事务”之关防一颗，奴才当即收讫。将玉通故后寄存西宁道库关防，镌刻缴字，封固黏贴印花，于光绪二年三月二十五日，由驿送交礼部查销。所有颁到新铸关防时，以奴才军营行催各省饷款，及各处行文钤用，奏明刊刻行营木质关防，为日已久，一旦换用，前后恐多牵混，难于稽察，是以暂为收存，拟俟裁撤营伍后，再为开用，以昭信守。现在奴才交卸在即，自应将部颁新铸关防移交后任接收开用。其原刊行营木质关防，俟奴才将撤营事宜赶办完竣，即行销毁，以归整齐而免纷异。理合附片陈明。伏祈圣鉴。谨奏。

军机大臣奉旨：“知道了。钦此。”

拟办遣撤防军片

再，奴才于三月初一日承准军机大臣字寄光绪四年二月十九日奉上谕："豫师奏，豫筹减汰防营，请饬拨欠饷一折，近据左宗棠等奏报克复南路各城，回疆一律肃清，是关外军务即可告竣，所有西宁防军五营，自宜全行裁撤，以节糜费。据奏该营欠饷甚巨，必须豫筹资遣之需，方不至临时迟误，自属实在情形。著沈葆祯、文格于各该省积欠月饷内，无论如何为难，各筹拨银四五万两，迅速解赴西宁，俾资应用。豫师前已有旨，令其署理乌鲁木齐都统，著俟接署有人，即行赴任，将此由四百里各谕令知之。钦此。"奴才跪聆之下，仰见圣主轸念兵艰，清厘部伍至意，曷胜钦感。查乌鲁木齐系属新复之区，奴才前往都统任所，应否另立一二营，俟后与左宗棠商酌该处情形，再行请旨办理。

所有奴才原立驻防西宁五营，现在关外既报肃清，西宁防务较松，自应裁撤，以清饷款。惟查撤散营勇之弊，每多领资到手，去而他适，或竟沿途逗延，资罄无归，游串滋端，在在可虑。奴才再四筹维，必须分别省分起数给资，派员管送，各回原籍，始臻妥善。奴才军营，饷源久涸，将士艰苦，一旦遣撤，纵不能清偿额款，亦须酌给川资。幸奉恩旨，饬下两江督臣、山东抚臣各筹拨银四五万两，迅速解营应用。奴才诚恐各该省报解迟延，停待一日，即多一日糜〔一〕耗。当经飞文咨行各该省，迅为如数筹拨，即发交奴才派往各该省坐摧〔二〕委员承领，星速解营，以凭通盘画计。按路程之远近，分别给资，派员照管，遣送回籍，以期妥慎。

除俟交卸篆务，饷款解到，将撤营事宜，妥速结办，即行起程赴任，再另奏报外，所有拟办遣撤防军事宜缘由，理合附片具陈。伏祈圣鉴。谨奏。

军机大臣奉旨：“知道了。钦此。”

校勘记：

〔一〕縻：底本、“国会图”本为“縻”，据“首图”本改。

〔二〕催：底本为“摧”，据“首图”本、“国会图”本改。

择尤酌保出力蒙番折

光绪四年三月十六日

为遵旨择尤酌保出力蒙番，恳恩俯准鼓励，恭折仰祈圣鉴事：

窃奴才于光绪二年四月十六日，奏请择保积年出力青海蒙番，以示鼓励一折，旋于五月十六日奉到批回，军机大臣奉旨："准其择尤保奖，毋[一]许冒滥。钦此。"仰见圣主轸念藩夷，微劳必录。

奴才钦遵之下，覆加悉心查核。青海右翼副盟长双眼花翎多罗贝勒拉旺多布吉，人极明白，办事忠直，历年带兵堵剿贼匪，著有战功，叠次交办番案，始终勤奋出力，实为青海蒙古中出色之员。札萨克头等台吉达阔，堵剿追击逃窜草地陕回，杀毙悍贼多名，异常出力。应如何奖励之处，奴才未敢擅拟，出自圣裁破格恩施。

其余攒集兵丁，堵击贼匪，力挫凶锋。奉调西宁各属，协剿积著劳绩之左翼正盟长双眼花翎多罗贝勒纲增却克多布，右翼正盟长三眼花翎多罗郡王集克默特纳木、加立多尔吉二员，均请旨交理藩院从优议叙。左翼多罗郡王阿玉尔希第，辅国公棍楚克拉逊多布，辅国公洛布藏端多布，札萨克花翎头等台吉洛克僧格，右翼双眼花翎固山贝子依达木林沁，花翎固山贝子棍楚克拉旺丹忠，札萨克头等台吉丹增绰克多布，札萨克头等台吉齐莫特林增八员，均请旨交理藩院议叙。

刚咱族四品顶戴花翎总管千户拉麻拉夫坦请赏换三品顶戴，千布录族千户索洛请赏给三品花翎，汪什代克族千户才科、千布录族千户娘细格、阿里克族百户多布吉、百户格布绪古图布坦四名，均请赏给四品花翎。刚咱族千户荣加、汪什代克族百户英木洛、阿里克族百长错什吉、番目加塔尔孙都布四名，均请赏给五品蓝翎。汪什代克族百总年扎、格根栋〔二〕、扎洛、尕洛，札萨克喇喇察汉诺们罕旗番目冲果、洛加拉、宁洛七〔三〕名，均请赏给六品顶戴。玉树巴燕昂谦族千户观木却克拉尔加立，地处极边，管理二十五族，随时防范维持，获保安全，请赏给三品花翎。拉布浪寺[1]商卓特巴嘉木样群疋，立团练番勇，力击贼匪，保全寺院，请赏给达喇嘛职衔。合无仰恳天恩，逾格俯准给奖，以示鼓励，而绥边远。

再，黄河南都受鲁仓族千户本科，去岁官军剿办贵德口外番案，该番率众效顺投诚，奴才察其人甚朴诚，当将河南一十七族野番责成总管，由奴才衙门照案发给总管千户戳记，以示奖劝，而资钤束，合附陈明。

所有遵旨酌保出力蒙番缘由，是否有当，理合缮折，由驿驰陈。伏乞皇太后、皇上〔四〕圣鉴训示。谨奏。

军机大臣奉旨："拉旺多布吉等，著理藩院查明该副盟长等从前得有何项奖叙，开单呈览，余著该衙门议奏。片并发。钦此。"

注释：

[1] 拉卜浪寺：今称拉卜楞寺，在甘肃夏河县拉卜楞镇。

校勘记：

〔一〕毋：底本为"母"，据"首图"本、"国会图"本改。

〔二〕栋：底本为"拣"，据"首图"本、"国会图"本改。

〔三〕七：底本为"九"，据"首图"本、"国会图"本改。

〔四〕皇太后、皇上：底本阙，据"首图"本、"国会图"本补。

请奖土官急公出力片

再，平番县属连城土司提督衔世袭指挥使鲁如皋，前当奴才驻军平番时，因地方逆焰正炽，军食奇艰，派其设法购办，该土司力为采购，并自备驮载，派令弁兵护解到营，接济军食。虽粮价由奴才随时给发，而其中运脚及护送弁兵口食，该土司自愿捐效，为数甚巨。事积数年，头绪纷繁，难于清算，而营饷支绌，亦未能量给赏资。该土司急公出力，自未便没其微劳。惟查该土司鲁如皋系属世袭指挥使，未敢率请官阶，请将其子花翎同知衔鲁锡以同知用。土千总鲁诏，土把总赵廷衡、何天俊、米善祥、吴建华、阎镜、任振甲七名，均请赏给四品花翎。候选从九品鲁有颜请赏给五品监翎，以示激励。

所有保奖土官急公出力缘由，是否有当，理合附片具陈。伏祈皇太后、皇上〔一〕圣鉴训示。谨奏。

军机大臣奉旨："览。钦此。"

校勘记：

〔一〕皇太后、皇上：底本阙，据"首图"本、"国会图"本补。

查明出力员弁请奖折

光绪四年四月十五日

为遵旨查明出力员弁，恳恩俯准奖励，恭折仰祈圣鉴事：

窃奴才于光绪四年二月初二日具奏“关陇肃清，积年出力并剿办番匪员弁，恳恩俯准汇案保奖”一片，于三月初一日奉到批回，军机大臣奉旨：“准其汇案保奖，毋[一]许冒滥。钦此。”奴才钦遵之下，当即转饬总理营务玉昌，将各营在事出力将士员弁，以及各台局历年出力人员，确实查核，开保去后。兹据玉昌分别开单请保前来，奴才复加核汰，择其尤为出力者，谨缮清单，加具切实考语，恭呈御览。其请拔[二]千把外委，并请给翎枝各弁勇，饬造花名清册，咨送兵部查核，仅于清单后声叙总数。统祈天恩俯准给奖，饬部注册，以示鼓励。

除饬取各员弁履历，另行咨部外，所有遵旨查明保奏缘由，理合缮折，由驿驰陈。伏祈皇太后、皇上[三]圣鉴训示。谨奏。

军机大臣奉旨："另有旨。钦此。"

校勘记：

〔一〕毋：底本为"母"，据"首图"本、"国会图"本改。

〔二〕拔：底本为"拨"，据"首图"本、"国会图"本改。

〔三〕皇太后、皇上：底本阙，据"首图"本、"国会图"本补。

遵照部文将知府邓承伟另核请奖片

再，奴才前于西宁军务肃清案内，所保之花翎盐运使衔以道员尽先补用甘肃西宁府知府邓承伟，请赏给二品顶戴，于同治十三年六月二十六日钦奉上谕，恩准给奖在案。旋于十月初四日接准吏部抄单咨行，查照章程在外从四品以下各官，均不得加本管上司衔。邓承伟所请给二品顶戴系本管上司衔，应令另核请奖，于同治十三年八月二十五日具奏，奉〔一〕旨："依议。钦此。"等因。

奴才因查邓承伟系尽先补用道员，究与升用虚阶不同，而所请顶戴，亦似与指明布政使衔稍有区别。该员现已无可加保，复又附奏吁恳天恩，仍将奴才前案请给邓承伟二品顶戴，特旨准奖。以示激劝。同治十三年十二月二十一日钦奉朱批："邓承伟著赏给二品顶戴，该部知道。钦此。"嗣于光绪元年四月初三日复准吏部抄单咨行，邓承伟虽系尽先补用道员，其实任官阶，仍系知府，查品级考外任文职二品官，均系知府本管上司，虽未指明布政使衔，其二品顶戴即系知府本管上司衔，该员并非无可加保之员。所有该员劳绩出力，仍应令另核奏明请奖，于光绪元年二月二十日具奏，奉旨："依议。钦此。"等因前来。奴才覆查邓承伟请给二品顶戴，既准部议，虽系尽先补用道员，其实任仍系知府，行令另核请奖，奴才再四查核邓承伟改请俟补道员后，赏换二品顶戴，吁恳天恩，俯准核奖，俾资感奋。

所有遵照部文，另核请奖缘由，理合附片具陈。伏祈圣鉴训示。谨奏。

军机大臣奉旨："吏部议奏。钦此。"

校勘记：

〔一〕奉：底本为"奏"，据"首图"本、"国会图"本改。

请奖宁省文武官员片

再，奴才自督军驻宁，数载于兹，一应筹防筹运及办理番案，悉赖地方文武，不辞劳瘁，协力共济，均属著有微劳。现当奴才撤防汇案请奖，自应择尤附请奖叙，以示鼓励。

按察使衔遇缺尽先题奏，道署甘肃西宁道张宗翰请赏给二品顶戴。甘肃候补班前先补用，直隶州知州署碾伯县知县张先镕请以知府用。知府衔循化同知安福请赏戴花翎。甘肃尽先补用同知署巴燕戎格通判龙昆请俟补缺后，以知府用。蓝翎补用同知署贵德同知甘时化，花翎知府衔留甘补用直隶州知州前署丹噶尔同知蒋顺章，均请以应升之缺升用。西宁镇标中营游击花翎升用总兵玛克唐阿，巴图鲁萧得荣，花翎左营游击尽先副将彭永清，花翎右营游击副将衔、尽先参将师建荣，署贵德营游击副将衔、遇缺即补参将徐大田，均请以应升之缺升用。花翎西宁镇标后营都司陈书城、守营都司吕清长、碾伯营都司宝勋，均请以游击尽先补用。西宁县典史张承宗请赏戴蓝翎，署碾伯县典史补用从九品吴方仁请赏加六品衔。合无吁恳天恩，俯准给奖，俾资感奋。

奴才为激劝地方人才起见，是否有当，理合附片具陈。伏祈圣鉴训示。谨奏。

军机大臣奉旨："另有旨。钦此。"

副将刘天云祝鉴嵩受伤请免骑射片〔一〕

再，据奴才军营提督衔总兵用留陕遇缺尽先前题推补用副将额胜依巴图鲁刘天云呈称，从征二十余载，叠次打仗受伤，旋即医愈。同治三年正月攻克高陵县城，左膀受枪伤一处，枪子虽出，至今左膀难于运力，恳请奏免骑射。又署西宁镇标前营都司、福建补用副将、健勇巴图鲁祝鉴嵩从军多年，打仗受伤甚多，咸丰五年七月随军攻剿湖北武昌省城，右膀受枪子伤，每遇阴雨，旧伤间发，不能得力，由〔二〕西宁镇总兵何作霖据禀查验属实，呈请奏免骑射各等情前来。奴才覆核无异，合无仰恳天恩，俯准免其骑射，以示体恤，理合附片具陈。伏祈圣鉴训示。谨奏。

军机大臣奉旨："著照所请，兵部知道。钦此。"

校勘记：

〔一〕本片，底本、"国会图"本置于此。"首图"本附于《为撤营事宜完竣由西宁起程日期折》后。

〔二〕由：底本为"电"，据"首图"本、"国会图"本改。

交卸西宁办事大臣片

再，新署西宁办事大臣甘肃镇迪道福裕，于四月十一日自肃州来宁履任，奴才当将部颁新铸关防，派委主事塔克什布、笔帖式国仁泰送交福裕接收开用，其令箭及一应档案卷宗，亦已一并移交接收，奴才即于是日卸事。现正办理遣撤营勇事宜。因山东、两淮奉拨撤营遣费尚无解到信息，奴才诚恐坐待糜〔一〕耗，已指此款先向太仆寺正卿刘典及省城商号拨兑挪借银两，冀可陆续分起资遣，派员管送各回原籍。

一俟撤营事竣，定期出关，再行奏报外，所有奴才交卸西宁办事大臣事务日期，理合附片陈明，伏祈圣鉴。谨奏。

军机大臣奉旨："知道了。钦此。"

校勘记：

〔一〕麋：底本、"首图"本皆为"縻"，误，据"国会图"本改。

保奖山东两淮筹饷官员片

再，奴才军营月饷，自同治九年奏奉谕旨，饬部在于山东、河南、两淮指拨筹解，各该省虽未能源源接济，而山东、两淮二省，尚能于库款支绌之时，力求顾济，报解较胜，俾奴才边徼孤军之得持艰局，迄今历有八年之久，不无微劳。前当关陇军务肃清，后路筹济甘饷各省，均经督臣左宗棠奏请天恩，给予奖叙在案。所有筹解奴才军营专饷之山东、两淮二省在事最久，尤为出力地方官员，若不奏恳恩施，似未免于向隅。除两江督臣、山东抚臣系属封疆大吏，奴才不敢妄拟陈请外，合无吁恳天恩，将山东布政使李元华，升任四川按察使、前两淮盐运使方浚颐，交部从优议叙。两淮运使衔候补运判金兆燊，请俟补缺后，以监掣同知仍留原省补用，并赏戴花翎，出自鸿慈逾格。

奴才为饷源艰绌起见，是否有当，理合附片具陈。伏祈圣鉴训示。谨奏。

军机大臣奉旨："李元华、方浚颐均著交部从优议叙，所请金兆槩奖叙，著该部议奏。钦此。"

撤营事竣由西宁起程折

光绪四年七月□日

为撤营事宜完竣，由西宁起程日期恭折具陈，仰祈圣鉴事：

窃奴才前于本年四月十五日曾将交卸西宁办事大臣事务日期，办理遣撤营勇情形，附片奏明在案。所有山东、两淮奏奉谕旨指拨撤营遣费各四五万两，自三月初一日奉旨后，奴才叠经行文两省，飞催赶紧拨解，嗣据各该省来文覆称，除山东本年曾解月饷一万两，两淮本年曾解月饷二万两外，仅能各筹拨遣费银二万两等因前来。后据陕西西征粮台文称，山东解到遣费银二万两，于六月二十三日转解来营。其两淮遣费银二万两，虽接据两江督臣文称，于五月二十日拨解遣费银二万两，迄今尚未得有到陕转解消息。奴才因坐候日久，縻〔一〕耗日多，不得已指此款项节次与帮办军务刘典挪兑银四万两，兰州商号挪兑银三万两，后先到营分别摊发应用。所有将弁勇夫，陆续分起派员管送，各回原籍，安分生理讫。惟内有将士三百余员名，因相从奴才年久，不忍遽去，均求随从出关报效，自愿以所领回籍遣资，作为西行路费等情。经奴才再三开导，该将士等伏地哀恳，涕下交颐，奴才察其情出至诚，且又无庸另给资费，拟暂带赴肃州，再为就近察看情形，如果乌鲁木齐无需多人差遣，即随时各遣回籍，以顺士心而期妥慎。

奴才现于本月十一日由西宁起程西进，除俟抵任，再行奏报外，所有奴才撤营事竣，由西宁起程日期缘由，理合缮折，由驿驰陈。伏祈皇太后、皇上〔二〕圣鉴训示。谨奏。

军机大臣奉旨："知道了。钦此。"

校勘记：

〔一〕縻：底本、"首图"本皆为"縻"，误，据"国会图"本改。

〔二〕皇太后、皇上：底本阙，据"首图"本、"国会图"本补。

军营历年收支饷款清结造销积年欠饷悉数报效片

再，奴才军营奉部核定，每月由山东、河南、两淮指拨饷银共二万五千两，所有自同治九年四月初五日起，截至光绪二年十二月底止，实在收到饷款及支用数目，前已两起分别照案开单造册，报销核准在案。兹查自光绪三年正月初一日起，截至光绪四年七月初四日止，计收山东、河南、两淮解到月饷银共一十八万一千六百二十二两，奏奉谕旨，由山东、两淮拨解遣撤营勇资费银各二万两，又收入军饷支用山西省解到西宁勦抚经费银二万二千三百九十五两二钱八分二厘二丝，统计收到银二十四万四千一十七两二钱八分二厘二丝，均归入月饷划算，照案分款造具收支细数清册，专弁送部核销外。

惟查山东、河南、两淮自同治九年四月初五日奉拨之日起，至光绪四年七月初四日撤营止，连闰共欠解银一百四十一万七千三百七十八两，统计前后解到月饷仅止四成之谱。当西宁穷荒艰窘之地，士卒颇能耐苦急难，九载于兹，现经遣撤归籍，时势断难找发。奴才剀切晓谕，喜各将士员弁均皆深明大义，仰体时艰，同声情愿将历年三省积欠月饷报效朝廷，不敢仰邀议叙，已各分别遣退护送回里讫。

所有奴才军营三起收支饷款清结造销，并积年欠饷悉数报效缘由，理合附片具陈。伏祈圣鉴训示。谨奏。

军机大臣奉旨：“户部知道。钦此。”

仍请俯准鲁锡以同知用折

光绪四年九月□日

为接准核议保案部文恭折覆奏，仰祈圣鉴事：

窃奴才于光绪四年三月十六日附片奏保平番县属连城土官出力请奖一案，于四月十七日奉到批回，军机大臣奉旨："拉旺多布吉等，著理藩院查明该副盟长等，从前得有何项奖叙，开单呈览，余著该衙门议奏，片并发。钦此。"钦遵在案。兹于九月二十五日接准吏部咨开："查原奏内称该土司自备运脚护送弁兵口食，为数甚巨，事积数年，头绪纷烦，难于清算。而营饷支绌，亦未能量给赏资，该土司鲁如皋系属世袭指挥使，未敢率请官阶，请将其子花翎同知衔鲁锡以同知用等因，钦奉谕旨'交该衙门议奏'。臣等查著有劳绩人员，臣部例章并无准其移奖明文，该土司鲁如皋著有微劳，自应将该土司奏请奖励。今该大臣奏请将土司之子鲁锡等奖励，臣部碍难办理，应毋庸议。该土司备办运脚口粮为数甚巨，例准移奖，应由该大臣查明捐项数目，奏明由户部核奖。至候选从九品鲁有颜是否亦系该土司鲁如皋之子，应由该大臣一并奏明办理等因，光绪四年七月二十日具奏。奉旨：‘依议。钦此。’咨行钦遵前来。”

奴才覆查土司鲁如皋，前当奴才驻军平番时，所有承办军粮，自备驮载，遴派弁勇护解，多年耗费甚巨，奴才未敢率行请奖者，原因该土司鲁如皋世受国恩，自言不敢仰邀奖叙。其子有四，内三子均皆出为喇嘛，惟存一子鲁寿长改名鲁锡，经该土司鲁如皋派令督带土〔一〕兵护解。彼时道路贼匪充斥，运解维艰，毫无贻误，亦属著有劳绩。是以奴才将鲁锡附案，奏请以同知用，原与移奖不同。至吏部所议查明捐项数目，奏明由户部核奖之处，奴才查此时若饬该土司查报积年捐办款项，为数过巨，户部按数照例给奖，未免过优，既该土司鲁如皋自称不敢邀奖，自未便再事行查。合无仰恳天恩，俯准将花翎同知职衔鲁锡以同知用，出自鸿慈逾格。

再，查候选从九品鲁有颜系属该土司派令随同办粮护运之员，并非该土司之子，合并陈明。

所有接准部覆奏缘由，理合缮折，由驿驰陈。伏祈皇太后、皇上〔二〕圣鉴训示。谨奏。

军机大臣奉旨：“吏部议奏。钦此。”

校勘记：

〔一〕土：底本为“士”，据“首图”本、“国会图”本改。

〔二〕皇太后、皇上：底本阙，据“首图”本、“国会图”本补。

目疾加剧请开缺回旗调理折附旨

光绪四年九月□日

为途次目疾加剧，不能办公，恳请天恩，开缺回旗调理，恭折沥陈，仰祈圣鉴事：

窃奴才前在西宁撤营完竣，于九月十一日自宁起程，曾经奏报在案。本拟遄行赴任，不意沿途风雪交作，山径泥泞过深，车辆多被陷阻，焦灼万分，以致目疾昏蒙日甚，勉强行抵连城，冀可医治。讵山僻庸医投药加剧，不得已复行前进。于十七日行至平番，逐日延医诊视，服药数十裹，迄无少效。据诸医云“两目黑睛，生有障翳，不红不疼[一]，系属内亏之症，最难就痊。必须静心息虑调摄，使心血渐生，肝气始能内敛，再加逐血散风之药，内障方可消除，断非一半年所能见效，倘再冲冒风沙，寒气外逼，内障坚凝，即成痼疾不治”等语。

奴才伏查近年以来，目力虽渐昏花，然无障翳遮蔽，尚不大碍。此次陡然昏暗，不能视字，实系两目瞳仁[二]生有白点，为其掩蔽目光所致。因思奴才自甘省军务初起，至今关陇肃清，驰逐戎场，十有八载，历经艰险，受伤过重。前于同治十二年十一月曾将积劳病状沥情上陈，嗣因西宁善后未竣，复当关外用兵，青海草地处处通透，回窜堪虞，防务仍形吃紧，未敢再以病躯细事，上渎宸聪。昨新疆报捷，内地撤防，复蒙鸿慈逾格，署理乌鲁木齐都统，天眷愈隆，自应勉图报称，何敢自惜身命。无奈两目障翳，不能视理文牍，万难办公。医家所云，心血过亏，非一半年所能见效，洵属确论。奴才再四思维，现当新疆善后之时，百务繁兴，若恋栈前往，履任不能视事，何以仰答高厚？及彼时再行陈情，长途往返，奏报需时，势必贻误滋多。惟有吁恳天恩，俯准开缺回旗调理，其乌鲁木齐都统暨西宁办事大臣员缺，并恳迅赐简放，俾重职守，不胜悚惶待命之至。

所有奴才途次目疾加剧，不能办公，恳请开缺回旗调理缘由，理合缮折，由驿驰陈。伏祈皇太后、皇上[三]圣鉴训示。谨奏。

军机大臣奉旨："另有旨。钦此。"

校勘记：

〔一〕疼：底本为"痛"，据"首图"本、"国会图"本改。

〔二〕仁：底本如此，"首图"本、"国会图"本为"人"，不改。

〔三〕皇太后、皇上：底本阙，据“首图”本、“国会图”本补。

附旨：

光绪四年十月十九日内阁奉上谕：“西宁办事大臣豫师奏目病加剧请开缺回旗一折，豫师著准其开缺回旗调理，其所署之乌鲁木齐都统著恭镗署理。钦此。”

后　记

大学毕业后，我于1968年底被分派到青海省，先是在兴海县的8064部队农场，从事了一年多严酷的体力劳动，再分配至化隆回族自治县担任“戴帽子”中学教师，从此，我就与青海的历史结下了不解之缘。1980年秋冬，为了撰写研究生毕业论文，我在北京几大图书馆查阅有关《左传》的研究资料，同时关注青海历史的书籍，发现了几种稀见的典籍，其中包括在位于国子监的首都图书馆收藏的抄本豫师所著《青海奏疏》，请该馆用新购进的一米多长的复印机为我复制了该书。次年，即引用该书材料撰写了《试论清代同治年间回族撒拉族起义的原因和性质》论文，发表于《青海民族学院学报》(社科版)1982年第1期。

1982年，我在西宁大什字新华书店购得吴丰培先生点校整理的《豫师青海奏稿》(青海人民出版社,1981年),因我当时正在重点研究咸丰同治年间西宁回民起事,为保证史料的准确性,故将手中的《青海奏疏》抄本复印件与吴先生的《奏稿》对勘,并查阅《清实录》《平定陕甘新疆回匪方略》《左文襄公奏议》等书,进行考较,撰成《<豫师青海奏稿>补校》一文,由时在青海民族学院工作的学弟赵蕴代交李文实先生,请其指正。李先生旋将此稿荐送《青海民族学院学报》,发表于1983年第3期。1993年5月,在苏州参加"顾颉刚先生诞生一百周年学术讨论会"期间,经李文实先生介绍,与穿着图书馆蓝布工装的吴丰培先生交谈,告诉他我发表有《<豫师青海奏稿>补校》之事,吴先生很感兴趣,表示将来重印该书时要参照该文予以改正。不料,三年后吴先生遽归道山,遂留下永远的遗憾。

近年,青海人民出版社大力进行"青海地方史志文献丛书"的整理出版工作,社领导知道我发表过《<豫师青海奏稿>补校》一文,且有多篇对青海咸同回民起事的研究论文,遂将该书的校注工作交于我来做,并提供了美国国会图书馆藏《青海奏疏》PDF版。于是我找出尘封的首图《青海奏疏》(抄本)复印本,以及几十年间反复翻阅满是批注的吴丰培编《豫师青海奏稿》一书,集中半年时间,进行整理和校注的工作,按合同及时交出了齐、清、定的书稿。

我以青海人民出版社1981年刊本为底本,用美国国会图书馆本和首图本进行细致校勘,利用两校本以及《平定陕甘新疆回匪方略》《左文襄公奏议》《清实录》等书补足底本缺载的篇章和段落，改正底本不当的标点和分段，对书中涉及的词语、人名、地名等进行简要注释，重编了全书的目录，规范了奏折、附片和谕旨的篇名，考证补充了各篇奏折谕旨的时间。并依据原书三种抄本的题名，将书名改定为《青海奏疏》。还对该书的历史和学术价值、作者生平、撰述时间及诸种版本进行了考证和判断，撰述于本书的《校注前言》中。经过30多年对这部书的阅读、考究、利用和思考，我相信这次是向读者提交了一份质量较高的古籍整理成果。鉴于本书编纂者所处时代的局限，对少数民族及其反抗斗争多有不同程度的污蔑之词和歪曲反映，有的宣扬封建伦理道德和迷信观念，内容上难免精华和糟粕并存，需要广大读者用辩证唯物主义和历史主义的观点来对待。

在《青海奏疏》整理校注本即将付梓之际，我要感谢青海人民出版社领导的信任、帮助和责任编辑的精心审改，更深切怀念已故老一辈学者吴丰培先生、李文实先生，是吴先生为我提供了一部很好的整理底本，李先生是我的忘年之交，对本人从事青海历史研究有颇多教导和鼓励，对多篇拙文包括本书校勘文章的发表提供了无私的帮助，晚年还委托邢海宁女士赠我新作《西陲古地与羌藏文化》。正是在以上各位先生的鼎力支助下，本书才能以今天的面貌贡献给读者。谨以如许文字厕于书后。

汪受宽

2017年9月19日

于兰州大学寒舍